Gustav Manz
Hundert Jahre Berliner Humor.
Von den Freiheitskriegen bis zum Weltkrieg. Texte von Heinrich Heine,
Julius Rodenberg, Theodor Fontane und vielen mehr.

AF141989

SEVERUS Verlag

Manz, Gustav: Hundert Jahre Berliner Humor. Von den Freiheitskriegen bis zum Weltkrieg. Texte von Heinrich Heine, Julius Rodenberg, Theodor Fontane und vielen mehr. 2019 Neuauflage der Ausgabe von 1916
ISBN: 978-3-96345-026-6

Korrektorat: Mirjam Schmidt
Satz: Mirjam Schmidt

Umschlaggestaltung: Annelie Lamers, SEVERUS Verlag
Umschlagmotiv: www. pixabay.com

Bibliografische Information der Deutschen Nationalbibliothek: Die Deutsche Nationalbibliothek verzeichnet diese Publikation in der Deutschen Nationalbibliografie; detaillierte bibliografische Daten sind im Internet über https://dnb.de abrufbar.

Der SEVERUS Verlag ist ein Imprint der Bedey & Thoms Media GmbH, Hermannstal 119k, 22119 Hamburg

SEVERUS Verlag, 2019
http://www.severus-verlag.de
Gedruckt in Deutschland

Gustav Manz

Hundert Jahre Berliner Humor
Von den Freiheitskriegen bis zum Weltkrieg.
Texte von Heinrich Heine, Julius Rodenberg,
Theodor Fontane und vielen mehr.

Inhalt

Geleitwort 5

»Da haben Sie den Berliner!« 9

Vormärz und Biedermeier (1815–1848) 17

Der Strahlower Fischzug 18

Madame Dutitre.. 24

Theaterkoller an der Spree 27

Berliner Originale 31

Abendessen bei Präsidentens 35

Der Droschkenkutscher von Anno Dazumal 36

Aus den Memoiren einer Klagschrift 40

Die Konditorei Stehely 43

Berlin im Brennglas 44

Berliner Dialoge 58

Kleines aus dem Tagebuch Berlins 59

Druckeriana.. 68

Bei »Kaiser Franz« 74

Direktor Cerf... 77

Theodor Döring – der Ladenschwengel................... 79

Promenaden eines Berliners 87

Berliner Straßenfiguren des Vormärz...................... 92

Mit Spreewasser getauft 93

Vom tollen Jahr zum neuen Reich (1848–1870)........ 97

Aus den Jugendtagen des Kladderadatsch 98

Berliner Plakate des Jahres 1848............................ 104

Die selige Bürgerwehr... 106

Rechter Hand, linker Hand, alles vertauscht! 109

Die Wahlrede auf dem Wollboden 111

Der grüne Heinrich an der Spree........................... 113

Berliner Leierkasten 116

Kothurn und Soccus.. 119

»Unser Herr«... 123

Ein heiterer Abend bei Ferdinand Lassalle...................... 127

Die Konzertmacher.. 130

»S'ist komisch!«.. 132

Die Berliner Magd... 136

Kroll-Engel... 141

Witzfunken vom Königsschloss bis zur Panke................. 143

Schusterjungen, Eckensteher, Droschkenkutscher........... 153

Berlin wird Weltstadt (1870–1916)............................... 157

Die frühen Leute... 159

Mutter Gräbert und ihr Mann.. 162

Spreehanns... 165

»Dämels Ecke hat das Wort!«... 170

Kleine Bilder.. 173

Wurzels.. 176

Warum Herr Tübekke geheiratet hat.............................. 178

Der Rundreisewirt... 181

Feiner Verkehr.. 189

Schauspielerbörse.. 194

Der Aufbruch zur Sommerreise...................................... 197

Das hochherrschaftliche Haus.. 199

»Lustige Leier«.. 203

Der wankelmütige Meyer.. 207

Die Zigarre... 211

Die Versetzung... 214

Der Ball der Berliner Presse.. 219

Lachende Lieder.. 225

Lehmanns Wüstengroll.. 225

»Det is mein Groß-Berlin!«.. 230

Berliner Bilder.. 239

Berlin – mein Paradies!.. 241

Juste.. 246

Berliner Jungen.. 248

Das veraltete Wort 249

Rieke.. 250

Frühlingsreise 254

Zossener Frühling.. 259

Maruschka Braut gelibbtes! 260

Also sprach der Junggeselle.. 263

Die schlemmende Flunder.. 265

Unsere Bilder 267

Literaturnachweis 269

Fritz Beckmann als »Eckensteher Nante«

Geleitwort

Kein Mensch hat bisher dem Berliner seinen Witz bestritten, diesen immer treffsicheren Pfeil aus dem Köcher seines vorlauten Mundes. Freund und Feind haben es seit alten Zeiten gern oder ungern zugegeben, dass der Berliner nicht auf den Kopf gefallen ist. Diejenigen aber, die ihm etwas am Zeuge flicken wollten, haben ihr widerwilliges Lob immer sofort durch den Einwand herabgemindert, dass zugunsten dieses hellen und anschlägigen Kopfes das Herz zu kurz gekommen sei. Und somit müsste man dem Berliner von vornherein eine Eigenschaft absprechen, deren Nährboden das Herz ist, nämlich – den Humor. Ein Mann, der Berliner Witze erzählt, wie sie im Gebiet von Spree und Panke, vom Königsschloss bis in die vorstädtische Mietskaserne zu Hause sind, darf darum seines Erfolges immer sicher sein. Eher begegnet man vielleicht einigen Zweifeln, wenn man es versucht, der berlinischen und nichtberlinischen Mitmenschheit nachzuweisen, dass in dieser Stadt der Krakeeler und Weißbierphilister, der »Schnoddrigkeit« und der »Revolverschnauzen«, mitten zwischen dem rasenden Lärm der Großstadt, zwischen Fabrikrauch und Rädergerassel auch die Blüte Humor gedeiht. Und doch ist es so und vielleicht trägt dieses Buch vom Berliner Humor dazu bei, wieder einmal zu zeigen, dass der Berliner tatsächlich besser ist als sein Ruf.

Was man in alten und neuen Zeiten ihm an dornenvollen Rosensträußen gewunden hat, an anerkennenden und absprechenden Urteilen, das ist im Folgenden in einer vielleicht nicht ganz reizlosen Auslese zusammengestellt; sie möge eine Art Vorspiel bilden zu dem humoristischen Jahrhundertreigen, zu dem wir den Leser einladen. Von Friedrich dem Großen an bis zu Bismarck haben sich Männer aller Grade und aller Schattierungen immer wieder und wieder mit dieser ungeheuren und erstaunlichen Tatsache »Berlin und die Berliner« beschäftigt. Und die Urteile, in denen auf das »Ja« ein »Aber« folgt, sind mit ihrem kritischen Anhauch ebenso zahlreich wie die freundlicher gesinnten Zeugnisse, die mit einem »Wenn auch« beginnen und mit einem »Trotzdem« schließen. In letzterem Sinne mag auch unser Büchlein aufgefasst werden. Es hat sich die Aufgabe gestellt, in geschichtlicher Anordnung von den Tagen der Freiheitskriege bis in die Stürme des gegenwärtigen Weltkrieges am Humor der Berliner festzustellen, dass dieser Spreeanwohner sich nie und nimmer vom Schicksal hat unterkriegen lassen.

Nichts lag uns also ferner, als etwa ein Buch zu geben, in welchem der Berliner nur in seiner allbekannten Eigenschaft als Spottvogel auftritt. Selbstverständlich waren die Grenzen nach·den in und um Berlin so gründlich beackerten Gebieten des Witzes, der Ironie und der Satire durchaus nicht mit ängstlicher Strenge zu ziehen. Was uns selbst aber wertvoll und wichtig zu sein schien, war eine Zusammenstellung von prosaischen und poetischen Beiträgen alter und neuer Zeit, in denen der Humor zu seinem Recht kommt. Man hat sich meines Erachtens zu sehr daran gewöhnt, nur in jener namentlich bei Glaßbrenner so beliebten Atmosphäre von Destille und Keilerei einen Ausdruck des Berlinertums in seinen witzigen oder humoristischen Kundgebungen zu sehen. Selbstverständlich darf er in der Galerie, die wir hier durchwandern, ebenso wenig fehlen wie alle jene anderen Angehörigen der Literatenzunft, die als Possendichter, Coupletsschreiber und Witzblattredakteure die spreeathenischen Besonderheiten mit kluger oder spitzer Feder aufgezeichnet haben. Woran uns jedoch im vorliegenden Falle noch mehr lag, war eine reichliche Ausnützung jener biografischen Aufzeichnungen geborener oder hierher verpflanzter Berliner, in deren Erlebnissen ein Abglanz des reichshauptstädtischen Daseins zu finden ist. Dies gilt namentlich für die früheren Jahrzehnte, wo die stärker vorherrschende Gemütlichkeit der von Weltstadtzukunft noch weit entfernten, preußischen Residenz dem Humor einen viel günstigeren Nährboden bereitete, als dies in den Zeitläuften nach der Reichsgründung möglich war, wo sich alles ins Riesenhafte, Lärmvolle und Ungebärdige auswuchs. Die Zeiten, in denen noch ein mehr familienhafter Zug durch das Berlinertum ging, wo sich, wie beim Volksfest des Stralauer Fischzugs, Königshof und Proletariat auf demselben Boden der Vergnüglichkeit begegnen konnten, sie waren auch in Berlin noch reicher an Originalen, die ebenso gut den Romankapiteln eines Th. A. Hoffmann oder eines Jean Paul entsprungen sein könnten. Doch wird ein Blick auf die geschichtliche Folge der mitgeteilten Probestücke beweisen, dass auch das weltstädtische Zeitalter Berlins sich nicht über ein Aussterben eigenwüchsiger Naturen zu beklagen hat. In dieser Hinsicht haben wir ja so glaubwürdige Kronzeugen wie Julius Stinde, Heinrich Seidel, Johannes Trojan, die mit ihren Prachtgestalten einer Wilhelmine Buchholz, eines Leberecht Hühnchen usw. den gemütvoll-behaglichen Klang unentwegt weitertönen ließen, mochte um sie herum noch so sehr der scharfe Akzent der neuberlinischen Ironie oder das grelle Gelächter des scharfzüngigen Witzes sich bemerklich machen.

Dass ein Buch wie das vorliegende mit seiner durch den Raum so dringlich gebotenen Beschränkung nur eine kleinste Auswahl, ein mögliches Beispiel aus vielen anderen ähnlicher Art darstellen kann, wird sich niemand verhehlen, der den uferlosen Ozean der berlinischen Literatur einmal zu befahren unternommen hat. Man kommt sich dabei vor wie einer, der im Ruderkahn über das Weltmeer zu kommen hofft. Und man gibt solch törichtes Unterfangen gar bald wieder auf und kreuzt lieber in erreichbarer Landnähe hin und her. Vielleicht ist dem Leser fürs Erste auch mit dieser kurzen Spazierfahrt genügt. Der gewollte Zweck ist erfüllt, wenn auch der Nichtberliner den Eindruck gewinnt, dass man zwar raue Sitten und doch ein gutes Herz haben kann. Das eine darf der Berliner alter und neuer Zeit gewiss für sich in Anspruch nehmen, dass unter denen, die er mehr oder weniger derb zu »verulken« liebt, er selbst ganz gewiss nicht in hinterster Reihe steht! Und diese Fähigkeit, sich selbst zum Besten haben zu können, verschafft ihm vielleicht doch die Aussicht auf eine etwas bessere Führungsliste, als man sie ihm gewöhnlich zu geben gewillt ist!

Ich darf diese Zeilen nicht abschließen, ohne all denen, die zum Gelingen des Büchleins beigetragen haben, herzlichen Dank zu sagen: in erster Reihe den Herren V e r l e g e r n und A u t o r e n, die mir den Abdruck der mitgeteilten Probestücke so freundlich gestatteten und denen ich durch Angabe der Quelle jeweils neue Leser und Freunde zuzuführen hoffe; des ferneren den Herren Prof. P n i o w e r und G ö r i t z vom Märkischen Museum, denen ich den Hinweis auf Bilder und Bücher verdanke, dem Verlagsbuchhändler R. Hofmann vom

»Kladderadatsch«, dem Herrn Dir. B u c h h o l z von der Berliner Stadtbibliothek und Herrn Dozenten Dr. H i r s c h b e r g, die mich mit ihrer Sachkenntnis unterstützten. Dass wir dem Text den anschaulichen Bildschmuck aus älterer Zeit beifügen konnten, dankt Verlag und Herausgeber dem Entgegenkommen des Märkischen Museums, in Person des Herrn Prof. P n i o w e r, der am Wachsen und Werden des Büchleins freundlichsten Anteil genommen hat.

G. M.

»Da haben Sie den Berliner!«

Alte und neue Steckbriefe des Berliners und seiner Vaterstadt

»Von der Parteien Gunst und Hass verwirrt,
Schwankt sein Charakterbild in der Geschichte.«

»Berliner Kind, Spandauer Wind, Charlottenburger Pferd sind alle drei nichts wert.«

Altes Sprichwort

*

»Ich freue mich, an der Spree meine schönen Erinnerungen aus Paris wiederzufinden.«

Königin Sophie Charlotte

*

»Da die unruhigen, querulierenden Einwohner von Berlin meine Gnade zu sehr missbrauchen und sie mir sogar mit Undank belohnen und sie mit Verdruss verbittern, so habe ich beschlossen, für sie nicht mehr bauen zu lassen, und dieser Beschluss soll ihnen bekannt gemacht werden.«

Friedrich der Große

*

Verlass Berlin mit seinem dicken Sande
Und dünnen Tee und überwitzgen Leuten,
Die Gott und Welt und was sie selbst bedeuten,
Begriffen längst mit Hegelschem Verstande.

Heinrich Heine

*

»Leb' wohl, der Dichter weist enttäuscht auf ewig dir den Rücken,
Kalt dünkt es ihm, solang er saß in deinen stolzen Mauern,

Und niemals wollt' ihm drin ein Lied, ein stimmungsvolles,
glücken.«

Franz von Dingelstedt

*

»Berlin ist der Kopf, der für Deutschland denkt.«

Justinus Kerner

*

»Es lebt dort [in Berlin], wie ich an allem merke, ein so verwegener
Menschenschlag beisammen, dass man mit der Delikatesse nicht weit
reicht, sondern dass man Haare auf den Zähnen haben und mitunter
etwas grob sein muss, um sich über Wasser zu halten.«

G o e t h e *(zu Eckermann)*

*

» ... Doch fürcht' ich wahrlich, mancher wird mich schelten,
Dass meinen Helden ich so ungerührt
Von dannen schicke, und ich lass es gelten,
Berlin hat manches, dem ein Lob gebührt.
Schön ist's unstreitig abends an den Zeiten,
Wenn man sein Liebchen dort spazieren führt,
Schön ist's im fischberühmten Stralau, Dank, o
Neptunus, dir, und schön ist's auch in Pankow.
Schön ist der Staub der wimmelnden Chausseen,
Schön ist der Fähnrichs feingeschnürtes Korps,
Schön sind die nachgeäfften Propyläen
Mit Treppen drauf, das Brandenburger Tor,
Schön des Balletts hochaufgeschürzte Feen
Und schön des Kolosseums Damenflor,
Ja schön sind Menschen, Wasser, Luft und Erde –
Vor allem die Charlottenburger Pferde.«

E m a n u e l G e i b e l *(in* »*Clotar*«*)*

*

10

»Ich freute mich beim Hereinfahren, – es ist meine Stadt, meine Heimat. Ich verkenne die Mängel nicht, die Entbehrungen, zu denen mancher verurteilt ist, aber das Gute überwiegt. ...«

Varnhagen v. Ense

*

»Der Berliner Hang zur Schadenfreude geht eigentlich nie aus bösem Willen hervor, er ist vielmehr der Ausbruch des Mutwillens und beschränkt sich großenteils auf Worte, selten und nur dann auf Tätlichkeiten, wenn eine direkte Veranlassung dazu gegeben wird. Alles Fremdartige reizt nicht nur die Neugierde des Berliners, sondern auch die erwähnte Schadenfreude wird dadurch angeregt; daher wird das Auffallende von ihm bespöttelt und lächerlich gemacht, freilich auf eine Weise, die nicht die feinste ist. Ungewöhnliche Kleidungen, die neuesten Moden, irgendein Ereignis, was öffentlich wird, neue in Berlin oder außerhalb gemachte Erfindungen, mit einem Worte alles Neue, was unter das Publikum kommt, wird mit der ihm eigenen Weise besprochen und entweder beifällig aufgenommen oder bewitzelt. Dabei gefällt sich der Berliner selbst in den Karikaturen, die auf ihn gemacht werden; er freut sich, dass er lächerlich gemacht wird, und statt diese Lächerlichkeit abzulegen, begeht er vielmehr neue und geizt gewissermaßen danach, zur Zielscheibe des Witzes zu dienen. Auf der anderen Seite aber will er auch ein gleiches Recht haben; er besteht gleichsam darauf und hält es für eine Begünstigung, die ihm nicht streitig gemacht werden kann.«

Berlin wie es ist. 1831

*

»Stoß an, Freund! Hoch lebe
Preußens Hauptstadt Berlin!
Denn zweitens – und das ist des Berliners
Ausschließlicher Vorzug –
Macht er sich vorurteilslos
Stets lustig über sich selbst.
Jede Torheit der Stadt,

Wo sie sich auch finden möge,
Er selbst trifft sie
Mit der Geißel schlagenden Spotts,
Er selbst zuerst, lustig gebrauchend
Die vergönnte Freiheit der Rede
Und den angeborenen Volkswitz.
Aber wehe dem Fremden,
Der den Ton des Scherzes verfehlend,
Ähnliches versuchte!
Nicht raten möcht ich's ihm,
Denn tät er es, wahrlich!
Ich selbst sogar,
Bin ich gleich über vierzig hinaus
Und nicht Fehden begierig,
Ich würd als geborener Berliner
Ganz erschrecklich massiv;
Möcht' es dann kommen,
Wie es auch wolle!«

Ludwig Robert
(Promenaden eines Berliners in seiner Vaterstadt, 1838)

*

»Der Witz und Sarkasmus der Berliner entspringt aus einer großen, unvergesslichen Quelle preußischen Ruhmes: aus dem Kopfe Friedrichs des Großen. Was sich früher davon zeigt, darf nicht in Betracht kommen. Selbst derjenige Witz, der uns aus dem Tabakskollegium bekannt wurde, ist so plumper Natur, dass er mit dem heutigen Kernwitz der Berliner, der fast immer die Ähnlichkeit der kontrastierenden Dinge auffindet und dem selten der tiefere Bezug fehlt, nicht zu vergleichen ist. Aber auch das leichtere Berlinische Bonmot wird so besonders wirksam durch die Ruhe und Absichtslosigkeit, mit der es wie aus heiterem Himmel herausblitzt. Größtenteils gegen alle Nuancen der Bedrückung, der Ungerechtigkeit und der trotzenden Dummheit gerichtet, niemals gegen den Leidenden, ist der Witz der Berliner auch oft nur sich selbst Zweck: eine lustige Unterhaltung mit der stillen Voraussetzung, dass auch die schärfste Spitze nicht verwunden darf ...«

» ...Wenn hier ausnahmsweise nicht auf Berlin und die Berliner geschimpft ist, so liegt das in meinem besseren Wissen und tieferen Blick. Die Flachheit glaubt immer nur geistreich zu erscheinen, wenn sie tadelt, oder sie hat keinen Mut, gegen das Übliche aufzutreten. Alles Hassenswerte, gegen das sich das Berliner Volk selbst sträubt, es verachtet und verdammt – alles, was allgemeine menschliche Verbrechen und Mängel, alles, was schlimmer deutscher Zustand ist, wird Berlin und den Berlinern zugeschrieben. Sie müssen alle verletzte Eitelkeit der Scribler und allen gerechten Unmut der besseren deutschen Literatur bezahlen. Das Letztere ist, wenn auch nicht gerecht, so doch erklärlich. Denn in Preußen und Berlin liegt die Zukunft Deutschlands. Auf das Heraustreten der Kraft Berlins wartet die neue Geschichte unseres Vaterlandes.«

Adolf Glaßbrenner

*

»Der Berliner ist so stolz auf sein Berlin, wie nur ein Spanier stolz auf seine Ehre sein kann. Hier bekundet er lebhaftes Gefühl. Er kann in Enthusiasmus geraten, wenn er von dem Kreuzberg spricht. Wenn der Rheinländer seinen Rheingau belobt, so wird der Berliner sofort fragen: ›Aber was halten Sie von dem Tiergarten?‹«

Vertraute Briefe über Preußens Hauptstadt. 1841

*

»Berlin ist die Perle der Städte. Berlin ist die Speisekammer der Intelligenz ... Von ihm zehren und nähren sich hauptsächlich und mit besonderem Appetite alle Journale und Zeitschriften. Wie das alte Rom ohne Sizilien hätte verhungern müssen, so würden die Journale ohne Berlins Hunger sterben ... Außerdem ist es ein physiologischer Hauptcharakterzug aller geborenen Berliner, jedem Dinge seinen Witz zu applizieren, alles entweder von der witzigen, heiteren Seite oder lieber gar nicht anzusehen und so über sich und die Welt eine satirische Herrschaft zu gewinnen. Durch die Eckensteherliteratur hat sich die Meinung verbreitet, der Eckensteher habe ein Monopol auf den Witz; nein, in dieser Hinsicht ist auch der wohlgeborenste Berliner ein Eckensteher. Der Berliner ist von Natur, von Mutterleibe interess-, charm-, mok- und pikant. Der Berliner begrüßt die Welt nicht mit Kindergequäke, nein, er ist erst ganz still, bis die Hebamme seine erste Toilette gemacht, dann tut er den Mund auf und macht einen Witz. Er mokiert sich über seine Wiege; wenn ihm der Vater den ersten Kuss geben will, versetzt er ihm einen Nasenstüber; kaum hat er mit der ersten natürlichen Nahrung noch mehr Mutterwitz eingesogen, so verlangt er von der Mama Schnapphäppchen. Das schöne Geschlecht kann gewöhnlich schon tanzen und französisch sprechen, wenn es geboren wird. Allen weiblichen Wesen bleibt durch ihr ganzes Leben hindurch die Eigentümlichkeit, dass sie >mir< und >mich< nicht unterscheiden können. In höheren, gebildeteren Kreisen hat man sich zwar bemüht, diesen uralten, heiligen, historisch begründeten und deshalb historisch berechtigten Charakterzug zu vertilgen, aber triebe man die Natur auch mit Ofen- und Mistgabeln fort, sie kommt stets wieder, sagt Horaz ... «

» ... ·Der Berliner weiß nicht nur alles, sondern er weiß auch alles besser; ein Bajonett des schnellsten, willkürlichsten Urteils geht durch alle Berliner und gewissermaßen sind sie auch alle Soldaten. Sie greifen alles an, der gemeine Berliner schlägt gleich zu und sagt hinterdrein: >Ick wer' dir einen in't Jesichte bewegen<, wenn er es schon getan. Das ist groß, männlich, dem Worte das Werk voranzuschicken. Das übliche, mit zurückgeworfenem Kopfe herausfordernde >Nanu< bei ersten Begegnissen und störenden Zumutungen beweist am volkstümlichsten die durchgängige Schlagfertigkeit und Verwogenheit des echten Berliner Stadtkindes.

Beta, Physiologie Berlins. 1846

*

» ... Geht jener unterirdische Silbererzgang des deutschen Gemütlebens wirklich um die Mark Brandenburg herum und befreundet sich nirgends mit der bescheiden flutenden Spree, einem Strom, von dem man doch ganz vergessen zu haben scheint, dass auch er von einem

Gebirge herunterhüpft und bei Bautzen wahrhaft tobt und schäumt wie ein Wildwasser? Berlin ist von Hause aus prosaisch! Das möchte man fast glauben, wenn man sieht, was sich alles an Ort und Stelle auf der breiten Grundlage Berliner Trivialität, vulgo >Quatsch< genannt, aufbauen darf und von eigentlich Heimischem dabei nur Tatsachen, die im deutschen Vaterlande wenig Kredit gewinnen wollen, und doch besitzt Berlin in sich selbst eine bessere Entwicklungsfähigkeit, als ihm die speziellen Interessen der dortigen Tonangabe seit fünfzig Jahren gestatten wollten. Ja, es ist nicht, wie es scheint, so verlassen von einer gewissen Ursprünglichkeit, und die Neigung zur Selbstpersiflage ist durchaus nicht primitiv vorhanden. Es ist nicht einmal so kahl, so sandig, so farblos in seiner Umgebung, wie man nach den allgemeinen topografischen Bedingungen der Mark und dem Spott des bevorzugteren Südens bisher geglaubt hat ... Schon das wäre erfreulich, wenn einmal die Tausende von Berlinern, die das spezifisch Berlinisch-sein-sollende erst auf dem Theater oder in der bekannten Jargonliteratur kennengelernt haben, den Blick von ihrem Geburts- und Heimatsschein aufzuschlagen wagen und bekennen dürfen: Endlich schwindet dieser falsche Schimmer totaler Unpoesie, dieser Beigeschmack von Verstandesnüchternheit, der auf dem berlinischen Ursprunge liegen soll und dem eine geringe Bildung, vorzugsweise in den Theatern, von verdorbenen Schauspielern und allerlei anderen dilettantischen Elementen ausgehend, einen spezifisch Berlinisch-sein-sollenden Charakter gegeben hat.«

Karl Gutzkow

*

» ... Der Berliner hat seine scharf hervortretenden, charakteristischen Eigenschaften. Vor allem ist er fleißig und energisch. Etwas spöttisch und schnodderig, aber nicht missgünstig. Etwas krakelig und streitbar, aber dabei dennoch gutmütig. Eine böse Zunge, aber ein gutes Herz ... Gut Deutsch, aber doch noch etwas besser preußisch, radikal in politischen und streng rationalistisch in religiösen Dingen ... Er schläft manchmal recht lange, wie von 1820 bis 1840, aber dann

15

kommt ein plötzliches, scharfes Erwachen. Doch genug zur Naturge-
schichte des Berliners, sagen wir kurz: >Er ist besser als sein Ruf<.«

Karl Braun-Wiesbaden

*

»Die eigentlichen Berliner, mit Spreewasser getauften Kinder sind ein
kluges, aufgewecktes Völkchen; dabei gutmütig und in hohem Maße
wohltätig und mitfühlend bei fremdem Unglück. Wird ein Ereignis im
Publikum bekannt, wo schnell Hilfe nottut, so eilt Alt und Jung, Arm
und Reich herbei zu helfen und zu geben. Der verstorbene Klaviervir-
tuose Lauska, damals Lehrer der königlichen Prinzen, pflegte im Hin-
blick auf dieses werktätige Wohlwollen zu sagen: >Wer in Berlin erst
arm ist, der ist dicke durch!<« ...

Felix Eberty
(Jugenderinnerungen eines alten Berliners, 1878)

*

»Die Geschichte kennen Sie wohl, wie der Alpenwirt den Berliner Jüngling fragt, ob es in Berlin auch solche Berge gäbe, und der antwortet:
>Nein, solche Berge haben wir nicht! Aber wenn wir welche hätten,
wären sie noch höher.< – Nun, mir ist dasselbe wirklich passiert. Ich
habe einmal längere Zeit in Hannover gewohnt und ging eines Tages
mit einem Berliner Besuch die schöne Allee nach Herrenhausen entlang. >Sehen Sie nur diese Prachtbäume!<, sagte ich. – >I wo! Det is ja
jarnischt jejen die Linden in Berlin.< – Ein Jahr später ging ich mit dem
Mann unter den Linden. Sie hatten ihr sommerliches Aussehen, das Sie
wohl als hinreichend öde und traurig kennen. >Na, was sagen Sie nun?<
frage ich meinen Begleiter. >Denken Sie einmal an die Allee nach Herrenhausen.< – >Ach lassen Sie mich jehen<, sagte er wieder, >ich kann mich
nicht jenug ärgern, wenn mir was Besseres jezeigt wird als in Berlin.<
>D a h a b e n S i e d e n B e r l i n e r.<«

F ü r s t B i s m a r c k (Gespräch mit dem Stadtrat Penzig)

*

I.

Vormärz und Biedermeier

(1815–1848)

Der Strahlower Fischzug

Rückkehr der Berliner vom Stralauer Fischzug

(Eine Szene aus dem Volksstück mit Gesang in zwei Handlungen v o n
J u l i u s v o n V o ß, den 28. Oktober 1821 zum ersten Male auf der
Königlichen Bühne in Berlin aufgeführt. Die hier mitgeteilte 17. Szene
bringt ein G e s p r ä c h z w i s c h e n T a n t e u n d N i c h t e ; letztere,
die Tochter des Sattlers Jucht, soll gegen ihren Willen mit einem Schullehrer verheiratet werden, liebt aber den im Hause ihres Vaters tätigen
Sattlergesellen S a m u e l und schüttet ihrer Tante ihr Herz aus in der
Hoffnung, bei ihr Hilfe zu finden. Die Szene gibt ein anschauliches Bild
aus dem Berlin in den Jahren nach den Befreiungskriegen.)

T a n t e : Ach Friederiken, seid ihr ooch da? Nu, so will ich mich
bei euch setzen. Ihr Diener, Musjeh Samuel. Was habt ihr denn da?
Reh-Hammelkeule un Wurst? Ich habe man 'n paar Schweinezun-
gen und 'ne Tafel Schokolade in 'nem Pompadour. Wat hast du denn
forn Kleed? Is wohl engelsch? Ach jetzt is gar nischt apartes mehr,
engelsch zu dragen, hat ja jede Dienstmagd engelschen Kartun. Vor
dissen, wie't noch Konterbande war, musst ick immer engelsch Zeug
hebben, nu mach ick mir nischt mehr draus. Ach wie warm is den
Menschen doch.

F r i e d e r i k e : Wolln Sie trinken, liebe Tante?

Tante: Ach nee, noch nich. Künde ja de Schwindsucht druff kriegen. Friederiken, wenn doch alle Dage Fischzug wäre. 24 fette Hammel hab ich mehr schlachten lassen un zehn junge Kälber und drei Tröge Wurst sind gemacht un bis heute Morgen um neune war allens verkooft. Ach sieh doch mal, sieh doch, die Hoboistenfrau von de Bürgergarde. Dass du mir nich gestohlen wirst, oder kömmst mir gar weg. Wie sich des uffgeklaviert hatt! Na höre aber, Friederiken, wie mirs gegangen is, des gloobt keen Mensch mehr. Ick wollte eerst gar nich heute uff'n Fischzug, dachte, der Fischzug is zu gemeene, denn fiel mir aberst wieder bei: Juchtens sind gewiss draußen, die bleiben nich von 'n Fischzug weg, so will ick ooch man hin. Um Elben wür ick in 'm Scharrn fertig, un denn stellt ick mir vors Spinde und dachte: Wat ziehst du nu an. Det gestickte Musseline oder det Eingangene oder det Türksche bunte oder eens von de Levantinen oder det Atlasne? Nu will ick dir aber sagen, worum ick keen Seidnes angezogen habe. Ick dachte, et wär schade drum, weil mir eener ins Gedränge ein Loch drin reißen künde. So is't mir schon uffn Fischzug gegangen. Un nu will ick dir ooch sagen, worum ick keen weißes angezogen habe. Ick wollte erscht ufft Schiff fahren und ufft Schiff kann man sich weiß Kleed gar zu sehr insauen. Un nu will ick dir ooch sagen, worum ick ufft Schiff fahren wollte. Weil ick nich uff meinen Wagen rausfahren kunde, ich will dir ooch sagen, warum. Ick habe meinen Wagen nach Hammels und Kälber geschickt. Na, et wurde drüber denn zwölbe, det ick mich besunnt, wat ick anziehen sollte. Und wie ick mich besonnen hatte, zog ick det türksche an. Drüber wurde et denn eens; nu aber dacht ick: Welchen Duch nimmst du nu um. Den weißen Plein mocht ick 't nicht zu Leede dun und der geelt kriegt man Franjen. Der große rote ist wohl hübsch, dacht ick, aberst sie sind nicht mehr Mode. I, dacht ick endlich, du nimmst den schwarz-seidnen Schal mit die Blumen. Nu will ick dir aber ooch sagen, worum ick 'n nich umgenummen hab? Glaser Bibbermanns Döchter gingen vorbei un hatten ooch schwarz-seidene. Nee, dacht ick, haben die schwarz-seidne, drägst du keenen. Un nu nahm ick doch 'n weißen. Nu kann ick wohl mal trinken, die Zunge wird mich ganz drocken. (Tut einen guten Zug.)

Friederike: Tante, es is mir recht lieb, dass Sie hier sind. Ich möchte Ihnen viel sagen –

Tante: Na, hör mal, was ich dir nu sagen will. Nu schickt ick und ließ mir ne Troschke holen, stell dir mal vor, ne halbe Stunde hat mein Geselle müssen warten, bis ne Troschke gekommen is. Ick will dir ooch sagen, worum. Et macht der Fischzug. Na, um halb zwee kam der Geselle damit. Nu stieg ick in, aber ick weeßt nich, die Troschken sind so eng, man sitzt so gepresst drin, det man sich nich rücken oder rühren kann. Nee, wie ick nu drin saß, sagte der Troschkenfuhrmann: »Wohin, Madamchen?« Ick sagte: »Nach die Strahloer Brücke.« Ich will dir ooch sagen, worum. Uff'n Schiff mocht ick nich fahren, worum, det is gar zu ordinär, aber uff eene von die grünen Gondelchen mit de bunten Fahnenjunkers oben, det lässt repentirlich; worum, weil sich schonst andre Leute drin setzen, als wie ordinäre. Aber höre dir; in de Strahloer Straße hättst du mal sehen sollen; so wat hab ick in meinem Leben nich gesehen; ausgenommen, 'n zwanzig Jahr hinter'nander, immer uff den Dag. Kopp an Kopp in alle Fenstern, Gesicht an Gesicht noch dazu, un obenin vuller Menschen. Als wenn die Strahloer Straße 't Opernhaus wäre und die Fenstern die Logen. Aber wie ick nu ant Wasser kam, wär ick beinah mitsamt meine Troschke übern Haufen geritten von 'n Studenten. An die Strahloer Brücke war 'n Gedränge, des man dachte, sie würden eenen alles Zeug vom Leibe reißen, und uff die Spree konnte keen Appel zur Erde vor Schiffe. Nu will ick dir aber sagen, wat ick dachte. Ick dachte so: Steigst du uff solche kleene Gondel un't kommt 'n groß Schiff hinterdrein, kann die Gondel in Fetzen-Stücken gestoßen werden un du erlebst, dass du versaufst. Nee, dacht ick, du steigst uff'n Charlottenburger, denn nach't Magazin hin stand eener bei'n andern. Na, wie ick uff den Charlottenburger gestiegen war, dacht ick, et würde so gehen wie ann't Brannenburgsche Dor, da sagen sie: »'t geht gleich fort, aber der Mensch kann noch ne halbe Stunde warten un Maulaffen fehl haben.« Nischt, Fritzken, heute ging't den Oogenblick, hast du nich, so siehst du nich. Un links, grade über die Zuckersiederei an die Wand hin, standen dir 'ne Million Stühle, da saßen wieder Leute druff, die wollten 't vorbeifahren mit ansehn. Ich dachte, wat det doch for Narren sind, wat sehn se denn daran, aber 't andre Jahr will ick mich ooch 'n Stuhl dahin setzen lassen, et muss sich doch recht pläsierlich da zusehn. Nu rate mal, wer alles mit uff unsern Wagen saß? Ich kennte nich 'n eenen enzigen davon. Un wie wir nu bei die Holzmärkte vorbeikamen und bei Torf, immer wieder frische Menschen, un wär an't Dor nich die Wache gewest, sie hätten 'n Ende von die Stadtmauer mitgenommen. Draußen ging't noch hallwege 'n bisken an, der Mensch hatte doch Luft, aber vor't Dorf wart nu gar nich mehr wahr. Denn ick hatte runtergestiegen un ging zu Fuße. Aber gekommen bin ick nich durchs Dorf, gedragen bin ich durch. (Trinkt.)

F r i e d e r i k e : Warum sind Sie nicht zu uns gekommen, Tante? Hätten auf unserm Wagen fahren können.

T a n t e : Ja, sage mal, worum ick das nich gedahn habe, sag mal. Na, ick will man 'n bisken von eue Hammelkeule kosten. (Speist.) Was meenst du, ick habe heute noch keen Gotteskorn genossen als meinen Kasse, zweei kleene Stüllekens un die Bohnen mit ne Bratwurst, die mir Kathrine nach 'n Scharrn gebracht hat. Worum, man nahm sich ja keene Zeit dazu. Aber hübsch is't doch hier draußen, wenn man nich so allerhand Hackmack durchnander hier wäre.

Volksvergnügen beim Stralauer Fischzug

F r i e d e r i k e : Hören Sie, Tante, ich muss Ihnen doch etwas sagen. Aber Musjeh Samuel, wird Christian auch den Pferden was geben?

21

S a m u e l : Will doch nachsehn (Ab.)

F r i e d e r i k e (ringt die Hände): Ach Tante, ach Tante, es geht mir recht schlimm, helfen Sie mir doch. Ich soll heiraten.

T a n t e : Sieh mal, nu groß genug bist du soweit derzu. Was denn for eenen?

F r i e d e r i k e : Ach, ich kann 'n nich leiden, forn Dod nich leiden.

T a n t e : Is er schmuck, hat er Geld, so musst 'n leiden können.

F r i e d e r i k e : Sie sagen, er wäre schmuck, aber 's kömmt mir doch nich so vor. Geld hat er ooch wohl nich, aber wenn er ooch so viel hätte, wie er schwer is, möcht ich 'n doch nich.

T a n t e : Der Bruder wird doch keen Narre sind, un geben dir eenen, der nischt haben duht.

F r i e d e r i k e : I nu, 's heeßt, er hat sein gutes Auskommen, wird noch was werden. Ach, un wenn er auch in Pabst werden könnte, möcht ich 'n doch nich.

T a n t e : Wat is 't denn for eener?

F r i e d e r i k e : 'n schwarzen Schullehrer.

T a n t e : Nu, 't gibt villerlei. Welche hebben man kleene Schulen vor sich, da is nich viel los, aberst wenn se schonst beit graue Kloster sind oder bei de Regalschule oder beit Genasigum grade über die Aeppel-schiffe, da bilden se sich wat in. Da hebben se ooch keene Kinder mehr uff die A, schonst lauter hübsche Musjehs un Mamsells; oder gehn gar keene Mamsells ufft jochimsthalsche Genasium; ick weeßt nich 'mal.

F r i e d e r i k e : Ach, meiner bild't sich große Stücken in, et heeßt ooch, er wird noch Professor werden –aber –

T a n t e : Höre Fritzken, das laass dir man doch lieb sind. So eener muss doch 'ne Frau schonst mehr Order parieren, wie 'n Bürger un Meester. Es schickt sich doch for em nich, det er sich so ofte bedrin-ken duht wie 'n repetierlicher anderer orntlicher Mann, un geht so 'n Professor uff 'n Danzboden, muss er die Frau schonst mitnehmen;·ein Anderer läässt dir zu Hause un looft alleene umher.

F r i e d e r i k e : Ei, ich hätt 'n ooch wohl genommen un nich weiter gemuchzt, aber – ach herrje!

T a n t e : Na höre, ick bin nich dumm, ick weeß alles. Du hast 'n andern, den möchst du gern.

F r i e d e r i k e : Sie wissen ooch alles.

Tante: Na siehst du! Wem möchst du denn? Ick weeß alles, det weeß ick aber doch nich.

Friederike: Ick habe so gedacht. Will mir Vater eenen ohne Geld geben, könnts ja auch 'n anderer ohne Geld sind. Und Bürger und Meister will er ja doch auch werden, hat die Sattlerprofession aus dem Grunde gelernt. Vater sagts selbst. Un Vater will mir ja doch 5000 Dahler Kurant mitgeben un da wären wir ja doch gemachte Leute.

Tante: Höre Fritzken, ick weeß alles. Nu will ick dir sagen, wer 't is. Eue neuer Geselle. Hab ich recht?

Friederike (hält die Augen zu): Den kann ich leiden, ja den, un des, weil er mich so leiden kann.

Tante: Im Grunde, Fritzken, is't gut, wenn sich 'n paar heiraten un können sich leiden. Ick will dir sagen, worum. Et is mehr Eenigkeit, als wenn se sich nich leiden können. Ick will dir sagen, worum –

Friederike: Ach, ich weiß dees alles schon, Tante, will Ihnen nur geschwinde bitten ehr Vater wiederkommt. Sprechen Sie doch mit Vatern, legen Sie doch 'n gut Wort ein für mich, dass ich den nich zu heiraten brauche, den ich nich leiden kann.

Tante: Ja, mein Engelken, ich bin dich gut un möchte dir gern helfen. Aberst sieh mal, der Bruder is 'n wunderlicher Mensche. Vor de Leute sind wir wohl 'n bisken freundlich, aberst hinnern Rücken spricht er schlecht von mir un ick schlecht von em. Bitten will ick 'n aberst, wenn't man helfen dut. ...

Schadow: »Na, darum keine Feindschaft nicht!«
(Einladung zu einem Künstlerfest)

Madame Dutitre

1. Am Grab von der Ollen

Von Felix Philippi

(Aus »Alt-Berlin« Verlag E. S. Mittler u. Sohn, Berlin)

Als ich auf dem Friedhof der französischen Gemeinde das Grab Ludwig Devrients besuchte und vor dem efeuumsponnenen Hügel und dem eisernen, schlichten Denkmal stand, gesellte sich ein Kirchhofsangestellter, vielleicht ein Gärtnerbursche oder Totengräberaspirant, zu mir und bot mir in unverfälschtem Berlinerisch an, mir »d e t G r a b v o n d e r O l l e n« zu zeigen. Und als ich ihn fragend anblickte, munterte er mich mit einer einladenden Bewegung, über die nur ein echtes Kind aus dem Berliner Volk verfügt, auf, mir das »janz in die Nähe« befindliche Grab anzusehen und fügte zur Bekräftigung hinzu, »da jehen de Leute alle hin«. Er führte mich wenige Schritte nach links und hielt dann vor einem verwahrlosten und eingesunkenen, mit Efeu spärlich bedecktem Hügel still mit den Worten, die sich mehr durch Deutlichkeit als durch Zartgefühl auszeichneten: »Da liegt se nu, die putzige Kruke!« Ein Nekrolog von solchem Lakonismus war mir doch neu. Und als der Rohling verschwand, las ich auf dem verrosteten, kleinen Denkmal die vor langen, langen Jahren golddurchzogenen Buchstaben: *Marie Arne Dutitre née George, fille de Benjamin George et de Sara Robert, né le 27 de Janvier 1748, mort le 22 de Juillet 1827.*

Und beim Entziffern dieser verwischten Inschrift klangen wieder Geschichten in mir auf, lustige, putzige, urdrollige Geschichten, die mir in meiner Kindheit über diese Frau erzählt worden sind. Die Dutitre, die nun schon so lange ihre alten, gichtigen Knochen unter diesem Hügel ausruht, war zur Zeit des alten Fritzen und der beiden ihm folgenden Friedrich Wilhelme eines der bekanntesten Berliner Originale, eine Dame, deren urwüchsige Worte und Taten in alten und echten Berliner Familien sich von Geschlecht zu Geschlecht fortpflanzten und noch heute lachend zitiert werden. Sie gehörte einer französischen Emigrantenfamilie an, war aber selbst mit Spree- oder vielleicht auch Pankewasser getauft, ein Kind aus dem Volk, das auf lächerliche Vorurteile wie Orthografie und Grammatik mit grenzenloser Verachtung herabblickte. Sie sprach und schrieb falsch zum Erbarmen des lieben Gottes, aber sie dachte und fühlte richtig zur Freude der lieben Mit- und Nachwelt. Drall, blitzsauber und von angenehmer Rundlichkeit, hatte sie ein schlimmes Mundwerk und ein gutes Herz auf dem rechten Fleck. Mit diesen älteren Herren besonders gefährlichen Reizen kaperte sie sich nach wohlerwogenem Plan einen sehr reichen Mann, bewussten Herrn Dutitre, der sie zum Altar, und den sie an der Nase herumführte. Sie denken wohl schon? O nein! Durchaus nicht. In allen Ehren. Sie zog, wie man zu sagen pflegt, die Hosen an und schaltete als züchtige, resolute Hausfrau. Der Schnabel war ihr nicht gerade hold gewachsen.

So lebte sie manches Jahr neben Herrn Dutitre; als er sich zum Sterben niederlegte, backte Madame bereits in der nebenan gelegenen Küche die ungeheuren Massen Napf- und Streuselkuchen, mit der sie nach der Beerdigung die voraussichtlich sehr zahlreiche Trauerversammlung bewirten wollte. Papa Dutitre wollte sein liebes Ehegespons noch einmal sehen, um ihr gerührt zu danken für all die Grobheiten, die sie ihm während ihres Eheidylls an den kahlen Kopf geworfen hatte. Da steckte sie ihren mit einer riesigen Haube geschmückten Schädel zur Tür herein und herrschte ihn an: » W a t i s t   d e n n   l o s ?   D u   w e e ß t   d o c h ,   d a s s   i c k   k e e n e   L e i c h e n i c h   s e h e n   k a n n ! « Dann beweinte sie mit Maß und Würde den an dieser zartsinnigen Anrede Dahingeschiedenen und verblüffte viele Jahre ganz Berlin durch ungewöhnlich burschikose, meist völlig unerwartete Redewendungen. Die Aussprüche, die ihrem süßen Munde entflohen, sind unzählig und bewunderungswürdig durch den Reichtum der Nuancen; sie lassen sich leider nicht alle wiedererzählen.

Sie war von heilloser Respektlosigkeit gegen Höhergestellte, sie rüffelte und schnauzte an, wer ihr in den Weg lief. Und einmal lief ihr der König in den Weg. Unter den Linden. Er kannte sie wohl – wer kannte sie nicht! –, aber zerstreut und brummig erwiderte er ihren Gruß nicht. Alle Wetter, da war der Beherrscher aller Preußen aber an die unrechte Adresse gekommen. Plötzlich fühlte sich der Monarch am Ärmel gefasst. » N a ,   w a t   i s ' n   d e t ,   M a j e s t ä t k e n ,   m a n n i c h   s o   s t o l z ,   S t e u e r n   n e h m e n   k a n n   e r ,   a b e r   d i e reiche Dutitren jrießen is nicht!« Seine Majestät sollen sich allerhöchst vor Lachen geschüttelt und der redefertigen Frau gnädigst die Hand gereicht haben. Madame aber ließen den Handschuh in Glas und Rahmen fassen mit der stolzen Inschrift: »An diesem Handschuh fasste mir mein Keenich!« Ich glaube, die Reliquie wird noch heute in irgendeinem märkischen Museum aufbewahrt. Und unter ihren letzten Willen hat sie noch die schönen Worte gesetzt: »Wenn ick mir denke, wer von meine Verwandten all' det scheene Jeld erbt, möchte ick am liebsten jar nicht sterben!« Alle diese Schnurren fielen mir ein, als ich vor einigen Monaten am Grabhügel der Dutitre stand. Der Gärtnerbursche hatte recht: Sie war wirklich eine »putzige Kruke«!

2. Der Marampuff

(Aus den Jugenderinnerungen von Felix Eberty, Verlag Wilh. Hertz, Berlin)

Sie hatte ein Gesellschaftsfräulein, zu dessen Obliegenheiten es gehörte, dass sie der Gebieterin niemals widersprechen durfte. Einst fuhren beide Damen an einem windigen Tage im offenen Wagen nach Charlottenburg. Madame Dutitre, schön geputzt, trug einen mit drei Marabufedern verzierten Hut. Sehr bald entführte der Wind eine derselben, und die Eigentümerin, die etwas Weißes in der Luft flattern sah, fragte: »Mamsellken, war det nich eine Taube?« Antwort: »Jawohl, Madame Dutitre.« Nach einigen Minuten entführte Zephyros die zweite Feder: »Mamsellken, war det nich en Sticksken Papier?« Antwort: »Jawohl, Madame Dutitre.« Als nun gleich darauf auch die dritte Feder sich empfahl, wurde die Sache verdächtig: »Herrjeß, Mamsellken, war det nich en Marampuff?« »Jawohl, Madame Dutitre, das war der letzte.«

Theaterkoller an der Spree

(Briefe aus Berlin 1822 von H e i n r i c h   H e i n e)

1. Als der »Jungfernkranz« frisch war

Haben Sie noch nicht Maria von Webers »F r e i s c h ü t z« gehört? Nein? Unglücklicher Mann! Aber haben Sie nicht wenigstens aus dieser Oper das »L i e d   d e r   B r a u t j u n g f e r n« oder kurzweg den »J u n g f e r n k r a n z« gehört? Nein? Glücklicher Mann!

Wenn Sie vom Halleschen bis zum Oranienburger Tore und vom Brandenburger nach dem Königstore, ja selbst, wenn Sie vom Unterbaum nach dem Köpnieker Tore gehen, hören Sie jetzt immer und ewig dieselbe Melodie, das Lied aller Lieder: den »Jungfernkranz«.

Wie man in den Goethe'schen Elegien den armen Briten von dem »*Marlborough s'en va-t-en*« durch alle Länder verfolgt sieht, so werde ich auch von morgens früh bis spät in die Nacht verfolgt durch das Lied:

Wir winden dir den Jungfernkranz
Mit veilchenblauer Seide;
Wir führen dich zu Spiel und Tanz,
Zu Lust und Hochzeitsfreude.
   Chor:
Schöner, schöner, schöner grüner Jungfernkranz,
Mit veilchenblauer Seide, mit veilchenblauer Seide!

Lavendel, Myrt' und Thymian,
Das wächst in meinem Garten.
Wie lange bleibt der Freiersmann?
Ich kann ihn kaum erwarten!
   Chor:
Schöner, schöner, schöner usw.

Bin ich mit noch so guter Laune des Morgens aufgestanden, so wird doch gleich alle meine Heiterkeit fort geärgert, wenn schon früh die

Schuljugend, den »Jungfernkranz« zwitschernd, bei meinem Fenster vorbeizieht. Es dauert keine Stunde und die Tochter meiner Wirtin steht auf mit ihrem »Jungfernkranz«. Ich höre meinen Barbier den »Jungfernkranz« die Treppe heraufsingen. Die kleine Wäscherin kommt »mit Lavendel, Myrt' und Thymian«. So geht's fort. Mein Kopf dröhnt. Ich kann's nicht aushalten, eile aus dem Hause und werfe mich mit meinem Ärger in eine Droschke. Gut, dass ich durch das Rädergerassel nichts singen höre. Bei … li steig' ich ab. »Ist's Fräulein zu sprechen?« Der Diener läuft. »Ja«. Die Türe fliegt auf. Die Holde sitzt am Pianoforte und empfängt mich mit einem süßen:

»Wo bleibt der schmucke Freiersmann?
Ich kann ihn kaum erwarten.« –

»Sie singen wie ein Engel!«, ruf' ich mit krampfhafter Freundlichkeit. »Ich will noch mal von vorne anfangen«, lispelt die Gütige und sie windet wieder ihren »Jungfernkranz« und windet und windet, bis ich selbst vor unsäglichen Qualen wie ein Wurm mich winde, bis ich vor Seelenangst ausrufe: »Hilf, Samiel!«

Sie müssen wissen, so heißt der böse Feind im »Freischützen«; der Jäger Kaspar, der sich ihm ergeben hat, ruft in jeder Not: »Hilf, Samiel!« Es wurde hier Mode, in komischer Bedrängnis diesen Ausruf zu gebrauchen und Boucher, der sich den Sokrates der Violinisten nennt, hat einst sogar im Konzerte, als ihm eine Violinsaite sprang, laut ausgerufen: »Hilf, Samiel!«

Und Samiel hilft. Die bestürzte Donna hält plötzlich ein mit dem rädernden Gesange und lispelt: »Was fehlt Ihnen?« »Es ist pures Entzücken«, ächze ich mit forciertem Lächeln. »Sie sind krank«, lispelt sie. »Gehen Sie nach dem Tiergarten, genießen Sie das schene Wetter und beschauen Sie die schene Welt.« Ich greife nach Hut und Stock, küsse der Gnädigen die gnädige Hand, werfe ihr noch einen schmachtenden Passionsblick zu, stürze zur Tür hinaus, steige wieder in die erstbeste Droschke und rolle nach dem Brandenburger Tore. Ich steige aus und laufe hinein in den Tiergarten …

Und nun den ganzen Tag verlässt mich nicht das vermaledeite Lied. Die schönsten Momente verbittert es mir. Sogar wenn ich bei Tische sitze, wird es mir vom Sänger Heinsius als Dessert vorgedudelt. Den ganzen Nachmittag werde ich mit »veilchenblauer Seide« gewürgt. Dort wird der »Jungfernkranz« von einem Lahmen abgeorgelt, hier wird er von einem Blinden heruntergefiedelt. Am Abend geht der Spuk erst recht los. Das ist ein Flöten und ein Gröhlen und ein Fistulieren und ein Gurgeln, und immer die alte Melodie. Das Kasparlied und der Jägerchor wird wohl dann und wann von einem illuminierten Studenten oder Fähndrich zur Abwechslung in das Gesumme hineingebrüllt, aber der »Jungfernkranz« ist permanent; wenn der eine ihn beendigt hat, fängt ihn der andere wieder von vorn an. Aus allen Häusern klingt er mir entgegen; jeder pfeift ihn mit eigenen Variationen, ja ich glaube fast, die Hunde auf der Straße bellen ihn ...

»Piano-forte«

2. Madame Neumann

...Was soll ich von der Neumann sagen, die alle Berliner bezaubert, und sogar die Rezensenten? Was nicht alles ein schönes Gesicht tut! Es ist ein Glück, dass ich kurzsichtig bin, sonst hätte diese Circe mich ebenso in ein graues Tierlein verwandelt wie einen meiner Freunde. Dieser Unglückliche hat jetzt so lange Ohren, dass das eine in der »Vossischen Zeitung« und das andere in der Haude- und Spenerschen zum Vorschein kommt. Einige Jünglinge hat diese Dame schon toll gemacht; einer derselben ist schon wasserscheu und macht keine Verse mehr. Jeder fühlt sich glücklich, wenn er der schönen Frau näherkommen kann. Ein Gymnasiast hat sich in dieselbe platonisch verliebt und hat ihr eine kalligrafische Probe seiner Handschrift zugeschickt. Ihr Mann ist auch Schauspieler und glänzte wie Glanzleinen in »Kabeljau und Hiebe«. Die gute Frau muss gewiss vom vielen Zuspruch ihrer Bewunderer belästigt werden. Man erzählt, ein kranker Mann, der neben ihr wohnt, habe keine Ruhe gehabt vor all' den Menschen, die jeden Augenblick sein Zimmer aufgerissen und fragten: »Wohnt hier Madame Neumann?« und er habe endlich auf seine Türe schreiben lassen: »Hier wohnt Madame Neumann nicht«.

Man hat sogar die schöne Frau in Eisen gegossen und verkauft kleine, eiserne Medaillen, worauf ihr Bildnis geprägt ist. Ich sage Ihnen, der Enthusiasmus für die Neumann grassiert hier wie eine Viehseuche. Während ich diese Zeilen schreibe, fühle ich selbst seine Einflüsse. Sehr viele Mediziner machen ebenfalls der schönen Frau den Hof, und man nennt sie hier scherzweise die »Medizinische Venus«. Aber was brauche ich so viel zu erzählen, Sie haben ja gewiss unsere Theaterkritiken gelesen und bemerkt, wie sich ordentlich ein Metrum darin bewegt, und zwar das der Sapphischen Ode an die Venus. Ja, sie ist eine Venus oder, wie ein Altonaer Kaufmann sagte, eine Venussin. Nur der vermaledeite Setzer wirft zuweilen einen Wespenstachel in die Schale hymettischen Honigs, die der fromme Rezensent unserer Göttin opfert. Das nachhelfende Intelligenzblatt (der Titel dieses Blattes ist Ironie) berichtigt folgenden Druckfehler: In der Rezension über das Gastspiel der Mad. Neumann Nr. 63 der »Spener'schen Zeitung« vom 25. Mai muss Zeile 26 statt »von leicht bewegtem Minnespiel«, »von leicht bewegtem Mienenspiel« gelesen werden ...

Berliner Originale

Von Karl Gutzkow

Lehrertypen vom Friedrich Werder'schen Gymnasium

Der Zeichenunterricht war in den Händen eines alten Professors K. Auch diese Reliquie aus den alten Zeiten der Nützlichkeitstheorie war ohne jeden idealen Aufschwung. Sowie der alte Graubart mit seiner großen Zeichenmappe und einem Kasten voll Zeichenmaterialien eintrat, verwandelte sich die Stunde in eine jener Schülerorgien, wo man die himmlische Geduld eines Lehrers bewundern muss. Jede Ordnung schien aufgelöst. Tollheit und Bosheit gingen durcheinander. Denn von Gutmütigkeit ist bei den Ostentationen der Skandalsucht der Jugend nie die Rede. Der alte K. teilte abgegriffene, schmutzige Vorzeichnungen, Handzeichnungen, Kupferstiche, Nasen, Lippen, Augen in Aquatinta, Pferde, Hunde, alles durcheinander zum Kopieren aus und sprach dabei mit den Quartanern ihren vaterstädtischen Dialekt. Rief einer: »Ach, der dumme Kuhstall, den hab ick ja schon zweemal gezeechnet!«, so antwortete K.: »Junge, det ist 'ne Landschaft nach 'm Niederländer!« – »Ach wat!«, lautete die Replik, »so sieht's bei Moabit ooch aus.« Jeder zankte um das ihm bestimmte Blatt. »Zerreißt mir meine Zeechnungen nicht! Verdammte Bengels! Wer sich untersteht, hier in meine Mappe zu greifen!« – »Ach Herr K., geben Sie mir da den Kopf! Der ist schön!« – »Junge, der ist vor dir zu schwer!« – »Nee, ick werd'n schon fertig kriegen!« Von den Köpfen war ihm besonders einer von Wert, der Kopf des Mörders Heinrich IV. von Frankreich, Ravaillac. Regelmäßig empfahl er gerade diese Vorzeichnung. Dauerte ihm das Suchen der ihn umlagernden Quartaner nach Vorzeichnungen in seiner Mappe zu lange, so rief er: »Na, nimm doch Ravaillac!«, worauf er oft genug mit Indignation geantwortet bekam: »Herjeses, Ravajacken hab ick ja schon dreimal gezeechnet. Lassen Se sich doch Ihren Ravaillac sauer kochen!« Die Möglichkeit, dass dieser alte Mann eine solche Behandlung aushielt, lag in seiner Gewinnsucht. In dem Kasten mit Zeichenmaterialien fand sich alles,

31

was die Schüler zur Zeichenstunde nötig und nicht von Sarre am Werderschen Markte mitgebracht hatten. Papier, Lineale, Bleistifte, Reißfedern, schwarze Kreide usw. Da gab es ein Feilschen und Schachern. »Nee, Sie sind mal wieder teuer!« – »Ick habe nur en Zweegroschenstüek bei mir, Herr Professor!« So ging es durcheinander. ...

Die Zichorienliese

Diese lange, hagere Frau ... war knochig, mager, spitznasig, langfingrig, von Habichtaugen, scharf redend und dabei stocktaub.

Woll-habende

Nicht unbemittelt, wollte sie durch einen Handel mit Zichorien, den sie in einem Kreise von regelmäßigen Abnehmern mit Hilfe einer sie begleitenden Dolmetscherin, die ihr den Korb tragen musste, trieb, sich nur zerstreuen und unterhalten. Diese Zichorienliese schritt wie eine Königin so stolz, schnupfte wie ein Minister und beschäftigte sich nur mit den wichtigsten Angelegenheiten des Lebens, mit der großen europäischen Politik und mit Gespenstern. Die Zichorienliese konnte in der Tat die Göttin des Jahrhunderts vorstellen. Denn stocktaub und laut kreischend hielt sie fast immer eine großmächtige Messingtrompete wie Frau Fama in der Hand. Diese Trompete setzte sie nicht an den Mund, sondern ans Ohr. Es war eine Schalltrompete, durch welche sie ihre Taubheit mit einer Welt vermittelte, deren sichtbare Dinge ihr leidenschaftlichstes Interesse erregten. ... Sooft sie (zu Gutzkows Eltern) kam, war es ein wirkungsvolles Ereignis. Ihre dienende Famula bewachte den verdeckten Korb. Sie selbst schritt stolz voran, setzte sich feierlich und begann, wenn sie eine Prise zur Nase und dann

Woll-wollende

die Trompete zum Ohr genommen hatte, regelmäßig eine Konversation über die höchsten Interessen der Menschheit. Entweder war es »Bonneparte«, über dessen Pläne auf St. Helena sie die genauesten Mitteilungen besaß, oder sie hatte, als geborenes Sonntagskind, wieder Geister gesehen. Sie näselte im Sprechen, sprach aber so stark, dass es fast dasselbe Schreien war, womit in die Trompete die Fragen oder Antworten gerufen werden mussten. Die Erhebung der Griechen erfüllte die Zichorienliese mit einem Interesse, das in Widerspruch mit ihrem eigenen stand; denn ihr Handel mit Kaffeesurrogaten hätte sich eigentlich wenig aus den Vorgängen in der Levante machen sollen. Aber ihre Fantasie sah nur türkische Kriegsschiffe unter Brandern in die Luft springen und griechische Kinderköpfe von den Türken zu Tausenden abgesäbelt. Es schien ihr unwiderleglich, dass »Bonneparte« jetzt ebenso die Griechen gegen die Türken kommandierte wie derselbe späterhin bei Varna und Schumen die Türken gegen die Russen kommandierte. Die Zichorienliese lachte laut auf, wenn einer behauptete,

die Engländer würden den »Bonneparte« schon auf St. Helena fest-
halten. »Na, den?«, hieß es. »Sie haben ja eenen janz falschen!« ...
Die Zichorienliese bewohnte in der Kurzen Straße eine anständig ein-
gerichtete Kellerwohnung, von welcher sie behauptete, es »spükte« in
ihr. Es war seltsam, dass sie bei ihrer Stocktaubheit deutlich die Geister hören konnte, auch ohne ihre Trompete. Mit überzeugungstreuer
Sicherheit erzählte sie, dass es erst vorgestern wieder in der Nacht, wo
sie nicht hatte schlafen können, ganz vernehmlich hinter, in oder an der
Wand gerufen hätte: »Wilhelm, Wilhelm, ach Wilhelm!«
Sie erzählte, dass sie zwar gegen das »Spüken« ein Bannungskraut, die
»Spieke«, in ihre Betten versteckte, da sie aber ein Sonntagskind wäre,
hülfe es nichts.

Pfui Deibel! – Noch eenen!
(Vor der Schnapskneipe 1830)

Abendessen bei Präsidentens

Von Ludwig Börne

(Berliner Briefe, herausgegeben von L. Geiger, Verlag F. Fontane u. Co.)

Gestern, Freitag, aß ich beim Präsidenten von Scheve (Präsident des Kurmärkischen Pupillen-Kollegiums) zu Mittag. Wir waren acht Personen, vier Herren und vier Frauen, deren Alter nebeneinandergestellt bis zum letzten Kreuzzuge reichen würde. Lauter Adlige. Die frugen mich nach 20 Frankfurtern, die ich nie habe nennen hören, nichts als Herr von, Fräulein von, Frau von. Sie haben, sooft sie durch Frankfurt kamen, im »Roten Hause« logiert (welches seit länger als 30 Jahren kein Gasthof mehr ist). Es wurde vor keiner bürgerlichen Seele gesprochen; doch waren sie sehr artig gegen mich. Herr von Scheve und seine hochrot und dick geschminkte Frau sind ganz charmant. Ein junges, schönes Mädchen, die meine Tochter, die Enkelin von zweien, und die Urenkelin von den übrigen vier Gästen hätte sein können und es vielleicht auch war, saß am ungewöhnlich breiten Tische mir gegenüber und richtete das Wort an mich. Da sprach ich mit einer süßen Flötenstimme, die ich in meiner Gewalt habe, aber bei bürgerlichem Lumpenpack wie Ihr seid, nie gebrauche: »Mein Fräulein! Ich bedaure gar zu sehr, dass ich Ihnen lästig fallen muss, ich höre etwas schwer!« Und das gute Kind ward purpurrot, statt dass ich es hätte werden sollen. Wir Alten haben doch wenigstens das Recht der Unverschämtheit! Der alte Mann, der neben Frau von Scheve saß, ist unverkennbar ihr Liebhaber seit dem siebenjährigen Kriege. Als er zu husten anfing, stand seine alte Freundin vom Tische auf und holte aus ihrem Strickbeutel ein Riechfläschchen voll Rum und ließ ihn ein Zuckerlöffelchen davon einnehmen. Das sei gut gegen Husten. Dieses Mittel schien sie bloß für ihren Freund immer bei sich zu führen ... Unter diesen wunderlichen Leuten, die gar nichts von mir wussten ... saß ich nun wie ein armes Kätzchen, putzte mich hinter den Ohren und machte ein Donnerwetter-Gesicht. Was sich das junge Fräulein für Mühe gab, recht gerade am Tische zu sitzen! Das ist ein Hauptpunkt in der Erziehung der adligen Jugend und dieses aufrechte Wesen trägt auch viel zu der ehrfurchtgebietenden Haltung bei, die der Adel Bürgerlichen gegenüber zeigt. ...

Der Droschkenkutscher von Anno Dazumal

Von Karl von Holtei

(Das Possenspiel »Der Berliner Droschkenkutscher« ist entstanden aufgrund eines früheren 1828 auf der Königstädter Bühne gespielten, aber durchgefallenen Holteischen Stückes »Die Droschke«. Holtei hat die komische Figur jenes Stücks gerettet, nämlich den D r o s c h k e n - k u t s c h e r A d a m. Er wird in der hier mitgeteilten Szene vorgeführt im Gespräch mit dem besuchsweise in Berlin anwesenden Amtsrat Kirbel, bei dem Adam früher Diener gewesen ist.)

K i r b e l : Bist du mit deinem Posten zufrieden?

A d a m : Oh ja, im Ganzen kann ich nich anders sagen, als dass es ein sehr viver Posten ist. Immer auf'n Pflaster, immer Abwechslung. Aus eine Straße in die andre, immer neue Gesichter. Man viele Freiheit ist nich dabei. Unsereiner is ein Sklave wie auf die Jallerien. Höllisch forsch ist die Aufsicht. Und Spione hat unser Alter auch. Schlafen sollen wir nicht! Langsam fahren sollen wir nich, das wollen die Herren Publikum nich, rasch fahren sollen wir auch nich, das will wieder unse Herr nich. Na, nu machs einmal einem recht? Mit dem Publikum überhaupt, wenn Sie das kennen täten, was das vor Fisemantenten und Raupen im Kopfe hat, da würden Sie Ihre Hände über Ihrem eigenen Kopfe zusammen-schlagen, wenn Sie wüssten, was das for Ansprüche macht. Neulich fahre ich einen jungen Mann, –auf Stunde – es war soweit ein netter, junger Mann, mit einer Brille und sone bunte Halsbinde, wo er mit des Köpfchen tief drinnen stechen tat. Dieser junge Mann will zuletzt auch raus vor's Rosenthaler Tor in die Berggasse. Ich fahre ihn bis dahin wo's Pflaster aufhören tut, denn warum, wo es nich gepflastert oder aber auch nich schassiert is, dürfen wir vorm Tor nich fahren. Na, nu halte ich. Er fragt, ob ich verrückt bin? Ich sage: »Steigen Sie man aus und gehen Ihren Gang, ich will hier auf Ihnen warten. Ihr Regenparasol lassen Sie mir als Pfand in die Droschke. Bezahlen tun Sie mir nich mehr, als ob Sie während diese Epoche drin gesessen hätten, denn billig sind unsre Gesetze in diese Art, das kann niemals in Abrede sind.« Da schreit er: »Das ist ja aber eine Qual für das Publikum.« – »Ja, Guter, darin muss ich Sie Beifall geben, das meine ich alleene; aber entscheiden Sie selbst: Wofor wäre das Publikum auf der Welt, wenn es nicht gekujeniert werden sollte. Übrigens freut es mir bei dieser Okkasion zu erfahren, dass Sie auch zum Publikum gehören.« Da lachte er.

K i r b e l : Also ihr dürft jetzt auch vor's Tor fahren? Das war damals nicht der Fall, als ich zum letzten Male hier war.

A d a m : Nee, es hat sich erst späterhin entwickelt. Die Wahrheit zu sagen, es ist kein Vorteil nich. Das gibt eine ewige Schlepperei nach dem Tiergarten, nach die Zelte, wir müssen mehr Fuhrwerk halten un 's bringt nich mehr ein. Aber kuriose war's, als wir zum ersten Mal die neue Erfindung eröffneten. Ich weiß's noch wie heute: Ich hielt an die Charlotten- und Behrenstraßenecke, kommt eine dicke Dame, piecht und pustet und wie sie insteigt, spricht sie: »Kutscherken, in'n Tierjarten!« Nu denk ich, gut! Ich fahre meinen Stiefel langsam weg, heißt das, was recht ist: Sehr schnelle fuhr ich ihr nich, denn warum, sie hatte mich das simple Viergroschenstück gegeben, ohne Laschio.

K i r b e l : Ich denke, es ist euch verboten ein Geschenk anzunehmen?

A d a m : Ach, reißen Sie mir doch kein Bein aus! Verboten? Ja freilich! Alle acht Tage steht in die Löschpapierene darein: »Das Publikum wird gebeten, die Marken nich in die Droschke zu werfen un nich mehr zu bezahlen als den Tar. Aber da fragt das Publikum nich nach. Wenn das Publikum rasch fahren will, weiß das Publikum recht gut mit dem alten Sprichwort umzugehen: »Wer gut schmiert, der gut führt.« Und das Publikum is ja ein freier Partikulier; das wird nach die Annonce von unsen Herrn nich fragen, und ich als bescheidener Mensch kann es doch nich refüsieren, wenn mir einer um Gottes willen bitten tut, ich soll ein Präsent von ihm annehmen? Kurz und gut, die dicke Dame hatte wahrscheinlich eben die Löschpapierene gelesen, denn sie warf die Marke fort und mir jab sie nichts. Nun kamen wir an's Brandenburger Tor. Ja, sehen Sie, wer nicht durch will ist mein Pferd. Das gute Tier war seit drei Jahren – (es is jetzt bei Jott, der Deibel hat's jeholt) – nie anders jegangen als bis ans Tor und wieder retour. Von der neuen Ankündigung und Konzession war ja die Pferde nichts bekannt jemacht worden; jurz, es wollte nich durch. Die janze Torwache trat rausser an die Gewehrständer und lachte; die Zollphysitatersch kamen von die andre Seite zu; meine dicke Madame in die Droschke schrie, als ob sie schonst an 'nen

Spieße braten täte? Ich schlug auf mein Pferd, was die Peitsche halten wollte – das Pferd jung nich! Na, da stieg ich endlich ab und zum Glück hat ich die Zeitung bei mir, wo's drin stand, dass wir vom Ersten an auch vor's Tor fahren dürfen. Ich fasse mein Pferd mit der rechten Hand in'n Zügel, mit der linken halt ich die Zeitung und les' ihm nun den ganzen uns betreffenden Artikel vor. Hätten Sie sehen sollen, wie das Tier die Ohren spitzte! Und man wird es von so 'nem unvernünftigen Geschöpfe nich glauben: nun jung es! Draußen stieg ich wieder auf, aber nun war Holland schonst wieder in Not. Denn kaum fühlt es unter seine vier Beenekens die glatte Schassee, wird die Karnalje übermütig, schlägt vorn und hinten aus und nun, hast du nich gesehn, so siehst du doch, gibt es Pech und jeht durch! Meine Madame schreit: »Hilfe, Hilfe, das Pferd jeht durch!« Und zu alle Vorübergehende rung sie die Hände und flehte, sie möchten das Tier aufhalten! Aber die Leute lachten und sagten: »Das is man optische Täuschung; ein Berliner Droschkenpferd kann nich durchjehn!« Nun ließ ich ihm seinen Willen und wie es genung hatte, da stand es, da waren wir justement an die Puppen. Nu sag ich: »Madamken, nu sind wir durch bis an die Puppen, nu steigen Sie man dreiste aus.« Sie war froh, dass sie rausser kam. Ich glaube, eejentlich hatte se zum Hofjäger gewollt – dadavon waren wir nun wohl freilich ein Viertelstündchen weit weg –, aber das kleine Stücksken konnte sie recht gut zu Fuß gehen; das war ihr gesund, bei ihre Ambumpojenz.

K i r b e l : Ihr scheint gut mit den Leuten umzugehen?

A d a m : Oh, glauben Sie nicht, dass wir die Menschheit maltraktieren, das hier war son Späßchen par Huzard. Übrigens kenn ich meine Schuldigkeit und stehe mir auch sehr gut mit unsen Herrn und mit die Polizei.

K i r b e l : Wieso mit der Polizei?

A d a m : Das ist eine merkwürdige Schwuite! Ich fuhr einmal einen Engländer; denn dass er ein Engländer war, das hörte ich ihm gleich an, weil er immer sagte: »Mon ami!« Der gibt mir ein kleines Biergeld und steigt aus bei's Opernhaus (ich weiß's noch wie heute, sie gaben grade »Die Stumme von Tivoli«) und ich fahre nu langsam auf's Schloss zu. Nu war's, wie wenn eine unsichtbare Stimme zu mir sagte: »Adam«, sagte es, »drehe dir um!« Na, denke ich bei mir selber, warum sollte ich diese Stimme nich diesen kleinen Gefallen erweisen? Ich drehe

38

mir um – jetzt erweisen Sie mir aber den Gefallen, Herr Amtsrat, zu denken, Sie wären meine Droschke, und ich sitze so vor Ihnen, heißt das vor meiner Droschke – verzeihen Sie, dass ich Ihnen meinen hinteren Menschen zuwende –, so sitz ich vor Ihnen, drehe mich nach diese Stimme um, und auf dem Platze, wo mein ausgestiegener Engländer gesessen hat, liegt eine Brieftasche. –

K i r b e l : Eine Brieftasche! –

A d a m : In derselbigen Brieftasche aber viele tausend Pfund englische Sperlinge.

K i r b e l : Und was geschah?

A d a m : Ja, was geschah? Ich ging, wie ich nach Hause kam, hinauf zu unsem Herrn. Wen ich bei ihm finde, is schonst mein Engländer. Er hatte die Nummer von meine Droschke nicht jeremarkieret und stand nun da wie die Gans, wenn's wetterleucht'.

»*Oublié*«, rief er immer, »*oublié mille écu.*« – »Ja, küh!«, sag ich, »mille küh oublié – wo seynd sie? – da seynd sie!« Sapperment riss er mich die Brieftasche aus die Finger – und dann griff er in die Rocktasche, nahm einen Taler raus – und diesen Taler schenkte er mir.

K i r b e l : Ei, das war ja ein Lumpenhund!

A d a m : Wie so die Millionäre gewöhnlich sind! Na, ich war doch zufrieden; denn ein jut Jewissen is ein jutes Ruhekissen. Un wenn mir nu manchmal der Sitz auf meinem Bocke zu hart werden will, sag ich man zu mir selber: »Adam, so ruhig säßest du doch nich, wenn du unter die Diebe jejangen wärst, so ruhig nich, un säßest du auf einem rot marrokkingnen Sanftstuhl, mit Seide lackiert.«

K i r b e l : Sag mir mal, Adam, wie würdest du wohl leben, wenn du nun durch irgendeinen glücklichen Zufall großes Vermögen bekämest?

A d a m : Als wie ich?

K i r b e l : Ja, was würdest du beginnen, um dein Leben zu genießen?

A d a m : Ich setzte mir! – Als ein eigentümlicher, selbständiger Mensch tät ich mir setzen, in ein schönes Logement, entweder unter die Linden oder in die Schornsteinfegergasse oder sonst eine schöne Gegend. Des Sonntags ging ich spazieren. Da ließ ich mir einen neuen Anzug machen; ganz neu: zivil! … Und dann sollte mein größter Jubel seint, wenn ich einen von meine ehemaligen Kameraden irgendwo halten sähe im klarobskuren Halbdünkel, – ich trete heran, – er öffnet die

Türe und fragt: »Wo befehlen Sie hin, Herr Geheimde? (Geheimderat will er sagen, denn bei uns ist eine Hälfte Menschen öffentlich und die andre ist geheim.) Wo befehlen Sie hin, Herr Geheimderat?« Ich aber schreie dazwischen: »Puhlwiese, Puhlwiese, reiß' mir kein Bein aus, ich bin ja der Adam, bin ich! ...

Kommen Sie man immer drieste Mamselleken, ick habe Stiebeln an.

Aus den Memoiren einer Klagschrift

(Briefe aus Berlin. Geschrieben im Jahre 1832)

Ich war eben geboren, d.h. niedergeschrieben von dem Advokaten, abgeschrieben von seinem Famulus, nachgesehen und unterschrieben von jenem und von diesem, zum Gerichtsgebäude gebracht, woselbst mich ein Pedell in Empfang nahm und in die Hände des Oberpedells beförderte. Mit einem ganzen Rudel Papiere machte ich sodann einen Spaziergang in die Registratur, die dumpfe Gerichtsaktenbibliothek, woraus ich indes alsbald von einem anderen Gerichtspedell zur Wohnung des Präsidenten transportiert wurde. Dieser sah mich an, schrieb auf den Rand den Namen eines Rats, der mich präsentieren sollte in der nächsten Session, und ich spazierte mit meinem alten Reisekumpan abermals zur Registratur. Dort wurde ich als neuer Prozessrekrut in die Liste getragen, dann nochmals in das Journal geschrieben und dann mit einer ganzen Aktenkompagnie zum Quartier des Gerichthauptmanns (des Rats) gebracht, wo ich spät abends anlangte. Kaum von ihm gemustert, musste ich andern Morgen schon wieder wandern, und zwar zum Gerichtsgebäude, wohin mich mit mehreren Genossen ein alter Hausknecht des Rats führte. Der Gerichtspedell, der uns empfing, spedierte uns in das Sessionszimmer, woraus er mich späterhin wieder holte und mich in die Sekretarie brachte. Hier wurde ich – man nannte es – expediert, wanderte so zugestutzt in die Stube des Journalisten, der mich in seine Liste eintrug, von dort durch einen Pedell zum Rate, der mich abermals in meiner neuen Expeditionsuniform beguckte, mich gleichsam inspizierte, mir ein kleines Dintenbrandmark: vidi auf den Rücken setzte, welches vom Präsidenten, zu dem ich jetzt geschickt ward, wiederholt wurde. Jetzt ging's wieder zum Tempel der Themis, zum Vorsteher der Kanzlei, der mich gleichfalls in eine Liste schrieb und dann mich in die Kanzlei trug, wo ich abgeschrieben ward. Von hier spazierte ich abermals zu dem Kanzleivorstand, der mich mit mehreren meinesgleichen aufpackte und zur Sekretarie trug. Hier ward ich wiederum gemustert, abermals mit einer Brandmarke beehrt, vom Kanzleivorsteher abgeholt, zum Oberpedell gebracht, von diesem einem Pedell übergeben und zum Präsidenten befördert. Nachdem ich hier nochmals gebrandmarkt mit Namensunterschrift, ging's wieder zum Gerechtigkeitsdom. Ich ward dann in die Hände des Rendanten gegeben, der mich gleichfalls inskribierte in ein gewaltiges Buch; dann spazierte ich zum Kanzleivorstand, von ihm zum Oberpedell, der mich abermals einschrieb, und wurde dann von einem Unterpedell dem Beklagten ins Haus gebracht. Das war der Friedenshafen, in dem ich nach 28 Wanderungen endlich todmüde einlief, ein zweiter Odysseus. – Meine ferneren Taten und Abenteuer bis zu jener Stunde, wo ich meinem Herrn zu seinem Gelde aus den Händen des Schuldners verhalf, zu beschreiben, wäre ein Unternehmen, schwerer, als den Stall des Augias zu entmisten, eine wahre britische Tunnelarbeit. Diese Mühe, die undankbare, erlass mir!

»Pfui ... wo Teufel kommt der infame Geruch her?«
»Von mich, Herr Scherjant, ick stehe immer bei >Treu und Nuglischen<[1]
an die Ecke!«

---

1   Ein altbekanntes Seifen- und Parfümeriegeschäft.

Die Konditorei Stehely

(Aus derselben Quelle)

Wien hat seinen Prater, Göttingen seine Würste, Heidelberg das große Fass, Erfurt seine Riesenglocke, Hamburg seine Lotzschen Originalien, Braunschweig seine Mumme, Hannover seinen Adel, München seinen Görres. Aber Berlin hat, was alle nicht haben. Seinen – Stehely. Was ist Werners brillante, Courteins schöne, Jostys allbekannte Konditorei im Vergleich zu Stehelys journalreicher Konditorei? Stehelys Konditorei-Lesekabinett mit seinen hundert Journalen und Blättern ist das Eldorado der Pflastertreter Berlins, das Paradies der Novitätenkrämer der Residenz, die hohe Schule der Gardeoffiziere und Beamten, die größte, besuchteste Bildungsanstalt der Hauptstadt Preußens, welche von Jung und Alt, Arm und Reich, Gelehrten und Dummköpfen frequentiert wird, um den Durst ihrer Wissbegierde zu löschen, den Heißhunger ihres Geistes zu stillen und den Kitzel ihres ästhetischen Gaumens zu befriedigen.

Sie ist die Fundgrube der Novitäten, das reiche Bergwerk der Neuigkeiten, der nie versiegende, ewig frische Born der Ereignisse und Begebenheiten. Was wäre Berlin ohne Stehely? Eine Glocke ohne Klöpfel, eine Uhr ohne Zeiger. Nur durch ihn ist Klang in allen Tees, Soirees, Picknicks, Diners und Soupers und durch ihn allein weiß Berlin, was es an der Zeit ist. Unter Schloss und Stange liegen sie da, die Herolde des Tages, die Postillione und Kuriere der Literatur und Politik, die papierenen Telegrafen – die Journale, Zeitschriften, Zeitungen und Blätter. Sie verwandeln die Stunden in Minuten, die Langeweile in Kurzweil; sie verbannen das Gähnen und verscheuchen antiopiatisch den Schlaf. Emsig und vertieft sitzt man hier in Journalen und Pfannkuchen, in Zeitungen und Bisquits. Marklose Geschöpfe stärken sich durch Markpastetchen, Windbeutel speisen ihresgleichen und machen Wind. Süße Herrchens lecken Bonbons und Baisers – jeder findet hier, was er sucht in Journalen und Gebackenem; Gleich und Gleich gesellt sich hier in jeder Hinsicht. Stehelys Konditorei ist der untrügliche Barometer des Berliner Geschmacks. Die Wetterfahne des politischen Windes der Residenz, der Hydrometer der Literatur und Journalistik, die Lügenzeitung und der offizielle Moniteur der Politik, das Panorama der Berlinerei ...

Berlin im Brennglas

Ein Streifzug durch Adolf Glaßbrenners Werke

DER ÄCHTE ECKENSTEHER NANTE

(Erste Szene.)

Nante. Mehrere Vorübergehende.

N a n t e . (Sitzt auf einen Steine an einem Eckhause und trinkt aus seiner Schnapsflasche) Aach, des schmeckt! Des schmeckt, als wenn eener Schnaps drinkt un er schmeckt ihm. So, nu hab' ick jefrühstückt, nu wer' ick mir mal de Welt ansehen, ob noch allens in Ordnung is. (Er sieht sich um) Himmel is da, is oben, de Erde is hier, un de Destlationsanstalt is drüben: Welt, jetzt kannste wieder losjehen! Lebenslauf, ick erwarte dir. (Steht auf) Na, wat is'n det? Wat rejen sich denn for Gefühle an meine Brust uf? (Er schlägt sich auf die Schnapsflasche, welche in der Seitentasche steckt) Willste woll ruhig sind, Karline! Mahnste mir denn ewig an dein Daseinl Na, dies Mal will ick dir nochmal nachjeben, aber wenn de wieder kommst, denn ooch. (Er trinkt und besieht dann die Flasche) Karline, ick kann et dir nich länger verhehlen: Ick liebe dir! Als ick dir sah, bejann mein Leben; meine Jurjel gehört dir auf ewig, nur der Dot kann mir von dir trennen. Sei nie l e e r

un du kannst uf meine T e i l n a h m e rechen. Jetzt verzieh' dir, ver-
mummle dir Schamberjarnie bei Jackens un höre, wat du mir allens
bist un wie meine Natur mit deine verknüppert is. (Er singt)

Det beste Leben hab' ick doch
Ick kann mir nich beklagen;
Pfeift ooch der Wind durch't Ärmelloch,
Det will ick schonst verdragen.
Det Morgens, wenn mir hungern dut,
Ess ick 'ne Butterstulle,
Dazu schmeckt mir der Kümmel jut
Aus meine volle Pulle.

Ick sitz' mit de Kamraden hier,
Mit alle jroß und kleene;
Beleidigt ooch mal eener mir,
So stech' ick ihm jleich eene!
Un drag' ick endlich mal wat aus,
So kann ick Jroschens kneifen,
Hol wieder meine Pulle raus,
Und due eenen pfeifen.

Da mag et kommen wie et will,
Ick lasse mir nich stören,
Und stände selbst die Welt mal still,
Det soll mir wenig scheeren.
Den Trost behalt ick jedenfalls,
Wenn't mir mal eklich schiene:
Ick werfe mir an deinen Hals,
Un küsse dir, Karline!

Und sagt der Dod einst: Nante, du,
Komm' mit die jroße Strecke!
Da spring' ick bloß un ruf ihm zu:
Ick bin schon um de Ecke! –
Doch hört er nich uf diesen Witz,

45

Denn seufz' ick: Line' Kümmel!
Denn koof' ick mir den letzten Spitz,
Un nehm' dir mit in'n Himmel.

(Ein Stutzer geht vorüber.)

Nu seh' eener den breetspurijen Zweespänner an! Dunderwetter,
wenn ick det wäre, wat der sich inbildt, denn koof' ick mir Deutschland un setzte mir uf't Riesenjebirje und sagte: »Blast mir'n Stoob
wech!« (Ruft ihm nach) Sie da, Herr Baron!

D e r S t u t z e r. (Sich umdrehend) Was will er von mir?

N a n t e. Entschuld'jen Sie, kennen Sie mir?

D e r S t u t z e r. Nein!

N a n t e. Haben Sie jar keene Verbindung mit mir?

D e r S t u t z e r. (Unwillig) Nein, was soll denn das?

N a n t e. Na, wenn Se sich jar nich for mir intressieren, denn brauchen wir ooch nich zusammen zu sprechen, denn können Se ruhig
weiter jehen.

D e r S t u t z e r. Dummer Kerl! Wenn Er sich das noch mal untersteht, dann soll Er mal sehen!

N a n t e. Ohoch! Ick sehe schon so, da brauch' ick jar keenen
Unterstand jejen Ihnen dazu! (Der Stutzer geht) Jugend, verzieh' dir
oder ick koofe dir eenen Pichellappen un jebe dir nischt zu essen. Wie
hat er mich jeschumpfen? Dummer Kerl, hat er mir jeschmeichelt?
Un öffentlich uf de Straße? Der will jewiss, det ich hier mein Glück
machen soll. Wat ick aber eejentlich for 'ne jutmüthige Seele bin, des
jeht ins Weite. Ick lasse die Leute hier umsonst in mein Arbeetszim-
mer rumloofen un wenn mir en Schafkopp dumm schimpft, denn
such' ick 'ne Schmeichelei raus.

(Eine Köchin kommt und will in ein Haus gehen.)

Sie da! Sie da! Warten Sie mal einen Oojenblick!

D i e K ö c h i n. Ich habe keene Zeit!

N a n t e. O ja! Au contraire, im Jejenteil! Sie haben schon viel Zeit
jehabt, wie ick sehe. Auch is des Jahrhundert vor jedermann und vor
jeder Frau; davon kann sich jeder Zeit so viele davon nehmen, wie
er will. Das Jahrhundert kost' nischt, des hat man umsonst. (Er tritt
etwas näher und legt die rechte Hand an seinen Hut) Ju'n Moorjen,

46

mein Fräulein, ju'n Moorjen! Immer noch hübsch uf de Beene wie ick sehe? Des freut mir, dass Sie auf die Beine jehen, ich habe mir des auch so einjerichtet. Sie kennen mir doch noch, mein Fräulein? Ich habe Ihnen voor'je Ostern den Koffer hierher jekarrt und außerdem verneije ich mir immer, wenn Sie Weißbier nebenan holen; diese Neije haben Sie immer umsonst dabei.

Die Köchin. Na, wat wollen Sie denn nu aber, Nante?

Nante. Entschuld'jen Sie eine Frage: Lieben Sie mir? Kann ich mir vielleicht schmeicheln, Eindruck auf Ihnen jemacht zu haben? Ich bin eun Mann und eun Mann macht doch zuweilen bei eun Frauenzimmer Jlick, also wieso?

Die Köchin. Ach, schämen Se sich, Nante, Sie sind ja verheiratet!

Nante. Ach, dadrum genieren Sie sich nicht, derowejen lieben Sie mich janz dreiste! Meine Frau is meine Frau, des is richtig, aber natürlich, des verliert sich mit der Zeit, des is ooch richtig. Denn sehen Sie, ein Mann, der hat ein Herz, le coeur, und ein Herz hat Raum und ein Raum, der is zuweilen sehr ausjedehnt und – und (Er besinnt sich eine Weile) – Ju'n Moorjen! (Er dreht sich um)

Die Köchin. Sie sind ein Schafskopp! (Sie geht ins Haus.)

Nante. Schafskopp? Wieso Schafskopp? Der von vorher, der meent, ick wäre en dummer Kerl, un die hält mir for einen Schafskopp? Na, da bin ich neujierig, wer recht hat.

Eine Frau. (Kommt mit einem großen Korbe voll Gemüse und Fleisch) Sie da! Wollen Sie mir wohl diesen Korb nach Hause tragen?

Nante. Zwee Mal, wenn Sie befehlen: Wo wohnen Sie'n·?

Die Frau. In de Wilhelmstraße am Halleschen Tor.

Nante. Ach du meine Mütze! Un da soll ick den Korb hintragen? Det dauert mir zu lange; ick möchte jern det andre Monat verreisen. Na, indessen, wenn Sie acht Groschen jeben, denn will ick mit Jeduld drajen, was Sie mir auferlegen.

Die Frau. Ach, acht Jroschen, Sie sind wohl nicht klug! Zwei Groschen will ich Ihnen geben!

Nante. So, wollen Se det wirklich? Ne, aber worum wollen Se'n so viel Jeld daran wenden? Wissen Se wat, jehen Se ruhig zu Hause un lassen Se den Korb hier uf de Straße stehen, denn drägt'n Ihn'n eener umsonst weg.

D i e   F r a u . Er ist nicht klug! (Geht ab)

N a n t e . Wat sagt die? Ick bin nich klug? Na, nu is noch hübscher! Ick muss mir wirklich 'ne Tabelle anlejen, sonst verjess ick det allens. Erscht bin ick en dummer Kerrel, denn bin ick en Schafskopp un nu bin ick nich klug? Nu soll eener wissen, woran er is, wenn sich die Leute so verschieden über ihn aussprechen!

(Ein Bürger geht vorüber.)

Ach hören Se mal, ick habe 'ne Bitte an Ihnen. (Er greift in die Tasche) Können Sie mir vielleicht for einen Daler Kleenjeld jeben? Sie würden mir wirklich 'ne jroße Jefälligkeit erzeijen; ick habe da wat zu koofen un es fehlt mir an Kleenjeld.

D e r   B ü r g e r . (Verwundert lächelnd) Na, ich will mal sehen, ob ich so viel Kleingeld bei mir habe. (Er zählt) Aber sonderbar ist es, dass Sie einen Taler besitzen.

N a n t e . Ick einen Daler besitzen? Ne, damit stuckert et bei mir; von Dalerisch schreibt Paulus bei mir nischt. Ick habe Ihnen ja man bloß um en Daler Kleenjeld jebeten, weil man des doch braucht un ick jar nischt besitze, indessen, wenn Sie mir einen harten Daler jeben, denn bin ick ooch zufrieden.

D e r   B ü r g e r . Achso? Na, für den Witz sollen Sie zwei Groschen haben. (Er gibt ihm ein Geldstück.)

N a n t e . (Besieht dasselbe) Na jut, denn bleiben Sie mir zweeund-zwanzig Jroschen schuldig. Aber schieben Sie't nich uf die lange Banke; bei die schlechten Zeiten muss man det Seinije zusammenhalten.

D e r   B ü r g e r . (Lächelnd) Er ist ein Narr! (Geht ab)

N a n t e . (mit sich selbst Komödie spielend, verwundert) Erschtens dummer Kerrel, darauf ein Schafskopp, ferner nich klug, un nanu ein Narr? Ne, det wird mir zu ville, da verheddre ick mir, da muss ick mal lieber in de Deschtlationsanstalt wanken un mir for die zwee Jroschen erkundigen, wer von die Viere recht hat. (Ab.)

BECKMANN *als Eckensteher Nante in Nantes Verhör*

1.

Zufrieden sein, dies ist mein Spruch;
Was hilft mich Geld und Ehr?
Das, was ich hab' ist mich genug,
Doch hätt' ich görn noch möhr!
Wenn man im Leben alles hat:
Der Mensch wird nimermöhr nicht satt!

Dies zur süßen Erinnerung an deinem Freunde

August Kuhatz

Stubenmalör.
Symbolum.
Wieso?

2.

Halte dir an die Natur,
Sie allein bejlückt dir nur.
Lass das Kneipen und den Kümmel,
Denn sonst kommste nich in'n Himmel!

Deine geliebte Schwester

Matthilde

3.

Ick habe mir den Kop zerbrochen, um ein Versch rauszukriechen, abersch ne. Darum wer' ick dich hier in Prosasch saagen, dess du ein Schafskopp bist. Der ich bin

Dein Duzbruder K l e m p e

Bei Lesung dieser Zeilen erinnere dir.
Smybolum. Spaß muss sind, sagt Kloppstock.

Liebeken, können Se mich nicht sagen, wat det da oben uf det Dor for ne
Puppe is?

ANTWORT: Ja nu, wat wurd det sunn! Alte römische Geschichte, Kurfürs-
ten von Brandenburg, siebenjährige Krieg, det is et!

Ah so! Na, ich danke recht sehr.

Holder, sentimentaler Schuster!

Wer nie gewusst, was nie gelebt,
Der hat vergebens auch gestrebt!
Wo Schatten blüht, da ist kein Glanz,
Wohl aber strebt der grüne Kranz,
Und duft'ger noch die Hyazinthe.
Drum sag' ich allen es geschwinde:
Kamöne war ein reiner Engel,
Die Tugend aber liebt den Stengel!

Bei diesen Zeilen, die manche schöne Lehre enthalten, welche schwer
zu verstehen ist, erinnern Sie sich des kleinen Tertianers, bei dessen
Eltern Sie chambergarnierten, drei Taler das Monat, mit noch einem
Pechmalion zusammen. L e i s t e n S i e und bezwecken Sie nur Gutes,
selbst wenn Sie mit Ihrem Absatz Pech hätten. Seien Sie nie wie Ihre
Stiefel: nie l e d e r n, nie v e r n a g e l t, nie a b g e s t u m p f t, und lassen Sie sich nie zu solchen Zwecken a n z i e h e n w i e j e n e : um mit
F ü ß e n g e t r e t e n z u w e r d e n. Vermeiden Sie es, auf g e s p a n n -
t e m Fuß mit Jemand zu leben, weil Sie sonst Wichse bekommen oder
einmal gehörig v e r s o h l t werden könnten. Dann werden Sie immer
gute G e h - S c h ä f t e machen, nie einen Helfer brauchen, sondern
einst zufrieden mit sich selbst e i n s c h u s t e r n.
A l e x a n d e r (Lehmann) d e r K l e i n e,
einstiger Referendarius

Zu Dionys, dem Tyrannen, schlich
Möros, den Dolch im Gewande!

Wenn Sie diese scheene Zeilen von Schillern sehen, erinnern Sie sich
jütigst an Ihre Freindin
Caroline Matschke

*Von 'n Sechser **Cholera**, aber 'n bisken **Morbus** mang.*

6.

Freundschaft? Holder Name! Deine Rosenbanden!
Warens die sich auch um unsre Herzen wanden!
Dir, O Teurer! hat die Freundschaft mich geschenket!
Durch die 1000 Freuden mir in's Herz gesenket!

Ihre unersetzliche Freundin

Wilhelmine Hanepietsche

Simbolle.

Keine Ruh' bei Tag und nachts!

7.

Nur der Freundschaft Harmonie,
Mildert die Beschwerden,
Ohne diese Sympathie
Ist kein Glück auf Erden.

Verjess' Nünnikens nich, Jottlieb in de Ferne! Besoffen wie 'ne Bombe
un doch anständig! Des is mein Wahlspruch. Ick wünsche dir, det de
dir, wie et ooch is un wenn et ooch is un wie et ooch sind mach, immer
oben druf! Na atje!

Dein dreier Freund

Ernst Kruhse, Schuhmacher

Symbolicum Carline!!!! –

8.

Du hör' mal, mit die Inschreibereien weeß ick nich Bescheid, damit
laass mir zufrieden.

Berlin, den·17ten Februar 1838.

Wer ick bin, weeßte

9.

Ick soll mir in dein Stammbuch schreiben;
Ach Jott! Det ließ ick jerne bleiben!
Da't aber mal jeschehen muss,
Mach' ick am Anfang ooch den Schluss!
Und darum keenen Verdruss!

Auch ohne düses jedenke mich, der ich war und jewesen bin

Dein

Fritze aus Potsdam gebürtig, evangelischer

Reljon, 27 Jahr alt

Symbolicum.

Üb' immer Treu und Rötlichkeit,
bis de einstmals Meester wirscht.

10.

Ewig denkt mein treies Herze
An der Liebe sieße Scherze
Und des Scheiden macht mich schmerze – – –n!
Dieses kommt aus dem vollen Busen deiner

A u r o r a , genannt R i c k e

Oh!

11.

Lebe, wie du, wenn du stirbst,
Wünsche wohl jespeist zu haben!

Wenn du, juter Jottlieb, dazu en Bild haben willst, denn koof dich eens
un klebe es dich rin! Übrijens bleib' ick dein Freund un du kannst dir
auch an mir erinnern, des haste umsonst, des kost nischt. Un zuletzt
jeb' ick dir noch drei jute Lehren mit uf den Weech: erschtens: Wenn
de keen Jeld hast, denn jib nich zu ville aus! Zweetens: Wenn de hin-
fällig jeworden bist, denn werde ooch widder ufständig! Un drittens:
Wenn de mal unter 'ne Heerde Rindvieh jehst, denn mache dir ein
Zeechen, sonst find't man dir nich wieder raus.

Dein aufrichtiger Freund

Joseph Kammasche

12.

»Das Leben ist ein Traum! –«
Dieses wünscht dir von Herzen deine lebenslängliche Tante

Margarethe Kampel,

geborene S t r a m p e l

Hosemansche Titelbilder

zu Glaßbrennerschen Werken

Berliner Dialoge

Die neue Geschichte

UNTERHALTUNG ZWEIER MÄNNER AUS DEM VOLKE

A.: Sag' mal, hast du denn schon davon gehört?

B.: Wo von' denn?

A.: Nu von die Jeschichte mit den – mit den – na da draußen, da neben die – jees! Wie heeßen denn die Leute?

B.: Meenst du vielleicht die neue Bierkneipe?

A.: I nee doch! Ick meene die Jeschichte da mit den – na, der Name schwebt mir uf de Lippe. Die da draußen vorjejangen is, da bei – da draußen bei – Jott, du musst ja den Ort kennen!

B.: Ach, Jees, des is die Jeschichte mit den – ja, die kenn' ick – mit den – na mit den, Jees, wie heeßt er doch? Die meenste?

A.: Richtig, die meen' ick. Also, du kennst se schon?

B.: Ja, die kenn' ick; die hat mir ja der – der – na, wie heeßt er denn, erzählt. Der – da draußen – du weeßt ja!

A.: Ja, ick' weeß schon, det is die Jeschichte! Von den hab' ick se ooch.

Sein und Wohnung

Herr Kreesemann fand eines Morgens seinen Platz von einem halberwachsenen Jungen eingenommen. »Junge, wat machst du'n·hier?«, fragte er ihn.

Ick mache nischt.

»Wat bist du'n?«

Ick bin ooch nischt.

»Wat dreibst du'n?«

Ick dreibe jar nischt.

»Dreibst nischt? Wat dreibst nischt? Wo wohnst'n?«

Ick wohne ooch nicht

»Wat?«, rief der erzürnte Herr Kreesemann. »Du machst nischt, du bist nischt, du dreibst nischt, du wohnst nischt? Infamigte Kreete, ick will dir sagen, wat de bist un wat de dreibst un wo de machst un wo de wohnst! Rumdreiber, det wohnste un Leute kujenieren, det biste!«

Kleines aus dem Tagebuch Berlins

Was nun?

Ein junges Mädchen, wie viele in Berlin von unersättlicher Lesesucht befallen, hatte die üble Gewohnheit, des Abends im Bette noch zu lesen, aber – dabei immer einzuschlafen und sich so der Gefahr des Verbrennens auszusetzen. Die Mutter, sich in den Willen der g e b i l - d e t e n   To c h t e r fügend, hatte der neuen Köchin den Befehl gegeben, an jedem Abende bei der Mamsell nachzusehen und das Licht zu löschen.

Einst um Mitternacht, als Madam im tiefsten Schlafe liegt, wird sie von der schreienden Köchin geweckt:

»Madam, Madam! – Wat soll ick nu machen?«

»Mein Gott! Was ist denn?«

»De Mamsell ... «

»Nun, um Gotteswillen! Sie ist doch nicht zu Schaden gekommen?«

»I nee, des nich, aber se hat det Licht heite alleene ausgemacht!«

Spekulation

In einer Destillationsanstalt hatte der Wirt aus wohlberechneter Indus-trie eingeführt, dass jeder, der drei Gläser Schnaps trank, das vierte u m s o n s t bekam; und so tranken denn viele, statt ihrer gewöhnli-chen zwei Gläser, oftmals vier. – Eines Tages trat ein Arbeiter in den Laden und sagte zum Wirte: »Schenken Se mir mal eenen in; aber jleich den Vierten!«

Glücklicherweise kein Malheur

Eine für alles, die von ihrer Herrschaft bei einer Lustfahrt über Land mitgenommen worden und das Unglück erlebt hatte, dass der Wagen umwarf, erzählte diesen Vorfall ihrer Hauskollegin und äußerte schließlich: »Ja, et is noch en wahres Jlück, der bei det Unjlück jlücklicherweise keen Maleer passiert is.«

Der gute Rat

Ein Handwerksbursche fragte in der Breiten Straße einen Droschkenkutscher, wie er wohl zunächst nach der Stadtvogtei käme. »Jehn Se man hier in den Laden da drüben un stehlen Se en Pack seidene Dücher!« war die Antwort.

Vergnügen

Ein Berliner, der durch das Dorf Steglitz ging, sah den Wirt eines dortigen Kruges gerade damit beschäftigt, einen Knaben ganz erschrecklich durchzuprügeln. Nachdem dies geschehen und der Kleine noch mit einem heftigen Stoße in den Hausflur geworfen worden, fragte der Herr aus der Residenz den Gastwirt, wer der junge Mann sei und woher er wäre. »Der is aus de Stadt«, erwiderte der Gefragte sehr ruhig. »Es is mein Bruder sein Sohn un hält sich hier bloß zum Verjnüjen een paar Dage uf.«

Entschuldigung

Ein Lieutenant bemerkte, dass sein Kaffee seit mehreren Tagen so dick sei; er rief deshalb seinen Burschen ins Zimmer und fragte ihn nach der Ursache dieses Übels. »Ja seh'n Se, Herr Leitnant«, sagte dieser, »der alte Trichter is entzwee jejangen un nu hab' ick einen Strumpf jenommen un da is et möglich –«

»I zum Donnerwetter!«, rief der Offizier. »Kerl, auf Ehre, ich glaube, du bist wahnsinnig!«

»I Jott bewahre!«, antwortete der Bursche voll Seelenruhe. »Jloben Se mir doch man, det ick weeß, wat ick due! Ick weeß ja, det Sie sich einrichten müssen un werde nich so rinrasen. Ick habe ja man en a l t e n Strumpf jenommen!«

Edler Zorn

Ein Dienstmädchen, das mit den Kindern ihrer Herrschaft auf die Straße gegangen war, unterhielt sich mit einer Freundin und beobachtete die Kleinen nicht, welche mitten auf dem Damme spielten. Plötzlich bog ein Wagen in vollem Trabe um die Ecke und hätte beinahe eines der Kinder übergefahren. Alles schrie laut auf, auch die in der Nähe befindlichen Steinsetzer, das Dienstmädchen aber sprang hinzu, ergriff in voller Wut das Kind und versetzte ihm mehrere derbe Schläge ihres Vergehens wegen.

»Wat?«, rief im höchsten Grade darüber aufgebracht einer der Steinsetzer. »E r s c h t ü b e r j e f a h r e n b e i n a h j e l a s s e n u n d e n n n o c h d a v o r j e k e i l t ! N a , w e n n i c k E l t e r n v o n d e s K i n d w ä r e ! H u r r j e !«

Beides stört sehr!

In einem Kaffeehause führten zwei ältliche Herren ein politisches Gespräch, welchem mehrere der Anwesenden mit gespanntem Interesse zuhörten. Ein junger Laffe aber spazierte mit einer noblen Frechheit mehrere Male zwischen beiden Herren hindurch, welche so weit auseinander saßen, dass dieses eben möglich war ohne einen zu berühren. Die Zuhörer bemerkten murrend diese Ungezogenheit, nur die Sprechenden schienen nicht darauf zu achten. »Ja, ja! Wie ich Ihnen sage, Herr Doktor«, sprach der eine mitten im Fluss der Unterhaltung, »da, wo Sie sitzen, liegt Belgrad, wo ich sitze, liegt Semlin und mittendurch läuft die Sau!« – Ein allgemeines Gelächter erscholl, und der Stutzer fand es für geraten, seine Promenade nicht zu wiederholen.

Wozu?

Ein Sonderling war sehr krank und sagte zu seinem Bedienten, der sich nach ihm gebildet hatte: »Geh zum Arzte und hole mir Medizin!« – »Ja hör'n Se mal«, antwortete der Diener, »der Arzt is am Ende nich zu Hause? –«

»Er wird schon zu Hause sein, geh' nur!«

– »Na aber, wenn er nu ooch zu Hause un er jibt mir keene Medizin?«

»Nimm meine Karte mit, er wird sie dir nicht verweigern.«

– »Na, un wenn er mir ooch Medizin jibt, so wird sie vielleicht nischt helfen?« –

»Verdammter Kerl, nun gehst du!«

– »Ne, wozu? Ick will sojar zujeben: Die Medizin hilft, aber was nützt des? Sterben müssen Se zuletzt doch mal, un des können Se jetzt akkurat ebenso jut wie en ander Mal.« –

Verstärktes Lob

»Bin ich nicht schön gebaut?«, fragte neulich ein sehr borniter Stutzer eine junge Dame, indem er sich mit beiden Händen in die Taille griff. »Jawohl!« antwortete diese. »Bei Ihnen ist fürs Erste kein Einfall zu vermuten.«

Schnelle Berechnung

Durch die Schuld eines Kutschers wurde neulich in einer schmalen Gasse Berlins ein Mann so in Gefahr gesetzt, übergefahren zu werden, dass er sich nur durch einen schnellen Sprung rettete. In der Wut hielt er die Pferde an, riss den Kutscher vom Bock und prügelte ihn durch. Als er mit dieser Beschäftigung gar nicht enden wollte, sagte ein Hand-

langer zu ihm: »Hören Se mal, bester Mann, haben Se doch de Gefäl-
ligkeit un sputen Se sich en bisken! Sehen Se mal, der Herr da drin
hat den Wagen stundenweise gemietet, un jeder Buff un jeder Katzen-
kopp, den Sie hier austeilen, kost' ihm über einen Silbersechser. Des is
doch zu ville für etwas, was ein anderer jenießt.«

Der Erste

Ein Nachtwächter saß gewöhnlich auf der Treppe eines Hauses, in
dem viele junge Leute wohnten, die ihm des Nachts oft Beschäftigung
und selten Biergelder gaben. »Na!«, fragte eines Nachts sein Kollege,
der ihn halb träumend dort fand. »Haben dir heite schonst viele von
deine Schafsköppe jestört?«
     »Ne!«, antwortete er. »Du bist der Erste.«

Trost

Wächter Kalbach besuchte einst bei Tage seinen besten Freund und
Kameraden, der des Nachts mit ihm vor einem Hause schlief. Er
kletterte mit Mühe die Treppe hinauf und fand seinen Mann. Als der
Besuch zu Ende, begleitete ihn sein Freund noch bis zur Treppe; Kalbach aber trat fehl, stürzte alle Stufen hinunter und blieb unten liegen.
»Du!«, rief ihm der oben gemütlich zu. »Lass det jut sind! Zu Ostern
zieh' ick parterre!«

Die Geschichte

Ein äußerst pomadiger Maurergeselle saß im Kreise mehrerer Kollegen und erzählte mit der größten Ruhe eine Geschichte, die durchaus nicht enden wollte und sogar die phlegmatischsten ungeduldig
machte. Endlich aber nahm einer aus seiner hölzernen Dose eine Prise
und sagte: »Hör' mal, Wuppdich, nu sei so jut und beeile dir en bisken
mit deine Jeschichte; ick verreise det and're Monat.«

Brendeke, halte mir, ick werde schwimelig!

Das berlinische Echo

Auf dem kreisförmigen Belle-Alliance-Platz in Berlin befindet sich nicht allein die Victoria, sondern auch ein Echo, welches freilich noch unsichtbarer ist als diese. Dies Echo nun wird fast ausschließlich von Straßenjungen und Lehrburschen benutzt, wodurch es sich an den Umgang mit diesen Herren Jungens sehr gewöhnt hat. Vor einiger Zeit besuchte ein auswärtiger Jüngling einen Berliner und wurde von diesem auf alle Merkwürdigkeiten der Residenz aufmerksam gemacht. Sie erreichen den Belle-Alliance-Platz; der Berliner fordert den Fremden auf, irgendeine Sentenz, eine Floskel, eine Maxime, eine Phrase zu rufen. Dieser besinnt sich lange Zeit, denn es gibt Perioden im menschlichen Leben, wo einem durchaus nichts einfallen will; endlich aber fällt ihm doch etwas ein und er frägt mit lauter Stimme: »Liebt Susanne mich?« – und was antwortete das Echo?

»Ne, mir!«

Die Sterbende

Eine Budenbesitzerin Berlins lag auf dem Todbette und schied sehr ungern von dieser Welt, deren Früchte sie so lange der begehrenden Menschheit dargebracht hatte. – Ihr Ehegespons stand etwas in Nebel gehüllt vor ihr und tröstete sie mit den Worten: »Jräme dir nich darüber, det de sterben musst; det findt't sich allens un et wird schon jehen! Seh mal, eenmal müssen wir alle in unsern Leben sterben!« – »Schaffskopp!«, lispelte die Kraftlose und richtete sich mit Mühe ein wenig empor. »Det is et ja eben! I, wenn man zehn- oder zwölfmal sterben müsste, denn würd' ick mir aus det eenemal nischt machen!«

Das Stehlen

Mehrere Hökerinnen saßen auf einem Platze und unterhielten sich. Während des Gesprächs zog die eine aus Scherz der andern das Schnupftuch aus der Seitentasche. Diese bemerkte es erst, als die andern lachten und sagte, indem sie das Tuch wiedernahm: »Det muss ick sagen, det Stehlen verstehste meisterhaft!« – »Na hör' mal!«, antwortete die andere und sah sie ein wenig von der Seite an. »Dein Lob könnte mir wirklich stolz machen!«

»Mamsellken, bringen Sie mir Haare apparte und Bouletten apparte!«

Die Stinte

Eine Hökerin, welche Stinte zum Kauf umher trug, ließ auf dem Hofe eines Hauses ihre Stentorstimme erschallen. Der Wirt dieses Hauses steckte seinen Kopf aus dem Fenster und rief: »Na, dummes Weib, geh' sie doch auf die Straße un schreie sie hier nicht ihre Stinte aus!« – »I«, antwortete die Hökerin, »seh er doch mal! Worum soll ick denn nich schreien? Wenn meine Stinte so'n großet Maul hätten wie er, denn könnten se sich freilich alleene ausrufen!«

66

Präsumtion

P i e p e r n : Dumm, meenste, wär' de Jirlinken?
W ö l z e : Ob se dumm is! Da kann man noch so wat Kluges sagen,
sie versteht keene Silbe davon!
P i e p e r n : Na höre, Wölze, du hast se doch woll noch nich uf de
Probe jestellt?

Die Gegend bei Leipzig

Zwei Schneiderfrauen, die sich seit langen Jahren nicht gesehen hat-
ten, trafen sich im Januar 1816 zufällig auf der Straße. »I, herrjees,
Frau Jevattern!«, sagte die eine. »Leben Sie ooch noch? Na, wie jeht's
Ihnen denn?« – »I, ick danke, et jeht mir so so! Det mein Ältster
jeblieben is, wissen Sie schon, nich wahr?«
»Ne, wat ick höre! Is et möglich? Der Gottlieb is dot? I, i, wo is er
denn jeblieben?«
»Jetzt erscht, bei Bellfaaljanks! Aber – irr' ick mir nich, so is ja Ihr
Lude ooch mitjejangen? Is denn der wiederjekommen?«
»I Jott bewahre, Frau Jevatterin! Den hat eine Kugel von hinten jra-
dezu dotjeschossen.f Ach Jott, mir kommen de Tränen in de Oojen,
wenn ick daran denke.«
»Na, sein Se ruhig!«, tröstete die andere. »Sie müssen immer den-
ken: Jott hat es so gewollt. Is er denn ooch bei Bellfaaljanks ...?
»Ach ne, nich bei Bellfajanz, ne! Bei Leipzig is er jeblieben.«
»Also man bei Leipzig? So? Na, hören Sie, Frau Jevattern, trösten
Se sich, Leipzig – des is übrijens ooch ne schöne Jegend!«

Richtiger Schluss

Während sehr kalter und regnigter Hundstage sagte ein Holzhauer,
indem er langsam den Pfropfen von seiner Flasche zog und sich schüttelte, zu seinem Kameraden: »Ne, wahrhaftig! Wer bei die Hundsdage
verrückt wird, der muss doll in Kopp sind!«

Einem Charlottenburger Kutscher fehlte zur Abfahrt nach dem Orte seiner Bestimmung nur noch eine Person, als sich ein äußerst dicker Herr vor seinen Wagen stellte und mitfahren wollte. Der Kutscher sah ihn erst eine Weile an, schüttelte mit dem Kopfe und fragte dann den Wohlbeleibten: »Nehmen Se's nich übel; wollen Sie janz mit?«

Druckeriana

(Louis Drucker, »der vergnügte Weinhändler«, der Ende der dreißiger und Anfang der vierziger Jahre unsere Großväter durch häufig wiederholte witzige Zeitungsanzeigen und Plakate sowie durch verrückte Konzertvorträge und humoristische Ansprachen nach seinem Weinlokal verlockte, war jahrelang eine der populärsten Persönlichkeiten des alten Berlins. In verschiedenen kleinen Veröffentlichungen (z.B. »S c h n u r r - p f e i f e r e i e n a u s d e m G e b i e t e d e r W a h r h e i t u n d d e r P h a n t a s i e «, gesammelt in den Druckerschen Soireen und herausgeben von E u l a l i a R i n d f l e i s c h, ferner in dem 1842 erschienenen Büchlein »L o u i s D r u c k e r s s e e l i g e n A n d e n k e n s h u m o - r i s t i s c h e r N a c h l a ß « sowie endlich in einer Anthologie deutscher Weinlieder unter dem Titel »O r i g i n a l f l a s c h e n « und mit der Verlagsangabe Bordeaux, Epernay u. Rüdesheim 1840 bei Durst u. Co.) hat er einige literarische Spuren seines vergnügten Daseins hinterlassen. Neuerdings hat Gotthilf Weißstein in den bei E r n s t F r e n s - d o r s s erschienenen »B e r l i n e r C u r i o s a « das Wissenswerteste über Leben und Wirken des drolligen Mannes zusammengestellt, der übrigens schließlich über dem Ozean seine fidele Tätigkeit fortsetzte. Er ist dort Mitte der fünfziger Jahre gestorben, ohne Reichtümer zu hinterlassen. Das wohlerhaltene Bildnis von ihm hat dadurch für uns besonderen Reiz, dass dessen allegorische Umrahmung von dem jungen A d o l f M e n z e l stammt: Wir sehen da u.a. eine lustige Tafelrunde, die von den bei Drucker eine Zeit lang üblichen, auf Ponys berittenen Kellnern bedient wird. Außerdem grüßen den Beschauer der verrückte Kapellmeister Hirsch sowie zwei jener Harfenmädchen, die den Hauptbestand seiner Hauskapelle bildeten. Eine kleine Auswahl der Druckerschen Anzeigen und Weinreden mag hier die Erinnerung an den Mann auffrischen, der die Berliner am rechten Ende, nämlich an ihrer unsterblichen Neugier zu fassen wusste und im Übrigen ein Vorläufer der späteren, freilich bei weitem nicht so witzigen, »groben Gottliebe« usw. war.)

Druckersche Anzeigen

Um dem drückenden Mangel an Weinhandlungen zu begegnen, werde ich zum Wohle der durstenden Menschheit am 4. Januar 1837 fünf Minuten nach Sonnenuntergang in der Roßstraße 29 eine Weinhandlung eröffnen. Lokal, Kellner, meine Wenigkeit und sonstige Utensilien werden ein harmonisches Ganze bilden, welches nur von der Reinheit meines Lagers und meiner Grundsätze übertroffen werden soll. Nur um sich von der Wahrheit zu überzeugen, lade ich meine vom Durst geplagten Mitbürger und Freunde zum fleißigen Besuche meines Lokales ergebenst ein, allwo sie sich belehren können, wie alt die Weinkomposition in Deutschland sei. –

Die Stelle eines dritten berittenen Kellners ist bei mir vakant; diejenigen Reiter erhalten den Vorzug, welche der lateinischen und griechischen Sprache mächtig sind. –

*

Donnerstag, den 4. Januar 1838. Zur Feier der Rückerinnerung vergnügt verlebter Festabende: *Grande soiree*, bei welcher mein erster Kapellmeister Hirsch zum ersten Male auf einer römischen G-Saite und zwar rückwärts vortragen wird. Fräulein Amalie hat das Gelübde getan, das allgemeine Vergnügen durch ihren Gesang nicht stören zu wollen. Die böhmischen Damen: Brigitte, Franzisca und Bebi Kreitel werden binnen acht Tagen von ihrer Kunst- und Urlaubsreise nach Tirschtiegel zurückerwartet. –

*

Letztes Aprilplaisir. Montag, den 30. April 1838. Großes, unverfälschtes, vielharmonisches, vergnügtes Abendbewusstsein

nebst eingelegten Arien von achtmale Rindfleisch und Begleitung.
Auch wird mein Premier Kapellchef Hirsch, wohlgeboren, verände-
rungshalben zum ersten Male in Sommerhosen erscheinen.

NB. Anfang sogleich, Ende nach Belieben.

Subskriptionen auf die in diesen Tagen erscheinenden Maikä-
fer werden noch bis zum 3. Mai angenommen, später tritt erhöhter
Ladenpreis ein. –

Ein schmerzhafter Verlust hat meine weibliche Kapelle betroffen,
Fräulein Hardarg, erste Sängerin, hat nämlich den vierten Zahn auf
der Unterseite verloren und beabsichtigt, sich auf Aktien einen neuen
einsetzen zu lassen. Zahnärzte, welche auf Kinnladen-Spekulation
reflektieren, wollen Preis und Zeichnung einsenden. Mindestfor-
dernde erhalten den Zuschlag.

Druckersche Witze

(»Wissenschaftliche Vorträge, gehalten in den Soireen des diversen
Vergnügtseins.«)

Ein Bürger, der sein fünfzigjähriges Bürgerjubiläumsfest feierte,
erhielt den Roten Adlerorden 4. Klasse. Mit dieser ehrenvollen Auszeichnung nicht zufrieden, wandte er sich an einen Kommerzienrat
und bat sich dessen Meinung aus. Dieser antwortete: »Verhalten Sie
sich ruhig; an Ihrer Stelle würde ich ihn solange liegen lassen, bis er
schwarz wird. –

*

Ein Provinzialer, zum ersten Male in der Residenz Berlin, besah sich
die Straßen und verweilte vor einem Bilderladen Unter den Linden.
Kaum fünf Minuten in Betrachtungen vertieft wurde er gewahr, dass
eben eine Hand aus seiner Rocktasche fuhr. Er packte den Eigentü-
mer und zu seinem Erstaunen war es ein junger Mensch von etwa 17
Jahren, stellte ihn moralisch zur Rede und sagte: »Schämen Sie sich
nicht, in Ihren jungen Jahren sich schon aufs Stehlen zu legen?« Da

antwortete der freche Jüngling: »Ick, ick mir scheemen? Scheemen Sie sich en bisken, kommen nach de Residenz un besitzen nich eenmal een seidenes Schnupptuch!«

Adolf Menzel, Bildnis von Louis Drucker

*

71

Eine Druckersche Rede

(Grüneberger, wie er wirklich ist)

Meine hochzuverehrenden und womöglich viel verzehrenden Gäste, Menschen, Bürger, Mietsabgabenspender und Feuerzettelinhaber! Erlauben Sie mir, dass ich Ihnen eine Schilderung des Grüneberger Weines gebe, um Sie zu dem Genuss des meinigen anzuspornen, d.h. nicht m e i n e s Grünebergers, sondern vielmehr meines J o h a n - n e s - o d e r a n d e r e n - b e r g e r s, wofür Sie mir Talers spenden.

Die Stadt Grüneberg, Verehrungswürdige! ist, wie Sie alle wissen werden, auch eine schöne Gegend. Sie hat soundsoviel Einwohner, vielleicht noch einige mehr, und zwar sehr liebe und gute Menschen. Sie sind durchaus nicht daran schuld, dass in ihrer Gegend Wein wächst; das ist ein Schicksal, dem sie sich geduldig fügen müssen, denn als der liebe Gott die Ufer des Rheines bekränzte und der Champagne ihre goldenen Trauben schenkte, da lachte die personifizierte Ironie, Seine infernalische Hoheit der Teufel, und lachte höhnisch und pflügte in einer wilden Nacht die Gegend um Grüneberg und legte einen Samen in die Erde, der Verderben über alle menschlichen Geschmacksnerven bringt. Die Wirkungen des Grüneberger Traubenblutes sind furchtbar und es ist ein moralisches Verdienst, dieselben bekannt zu machen, damit unsere Nachkommen lieber ihre Kehlen mit Wasser, sage mit Wasser, benetzen, als mit jener Weinpersiflage, die kein Erbarmen kennt, sondern ihre Spuren durch Mord und Zerstörung alles Heiligen bezeichnet.

Ich bin kein Säufer, aber ich liebe den Wein; ich bin keine feige Memme, aber ich fliehe den Grüneberger. Ich bin ein Mann, der dem Satan in die Augen sieht, aber er komme als offener Feind nicht als Grüneberger, versteckt unter Rhein- und Moselwein, zu mir, wenn ich durstig bin. Da unterliege ich – gegen solche Waffen kann ein schwacher Mann nicht kämpfen. Neulich – es war am 5. Mai 1838, ich werde diesen Tag nie vergessen – hatte ich die Kaiserstraße zurückgelegt, war glücklich über ihr Pflaster fortgekommen – bedurfte aber der Erholung, d.h.: mich durstete. Ich stehe also vor einem Hause still, auf dessen einem Fenster mit goldenen Buchstaben das Wort »Weinstube« zu lesen war. Ich kann nämlich lesen und mein Dirigent Hirsch auch, wiewohl sonst die Hirsche nicht lesen können, aber das bleibt sich gleich. Nichts Böses ahnend also trete ich hinein, ohne das größere Schild oder vielmehr die Warnungstafel »Grüneberger Weinhandlung« bemerkt zu haben. Ich fordere mir einen Schoppen, ich bekomme ihn. Ich frage: »Was kostet dieser Schoppen?« Sie antworten mir: »Vier Silbergroschen.« Ich erschrecke und sehe mich befremdet um. »Vier Silbergroschen?«, wiederhole ich bestürzt und schon dämmert eine grässliche Ahnung in meiner Seele auf. »Vier Silbergroschen? Oh, Sie irren sich wohl?«

Ich hätte in diesem Augenblicke einen Taler darum gegeben, wenn man mindestens fünfzehn Silbergroschen gefordert hätte.

Aber dem Kellner schwebte ein Geständnis um seine Lippen. »Nein«, sagte er gemütlich, »ich irre mir nicht. Dieses ist der Preis for diese Sorte Jrüneberger.« Es war heraus das Wort; ich wurde blass wie zwei Leichen. Der Kellner dagegen tat, als ob gar nichts vorgefallen wäre und ließ mich von Gott und der ganzen Welt verlassen mit meinem Schmerze allein.

Mit Kennermiene prüfte ich: es war echter Grüneberger. Ich hoffte noch immer, dass vielleicht ein kleiner Betrug vor sich gegangen wäre, aber nein, er blieb echt der Grüneberger, die Flasche winselte und bebte. Endlich, nachdem ich dem Himmel meine Seele empfohlen, schenkte ich ein, schlage drei Kreuze vor dem Becher, ergreife ihn, setze ihn an den Mund und setze ihn wieder auf den Tisch. Endlich nehme ich ihn noch einmal in die Hand, nämlich den Becher, den Grüneberger, halte ihn an die Nase, rieche die Blume und stelle ihn noch einmal auf den Tisch. Endlich aber denke ich: »Drucker, sei keine feige Memme«, nehme zum dritten Male den Becher, sehe mir den Wein an, stürze ihn hinunter.

Zuerst war mir, als ob mich der Schlag rühren sollte, solch ein Blitz fuhr mir durch alle Glieder, dann saß ich unbeweglich wie der Ritter Toggenburg, die Augen starr vor mich hingeheftet.

Mit einem Male regt sich mein rechter Fuß, hebt sich hoch – und fällt wieder nieder; der linke Fuß macht es ihm nach und eben, als ich erstaune und außer mir werden will, geht mein rechter Arm in die Höhe, streckt sich nach der Decke des Zimmers und fällt dann herunter. Der linke Arm, nicht faul, ihm nach und so sitze ich Unglücklicher da wie eine Mühle, getrieben von den Fluten eines satanischen Krätzers.

Ich will an meine Familie zu Hause denken, aber mit einem Male merke ich, dass ich in die Quere denke.

Ich will aufstehen, aber ich bin wie angenagelt auf dem Stuhle.

Endlich reiße ich mich los und will gehen, aber ich gehe rückwärts mit eingebogenen Knien wie ein Klapperstorch.

Ich will schreien, aber ich habe die Maulsperre.

Ich will noch ein Glas trinken, um mich nach dem homöopathischen Grundsatze zu kurieren, aber die Flasche war weg und hüpfte in der Stube wie ein kleiner Kobold umher.

So stand ich fünf volle Stunden, bis mir ein Gast ein Glas echten Champagner in den Mund goss, der mich augenblicklich wieder herstellte.

Wenn Ihnen von diesem Champagner gefällig ist, meine Herren, so steht mein ganzer Keller zu Diensten. Die Flasche kostet im Abonnement zwei Taler inkl. Pfropfen; später tritt der erhöhte Ladenpreis ein, Knall und Schaum gratis; Kinder unter zehn Jahren bezahlen die Hälfte.

Bei »Kaiser Franz«

Was Theodor Fontane als Einjährig-Freiwilliger erlebte

(Aus »Von Zwanzig bis Dreißig«, Verlag F. Fontane u. Co., Berlin)

Ich erfuhr eines Tages, dass ich für die P u l v e r m ü h l e n w a c h e designiert sei, – fatal genug. Was mir aber viel fataler war, war die Zubemerkung, »dass ich das Kommando nicht über Leute meiner eignen sechsten Kompagnie, sondern über Mannschaften der fünften anzutreten hätte«. Das mag nun für einen altgedienten Unteroffizier nicht viel bedeuten, aber für einen jungen Freiwilligen, der, weil er ewig unsicher ist, auch nicht recht zu befehlen versteht, ist dies eine sehr wesentliche Beschwerung der Situation. Indessen, was half es. Vorwärts also! Bei grässlichem Wetter tappten wir hinaus. Anfangs ging alles ganz leidlich; die Leute waren traitabel und so kam der

Abend heran. Ein rotblonder Westfale, Bulldoggenkopf, mit nicht allzu vielen, aber dafür desto größeren Sommersprossen im Gesicht, hatte draußen den Posten vorm Gewehr und ich ließ mir bei einer Blaklampe von den Leuten allerhand aus ihrer Heimat erzählen, als plötzlich ein paar Zivilisten in größter Aufregung in die Wachstube kamen und um Hilfe baten: In einer Schifferkneipe, hart am Kanal, gehe es drunter und drüber; ein Betrunkener sei da mit ein paar Freunden und drangsaliere den Wirt und seine Frau. Das Lokal, um das sich's handelte, war ziemlich weit entfernt. Aber ich hatte keine Wahl und schickte also drei Mann ab, die denn auch nach einer halben Stunde wiederkamen und einen großen Kerl ablieferten, der übrigens kaum ein Kerl, sondern vielmehr ein brutaler Elegant war, gut gekleidet und sogar von einer Art Bildung. In seiner Trunkenheit entschlug er sich freilich aller Vorsicht, zu der, wie sich bald ergab, nur zu guter Grund für ihn vorlag. Im Wachtlokal war er nicht anders wie vorher in der Kneipe, randalierte, schlug um sich und stellte sich schließlich vor mich hin, dabei mich anschreiend: »Himmelwetter, ich bin auch Soldate gewesen, ... so geht das nicht, Herr Fähnrich – Sie verstehen den Dienst nicht.« Alle solche Szenen sind mir immer grässlich gewesen. Aber wenn sie da sind, amüsieren sie mich eigentlich. So war es auch diesmal und ich kam in ein Lachen, bis ein Zwischenfall mich mit einem Mal in eine sehr schwierige Lage brachte. Der Posten draußen vorm Gewehr, wahrscheinlich ein Gefreiter, also halbe Respektsperson, glaubte, als das Toben da drinnen kein Ende nehmen wollte, dass er mir zu Hilfe kommen müsse, stürzte ohne Weiteres in das Wachtlokal herein und stieß dem Randaleur den Kolben derart vor die Brust, dass er in die Ecke taumelte. Das war nun alles sehr gut gemeint, aber doch eigentlich ganz unverschämt; er hatte draußen Posten zu stehen, statt ungerufen hereinzustürzen und mir seine gar nicht gewollte Hilfe aufzudrängen. Es hieß doch nicht viel was anderes als »der Freiwillige weiß nicht mehr aus noch ein, da muss ich einspringen« – und so war ich denn in der unangenehmen Lage, dass ich meinen Hilfebringer andonnern und wieder an seinen Posten 'raus verweisen musste. Glücklicherweise war er Soldat genug, um gleich zu gehorchen. Der Randaleur aber wurde bei Tagesanbruch nach der Stadtvogtei hin abgeliefert und wurde daselbst von den Beamten als »alter Bekannter« begrüßt, als Radaubruder, Händelsucher und ganz besonders als Falschspieler. Mir selbst gratulierte man zu dem Fange.

Wochen vergingen und ich hatte die ganze sonderbare Szene schon wieder vergessen, als sie mir noch einmal in Erinnerung gebracht wurde. Draußen tanzten Schneeflocken, während es in meiner Mansardenwohnung in der Jüdenstraße schon dunkelte. Vor mir lag »Childe Harold«, in dem ich gerade gelesen und ich schicke mich eben an, mich mehr ans Fenster zu setzen, um da für meine Lektüre noch einen letzten Rest von Licht aufzufangen, als draußen die Klingel ging. Ich stand auf um nachzusehen, wer in dieser Dunkelstunde mich noch besuchen wolle und sah auf dem kleinen Flur draußen drei kolossale Kerle stehen, die durch die Schafpelze, die sie trugen, womöglich noch größer wirkten.

»Sie sind der Herr Unteroffizier?«

Immer noch ahnungslos, um was es sich handle, sagte ich: »Ja, der bin ich. Aber kommen Sie rein; es ist kalt hier draußen.«

Und nun folgten sie mir in mein Zimmer zu weiterer Ansprache.

»Ja«, fuhr drinnen der Sprecher fort, »wenn Sie der Herr Unteroffizier sind ... Wir sind nämlich so gut wie seine Bekannten, alte Bekannte von ihm und wenn er nu vorkommt und Sie von ihm aussagen sollen ... «

Jetzt dämmerte mir's und wie ich sagen muss, nicht gerade zu meiner Freude. Wenn die Kerle da kamen, um Rache an mir zu nehmen! ... Aber Courage! Ich berappelte mich also und sagte mit so viel Unbefangenheit wie sich in der Eile austreiben ließ: »Nun gut, ich verstehe; Sie sind also seine Freunde ... «

»Ja, wir sind so seine Freunde und das können wir sagen; er ist nich so schlimm. Und wenn er nu vorkommt un Sie gegen ihn aussagen sollen ... «

»Ja, hören Sie, ich muss aber doch sagen, wie es ist.«

»Nu ja, nu ja ... Man bloß nich zu viel ... Und wir würden Ihnen auch gerne ... «

Diese Worte, so dunkel sie waren, waren von einer Bewegung begleitet, die mir keinen Zweifel darüber ließ, dass man mir einen Taler oder dergleichen in die Hand stecken wollte ...

Das gab mir meine ganze Haltung wieder und ich versprach in rasch wiederkehrender guter Laune, dass ich ihm nichts besonders Schlimmes einbrocken wolle.

Diese Zusicherung schien die Leute auch zu beruhigen und unter Verbeugung gegen mich schickten sie sich an, in guter Ordnung ihren Rückzug anzutreten. Aber als sie schon beinah draußen waren, kehrte der eine noch einmal um, schudderte sich und rieb sich mit Ostentation die Hände, wie wenn ihn bitterlich fröre, was aber bei seinem dicken Pelz ganz unmöglich und in der Tat nichts als eine diplomatische Gesprächsüberleitung war und sagte: »Herr Unteroffizier, en bisken kalt is et hier, en paar Kiepen Torf, ... wat meenen Sie? ...«

»Nu, schon gut«, sagte ich. »Lassen wir's. Und wie ich Ihnen gesagt habe, ich werde nichts Schlimmes gegen ihn vorbringen.«

So verlief es denn auch.

Das Angebot von ein »paar Kiepen Torf« aber war der Schlussakt meines Dienstjahres bei »Kaiser Franz«.

Direktor Cerf

Von Ferdinand von Strantz

(A. d. »Ernsten und heiteren Theatererzählungen«, Verlag Eli Spiro, Berlin)

In Berlin war in den dreißiger Jahren die Leitung des Königstädtischen Theaters einem Herrn Cerf anvertraut. Ihm fehlten nicht nur literarische und musikalische Kenntnisse, sondern überhaupt Erziehung und Bildung. Er hatte das Glück, dass König Friedrich Wilhelm III. dieses Theater sehr gern und oft besuchte. Cerf hatte eine gute Oper mit ganz hervorragenden Kräften und einen Komiker, unseren Fritz Beckmann, den berühmten »Ecksteher Nante«, gewonnen, der vom Königstädtischen Theater in den Verband des K. k. Hofburgtheaters mit Dekret (eine Auszeichnung, die einzig dastand) aufgenommen wurde und zu den Lieblingen dieses Kunstinstituts bis zu seinem Tode, den 6. September 1866, gehörte.

Das abwechselnde Repertoire zog das Publikum mächtig ins Königstädtische Theater; Cerf machte brillante Geschäfte. Nicht nur König Friedrich Wilhelm III., sondern auch Prinz Carl fand Wohlgefallen an dem ungebildeten, aber praktischen Geschäftsmann, dem sie es nachsahen, wenn er sich in ihrer Gegenwart in zwangloser Form bewegte und äußerte. Wenn die hohen Herrschaften sich zum Besuch des Theaters angesagt hatten, wartete Cerf an der Türe, um sie bei der Ankunft am Wagenschlag zu begrüßen. Eines Abends fuhr Prinz Carl vor. Cerf stand wie immer zum Empfange am Wagen. Ein Schusterjunge, der vorbeiging, rief: »Schafskopf.« Cerf sagte sofort: »Königliche Hoheit, er hat mir gemeint.« »Das hoffe ich«, erwiderte der Prinz lachend.

Die Loge des Königs befand sich im Proszenium dicht an der Bühne. Es gehörte zu den Gewohnheiten des Monarchen, über die Brüstung seiner Loge nach der Bühne und ebenso auch nach dem Auditorium zu schauen und dabei den Kopf vorzustrecken. Eines Abends, als sich Cerf in der Loge des Königs befand, beugte sich dieser wieder einmal mit dem Kopfe über die Brüstung. Darauf sagte Cerf wörtlich: »Bitte Majestät nicht den Kopf so weit vorzustrecken, die Schweinigels oben spucken oft herunter.« Mit Lächeln nahm der König den gutgemeinten Rat an.

Cerf war ein tüchtiger Theaterleiter, erzielte große Einnahmen und wusste genau, was er wollte. Ein Komiker, Herr Vogel, der bei ihm auf Engagement gastierte und nicht besonders gefallen hatte, kam am anderen Morgen zu ihm. Cerf spielte den Zerstreuten, tat, als ob er ihn gar nicht kenne, fragte ihn nach seinem Namen. »Mein Name ist Vogel.« – »Vogel? Vogel? Sind Sie der Vogel von jestern Abend?« – »Ja, Herr Kommissionsrat.« – »Fliegen Sie ruhig weiter«, war Cerfs Antwort.

In einer Probe, der er auf der Bühne beiwohnte, fragte er den Posaunisten im Orchester, der sein Instrument in der Hand hielt, warum er nicht blase. »Ich habe eine Pause«, antwortete dieser in nicht gerade freundlicher Art. Cerf, darüber empört, schrie laut: »Bezahle ich Sie für die Pausen oder fürs Blasen?« Darob wieherndes Lachen im Orchester.

Einem Schauspieler, einem Österreicher, schickte er eine Rolle von zehn Bogen, die er in zwei Tagen spielen sollte. Als der Künstler dem Cerf bedeutete, dass es nicht möglich wäre, zehn Bogen in so kurzer Zeit zu erlernen, erwiderte dieser: »Aber mein Lieber, Sie brauchen die Rolle ja jar nicht zu lernen; sie ist ja in ihrem Dialekt jeschrieben.«

Theodor Döring – der Ladenschwengel

Von Karl Gutzkow

In seinen autobiografischen Aufzeichnungen erzählt Karl Gutzkow in
dem Abschnitt »Zwei Gefangene«, eine hübsche Erinnerung
an das Jahr 1835, in welchem er sich wegen seiner »literari-
schen Jugendsünden« in Mannheim in Untersuchungshaft befand.
Er bekam damals als Zellengenossen den am dortigen Nationalthea-
ter angestellten, später so berühmt gewordenen Theodor Döring, den
ein Gläubiger wegen nicht bezahlter 1300 Gulden in die damals noch
übliche Schuldhaft bringen ließ. Wie sich die beiden gebürtigen Berliner bekannt machten und miteinander vertrugen, sei hier – mit einigen
Kürzungen – in Gutzkows eigenen Worten erzählt:

… Bald ergab sich für unser freiwillig-unfreiwilliges Zusammensein
ein besonders behagliches Moment der Übereinstimmung, das sich
durch den Ausruf »Was? Sie sind ein Berliner? Und wir sind Lands-
leute?« und in einem sofortigen Übergang des Dialogs in die weiche,
milde, heimatliche Sprache des »Nanu!« und »Ach herrje!« kundgab.

»Kennen Sie Quitteln unter der Stechbahn?«, fragte mich mein
mir jetzt noch näher gerückter Leidensgefährte.

»Neben Josty! Was wird' ich nicht!«, lautete die Antwort.

»Nun sehen Sie, Doktor, da bin ich Kommis gewesen! Eigentlich
heiß' ich Häring.«

»Kein poetischer Name, wie schon Willibald Alexis bewiesen hat.«

»Das ist mein Vetter! Aber Alexis war mir denn doch zu hoch!
An Alexis send' ich dich – sang man ehemals zur Gitarre. Nein, ich
nannte mich: Döring! Aber das ö scharf hervorgehoben! Voll, tönend!
Döring! Wie »ewige Götter« in der Tragödie!«

»Dennoch wurden Sie Komiker?«

»Was? Komiker?«, sprang mein neuer Freund entrüstet auf und
warf dabei den Schemel und beinahe den Schreibtisch und danebe

meinen großherzoglich badischen Wasserkrug um. Es erfolgten die in Ton Lears, Richards III. und Franz Moors gesprochenen Worte: »Ich spiele tragisch und komisch! Auf meinem Repertoire finden Sie –« folgten dann die erhabensten Gestalten der alten und neuen dramatischen Literatur und nicht bloß dem Namen, sondern auch sogleich den rasch in kurze Gebärdenumrisse gefassten Charakteren nach. Ich hatte mich ein wenig dabei umgewendet. Als ich wieder meine bisherige Stellung einnahm, fuhr ich zurück. Denn mein Mitgefangener stand in armverschränkter Haltung wie eine Bildsäule vor mir, sein Haupt war ein wenig geneigt, die dunkeln Haare waren halb ins Antlitz gestrichen; über die Stirn hinweg wand sich eine einzelne wie verlorene Locke.

Ich verstand, was die Stellung sagen sollte. »Vortrefflich! Das ist Napoleon! Ganz nach dem Leben!«

Mein Mitgefangener hörte nur halb und antwortete nicht. Schon war er wieder mit einer neuen Stellung beschäftigt. Ich tat ihm den Gefallen, seinen stummen Wink zu verstehen und mich einen Augenblick umzuwenden.

Nach einigen Sekunden hatte ich einen gebückten Greis vor mir, der sich auf einen Stock stützte und den Kopf etwas schief hielt, als hörte er nur auf einem Ohr. Die Umrisse des Profils waren eine einzige Linie. Zu oft hatten wir in der Schule den Kopf Friedrichs des Großen mit drei Strichen »gemalt«. Sofort wurde der Held von Mollwitz und Leuthen als täuschend wiedergegeben erkannt.

»Wahrlich, es fehlte nur noch der schiefgesetzte Dreimaster.«

»Das nur so beiläufig! Wir blieben bei Quitteln stehen –«, unterbrach der Künstler seine eigenen bewunderungswürdigen Gebilde.

»Ja, Quitteln! Galanteriewarenhändler unter der Stechbahn! Sein Konkurrent hieß Fiocati und wohnte in der Königsstraße ... Dieser handelte auch mit Papageien und nachgemachten Paradiesvögeln –«

Jeder kleinste Zug aus dem alten Leben Berlins, den ich anführte, erregte in den Lachmuskeln meines Landsmanns Revolutionen. Sein Lachen war ansteckend. Man konnte mit ihm lachen ohne alle Ursache ... Durch ein einziges, in berlinischer Mundart gesprochenes Wort wurde manchmal eine Situation klar. So auch hier. Nachdem mein Mitgefangener mit gebrochenem Italienisch das Fiocati'sche

Geschäft charakterisiert hatte, sagte er: »Nein, bei Quitteln! Stechbahn! Perjemieten – verkooft – Walddeibel verkooft!«

Am Quittel'schen Laden begann nämlich derjenige Teil des Berliner Weihnachtsmarktes, wo die zur Besteckung mit Lichtern bestimmten, hellgrünen Papierpyramiden verkauft wurden und die Passanten der damals lebensgefährlich engen »Werderschen Mühlen« durch eine Gasse kleiner, frierender Waldteufelverkäufer hindurch mussten.

Auch der Berliner Waldteufeljunge stand im Nu gezeichnet vor mir. Mit drei, vier Handgriffen waren unten die Stutzen der Beinkleider aufgeschlagen, die Ärmel des Rocks verkürzt, ein Hosenträger losgelassen, das Halstuch gelockert, die Haare über die Nase gestrichen. Das Bild eines frierenden, bald auf dem linken, bald auf dem rechten Bein stehenden Berliner Gassenjungen stand fertig vor mir.

»Es geschieht meinem Vater schon recht«, sagte ich zustimmend und mit Anspielung auf einen der schwachen Erstlingsversuche jener Zeit, die Berliner Welt in Bildern zu illustrieren, »es geschieht meinem Vater schon recht, warum kooft er mir keene Handschuhe!« ...

»Aber Quittel? Quittel?«, fuhr er fort mit Donnerton.

»Was also hat Quittel mit Häring zu tun?«, fragte ich ebenso.

»Mit Döring!«, verbesserte der Mime in demselben gewaltigen Klang der Stimme, der die Schildwachen unten hätte stutzig machen können.

»Mit der Komödie!«, rief ich wieder ebenso parodierend.

»Tragödie!«, donnerte der Künstler.

»Tragikomödie!«, räumte ich mit gleichem Ton ein.

Unser Stimmenwettkampf beruhigte sich endlich.

»Sie waren also bei Quittel Kommis?«, fragte ich gemäßigter.

»Ja! Ladenschwengel war ich! Ich war bei Quittel gewissermaßen der beste Kommis und fürs Geschäft sozusagen unersetzlich. Denn ich amüsierte Prinzipal, Personal und Käufer. Kam eine Karosse vorgefahren, so sprang ich an die Ladentür und stand zum Empfang bereit. War's eine Gräfin, eine Hofdame, eine Fürstin, so spielte ich den Oberkammerherrn. War's eine Kommerzienrätin, etwa von »unsere Leut«, nun »main, so werd' ich doch auch wissen, was ist ain fainer Meschores«. Kamen Herren, die einen Fächer suchten, ein Etui oder sonst etwas, vielleicht zum Auslösen eines Vielliebchens, so war ich »Jonker«,

»Auf Ehre, auf Taille« und spielte die Bewunderung der beschenkten Dame, fand alles »superbe« und »jarnich teuer, auf Ehre«. Und den Damen führte ich wieder die Bedürfnisse der Herren vor, wenn sie auf Briefbeschwerer, Falzbeine und sonstige Schreibtischnippsachen aus waren. »Wie niedlich! Nicht wahr, reizend! Allerliebst!« Kurz, ich hatte die großartigsten Erfolge und übte mich auch zugleich damit für die Bühne, mit der ich mich schon – Sie kennen ja die Berliner Liebhabertheater – intimer eingelassen hatte. Mit alten Offizieren bramarbasierte ich, mit nervenschwachen Damen säuselte ich, mit Juden jüdelte ich, mit Sachsen, Braunschweigern, Hamburgern, die ich sogleich erkannte, sprach ich im Idiom ihrer respektiven Vaterländer und für jeden Gegenstand machte ich mich zur Modelldame. »Wie reizend stehen diese Berlocken am Haar!« »Sehen Sie diese Ohrringe, wie das lässt – natürlich auf einem anderen Teint als dem meinigen!« »Diese Armbänder sind nicht echt, aber die Imitation ist klassisch! Pariser Arbeit!« Kurz, alles hielt ich mir selbst ans Ohr, ans Haar, an die Augen – Schnupftabaksdosen an die Nase – genug, ich hatte den Zulauf der Kunden und schwätzte ihnen alle Ladenhüter, Gott und den Teufel auf. Aber meine theatralischen Studien hatten einen Nachteil, sie bekamen zu viel Publikum, nämlich hinterm Ladentisch selbst. Sie zerstreuten die Kollegen und zogen den Ernst und die hohe Würde des Kaufmannsstandes ins Lächerliche. Die Herren Prinzipale hatten den Kopf voll Soll und Haben, Übertrag und Bilanz und lachten wohl anfangs über meine Schnurren, später aber verbaten sie sich derartige Belebungen des Geschäfts. Und als ich die flotten Geschichten nicht lassen konnte und die Kommis erst dann gerade recht lachten, wenn ich mich quälte, ruhig und ernsthaft zu sein, so gab es unangenehme Szenen und das Quittel'sche Geschäft wurde verlassen ... «

(Nachdem das Gespräch vom hundertsten ins tausendste gekommen war, kehrte es wieder auf Berlin zurück.)

Zurückgebliebenes Obst auf dem Tisch brachte unsere Empfindungen wieder in die Sandebene der Mark Brandenburg. Ich äußerte von einer der vor uns liegenden Birnen, dass sie zwar verdorben wäre, aber darum doch wie die überreif gewordene Mispel eine besondere Delikatesse in unseren Kinderjahren gebildet hätte.

»Und wissen Sie noch, wie man in Berlin solche vor Überreife faul gewordene Birnen nennt?«

Meine Feder ist nicht imstande, die eigentümliche Wirkung zu beschreiben, die durch das seltsame Wort »mudicke« bei meinem Kameraden hervorgebracht wurde. Erst schwieg er. Sein Auge richtete die hellsten Strahlen seines Glanzes gen Himmel. Endlich wiederholte er das einzige Wort »Mudicke!« Nichts von dem hierauf folgenden Lachen will ich erwähnen, das man auf dem Gendarmenmarkt in Berlin vom französischen bis zum deutschen Turm hinüber hätte vernehmen können, nur die leise wie aus tiefstem Herzen herauskommende, andachtsvolle und mit einem·gewissen seelischen Tremolo gesprochene Wiederholung: »Mudicke!« möchte ich zu schildern vermögen. Es war ein Fantasiebild der frühesten Kindheit, das mit diesen fast wendisch klingenden, aber urdeutschen und auf Muder oder Moder zurückgehenden Tönen vor seinen Augen heraufzog. Da saß ihm wieder die alte Obstfrau an der Ecke, der lackierte, ungeheure Sonnenhut mit schwarzen Fransen bedeckte ihr kupferrotes Antlitz – sie sucht dem kleinen Sextaner für einen Sechser Birnen aus dem Korbe heraus, und dieser verfolgt mit norddeutsch-kritischem Blick die mit den schwarzerdigen Fingern herausgesuchten Früchte: »Herrjes, Sie suchen ja lauter foosche heraus. Eene mudicke, die will ick mir schon gefallen lassen!« Die fooschen Birnen, das waren die pelzigen, absolut morschen Birnen, die innerlich hohlen, die ihren Saft nicht einmal entwickelt hatten, gleichsam Stutzer ohne Waden, Denker ohne Inhalt ... Die einzige zugelassene mudicke war dagegen eine von Saftüberfülle in gelinde Fäulnis übergegangene und dennoch außerordentlich süß schmeckende. Einmal kann man sie ja schon genießen. Und dazu dann – um jenes Bild zu vervollständigen – der Duft aus den übrigen Körben, aus den Rettig-, den Zwiebelkörben, die bunten Asterntöpfe, das Stück sechs Dreier – die hochgeschichteten, rotbäckigen Äpfel mit ihren Ahnungen erweckenden Hindeutungen auf die Weihnachtszeit – der Herbstwind, der dazu die roten Blätter der schon entlaubten Bäume der Linden durch die Friedrichstraße »kräuselt« – der mächtige Papierdrache auf dem Rücken, der zum Halleschen Tor hinausgeschleppt werden muss, mit einem Bindfadenknäuel so lang, um den Chimborasso auszumessen ... Der erregte Künstler brauchte einige

Zeit, um sich von den Empfindungen zu sammeln, die seine Brust zu zersprengen drohten ob dem Worte »mudicke«. Und noch öfter im Laufe des Gesprächs konnte er imstande sein, kopfschüttelnd über des Lebens unergründlichste Tiefen, über alles Daseins Anfang und letztes Ende, über die Klippen, an denen man in diesem Leben scheitern muss und über die Frage aller Moral und Poesie, ob »Süß aber faul!« oder »Faul aber süß!« mir leise ins Ohr zu raunen: »Mudicke!«

Stutzer

Comfortable sei dein Leben
Auch in diesem neuen Jahr
Küsse, Lieder, Saft der Reben
Bring es dir in Fülle dar.
Dann willkommen neues Jahr!

Gutes Frühstück, neue Kleider.
Eine »Log« im ersten Rang,
Equipagen, viele Neider
Glücksgespinst ,zehn Ellen lang,
Sichern ersten Lebensrang.

Ja, auf Ehr! am ganzen Leben
Ja, das best' s' Amüsement,

Fade Stunden wird's doch geben,
Wo es heißet *lentement*,
Darum, *vive l'amusement!*

Adolf Menzel, Zeichnung zu Neujahrsglückwünschen

Maler

Dein Lebenskolorit sei frisch;
Die Zeichnung immer richtig
Staffage: Braten, Wein und Fisch: –
Doch auch die Hauptfigur ist wichtig.
Die Hauptfigur? Die kennst du ja,
Sie kommt von Anadyomenen,
Ist Amorn auch verwandt ganz nah,
Und soll das Erdenbild verschönen.
Besorg' nur guten Farbenton

Auf deinem Hauspalette;
Dann gibt sich alles and're schon,
Es lächelt Henriette.

Wolf Menzel, Zeichnung zu Neujahrsglückwünschen

Musiker

Allegro vivace bei lieblichen Schönen!
Doch *Moderato* beim Becher und Mahl!
Andante lass aber die Lyra ertönen,
Hast du zwischen Trinken und Singen die Wahl.

Adagio wird es von selbst schon heißen,
Wenn's Geld fehlt oder das Weibchen keift,
Wenn Grillen plagen und Sorgen beißen,
Und wenn sich die kleine Familie häuft.

Dann folget indes nach gewöhnlichem Schnitte
Ein munteres *Rondo* auf alle die Not.
Drum halte dich stets auf der köstlichen Mitte –
Dann musizierst du dich hin bis zum Tod.

Des Lebens Konzert sei in summa erträglich,
Das ist auch an diesem Neujahre mein Wunsch
Dur oder *Moll* dann – nur immer so kläglich
Dass nächsten Silvester es fehle an – Punsch! –

Wolf Menzel, Zeichnung zu Neujahrsglückwünschen

Promenaden eines Berliners

Von Ludwig Robert (1838)

Eine Berliner Gesellschaft

Blumen und Kerzen,
Spiegel und Lichter,
Geschnürte Herzen,
Bewachte Gesichter.
Dort Federn und Spitzen
Und türkische Schale
Sind Damen, die sitzen
Im Kreise im Saale,
Und ferne stehen
Die Söhne, die Gatten,
Schwarz wie die Krähen
Mit weißen Kravatten.
Grüßendes Neigen,

Tonloses Summen,
Verlegenes Schweigen,
Sprödes Verstummen.
Ein laulig Gebräue
Mit Zucker und Sahne,
Und immer aufs Neue
Die schwache Tisane,
Und Kuchen und Backwerk
Und Backwerk und Torte;
Man öffnet zum Hackwerk
Das Pianoforte,
Nun trillern und stümpern
Die Virtuosen,
Und Tassen klimpern
Und Diener tosen,
Es flüstern und zischen
Die Frau'n unersättlich
Und rufen dazwischen:
»Ah, bravo, wie göttlich!«
Es werden die Zimmer
Stets heißer und enger
Und immer und immer
Die Weile länger,
Bis endlich die Wagen
Gemeldet werden,
Um Dank zu sagen
Für alle Beschwerden.
Zuletzt und am Ende,
Recht um uns zu necken,
Die Diener die Hände
Entgegen uns strecken.
Die muss man nun füllen,
Sie kriegen das Beste
Und lachen im Stillen
Des Wirts und der Gäste ...

Winterbelustigungen in den Zelten (Anfang des 19. Jahrhunderts)

Berliner Straßenbeleuchtung im Sommer

Warum noch gestern, so frägst du,
Spärlich zwar, aber erleuchtet doch
Straßen und Plätze waren,
Und heute mit einem Mal
Alles so rabenschwarz?
Weißt du denn nicht, du geborener Berliner
Welch mystisch-symbolisches Fest
Die Stiefschwester der Themis
Die Zofe der Nemesis
Alljährlich an diesem Tage
Stolz und freudig begeht?!
Ihrer Mutter und Schutzgöttin,
Der geheimnisreichen Nacht zu Ehren
Löschet die Polizei
Heut in des Wonnemonds erster Nacht
Jedes matt aufdämmernde Flämmchen
In den Laternen der Stadt.
Vier Monde dauern die dunklen Mysterien;
Und während vier Monden darf
Kein leuchtendes Lämpchen

In dem prachtvollen Berlin,
In der Hauptstadt der Brennen, brennen. –
Nur nicht ängstlich, mein Freund!
Nur ruhig! Ich führe dich ja
Und kenne genau
Empirisch, *a posteriori*,
Die Topografie der Vaterstraßen.
Jetzt geht es bergauf,
Jetzt herab,
Gleich kommt ein Brückchen mit schwankendem Brett,
Ein Rinnstein jetzt.
Nun schreite! aber ich bitte,
Nur ja recht weit aus;
Denn hüben und drüben
Pranget in Häuflein der Schlamm der gereinigten Rinne.
Hier ist ein Loch im Pflaster,
Wir müssen hinein
Und jenseits heraus.
Fluche nur nicht; das ist gottlos!
Es könnte der Teufel sein Spiel
... Da hast du's! Da liegen wir beide
Am Boden! –
Wie ist dir? Du lachst?
Nun dank dem Himmel!
So kommen wir ja
Noch so mit dem blauen Auge davon.
Ja, spotte nur, lache mich aus,
Ob meiner künstlich-strategischen Führung
Und topografischen Kenntnis.
Recht hab' ich doch,
Wenngleich wir gefallen;
Denn das verdammte Gebälk hier,
Auf das wir im Dunklen hinstürzten,
Bei meiner Ehr! Es lag noch
Vor wenigen Stunden nicht hier.
Spät abends ward es vermutlich

Noch erst angefahren,
Um morgen früh vorsorglich
Das wankende Haus zu stützen;
Weil gestern erst warnungsvoll,
Ein ungestütztes einfiel. –
Was dort leuchtet, fragst du,
Ob es ein Irrwisch sei,
Der uns verlocken will,
Oder das Wachtfeuer
Schottischer Räuber?
Keines von beiden, mein Freund!
Es ist das Café royal,
Das nach beschwerlicher Reis'
Auf ungebahnten, dunklen Wegen
Den Berlin durchwandelnden Fremden,
Wenn auch gastfreundlich nicht,
Doch gasthäuslich ladet,
Sich zu erquicken mit Speis und Trank. –
Da lass uns hineingehen;
Und während des Mahles
Soll man die Wagen bestellen,
Wir f a h r e n nach Hause;
Denn nicht verlass ich mehr
Auf meine Topografie.

Die vollbesetzte Bank

Berliner Straßenfiguren des Vormärz

(Aus den »Jugenderinnerungen« von F e l i x E b e r t y, J. G. Cottasche
Buchhandlung Nachf.)

Während der Sommermonate gab es gar keine Straßenbeleuchtung;
die lange Abenddämmerung und der Mond wurden als genügende
Stellvertreter für dieselbe angesehen. Männer, deren Kleidung so von
Fett getränkt war, dass sie spiegelblank erschienen, reinigten die Stra-
ßenlampen. Es war ein Lieblingswitz der Jungen, diesen geplagten
Leuten zuzurufen: »Mal schliddern for'n Sechser!«, wodurch ange-
deutet wurde, dass, wenn sie sich hinlegten, man auf ihnen wie auf
einer kleinen Eisbahn dahingleiten konnte ...

Außer den erwähnten Lampenputzern fehlte es auch den Straßen
der Residenz nicht an Figuren, die heutzutage vollständig von der Bild-
fläche verschwunden sind. Da gab es z.B., weil viele Leute, namentlich
alte Herren, sich noch täglich den Kopf pudern und pomadisieren
ließen, Friseure, die mit eigentümlich eiliger Geschäftigkeit umherlie-
fen, von oben bis unten wie mit Mehl bestreut, an den Röcken weite
Seitentaschen tragend, aus denen Brenneisen, Scheren und Kämme
hervorragten. Der bekannteste unter ihnen war der Theaterfriseur
Schultze, der beständig in einem kurzen Zuckeltrabe blieb, als wenn er
fürchtete, überall zu spät zu kommen. Eines Tages rief demselben ein
Spaßvogel aus dem Fenster nach: »Hören Sie einmal!« Und als jener
stillstand: »Haben Sie Zeit?« Schultze, der einen neuen Kunden zu
erhalten hoffte, erwiderte eifrig: »Jawohl!« »Nun, warum laufen Sie
denn so?«, sagte der andere und warf das Fenster zu. Der bekannte
Philologe Buttmann, den man nach dem weiten, lottrigen Anzuge, den
er zu tragen pflegte, und wegen seiner eiligen Art zu gehen wohl für
einen solchen Friseur halten konnte, wurde einst ebenfalls aus einem
Hause angerufen und von einem Herrn gefragt, ob er ihm die Haare
schneiden wolle. Buttmann erwiderte »Jawohl!«, kam herauf, bat
um eine Schere, weil er die seinige vergessen habe und schnitt dem
unvorsichtigen Besteller die Haare ratzekahl vom Kopfe. Als der so
Verunstaltete sich im Spiegel besah und gewahrte, wie er zugerichtet

worden, rief er in vollster Wut: »Aber Sie können ja gar nicht Haare schneiden?«, worauf Buttmann lächelnd antwortete: »Sie haben mich ja nicht gefragt, ob ich kann, sondern nur, ob ich will. I c h b i n d e r P r o f e s s o r B u t t m a n n.« ...

Mit Spreewasser getauft

Allerlei Volkswitz

G u b i t z berichtet von einem Wetterpropheten, Professor Dietmar, der in seinen Voraussagen nicht viel Glück hatte. Unter anderem ließ er sich verleiten, aus zwanzig Gründen den Winter 1822 bis 23 als »seltsam gelind« mit höchstens neun Grad Kälte zu bezeichnen; gerade dieser Winter aber war ganz besonders streng. Infolgedessen machten sich die Berliner über Dietmar lustig und Gubitz erzählt:

»Es erschienen mehrere Spottbilder, die ihn darstellten im gelüfteten Nankingkleide, und sein von der Kälte hochrotes Antlitz hatte Eiszapfen an der Nase. Als am 2. Januar 1823 das Lustspiel »Mittel und Wege« (von Karl Lebrun) bei der ersten und letzten Vorstellung ausgepocht wurde, schrieb ein Theaterbeurteiler: ›An verschiedenen Orten hat man der entsetzlichen Kälte wegen die Theater geschlossen, in Berlin glaubten indes endlich viele an die Prophezeiung des Herrn Professor Dietmar, mussten aber im Theater sehr bald und fortdauernd in aller Anstrengung mit den Füßen stampfen, so dass eigentlich Herr Karl Lebrun als Märtyrer für die Dietmarsche Wetterweisheit zu betrachten ist.‹ Der schon siebzig Jahre alte Witterungsgelehrte geriet nun in dem kalten Winter mehrmals in angreiflichste Hitze, besonders über die ihm brieflich gedruckt zugesendeten Stachelreime:

Die Kälte stieg auf zwanzig Grad,
Dein Wissen fiel auf Null,
Nun schaffe selbst sich Schutz und Rat
Dein grundgeleerter Schrull!«

*

Aus Ludwig Börne's »Berliner Briefen« (1828)

»Der alte Zelter scheint ein Original zu sein und erzählt die schönsten
Anekdoten sauber oder nicht, mag dabei sein, wer will. Eine fand ich
sehr charakteristisch. Er ging einst bei Nacht unter den Linden und
hörte einen Jungen das Liedchen singen ›Blühe, liebes Veilchen‹. Er,
Zelter, setzte das Lied fort, worauf der Junge erschrecklich zu schimp-
fen anfing und rief: ›Er Hansdampf, er Dreckskerl, wenn er ein Lied
singen will, fange er sich's selbst an!‹«

Die Julie Saaling sah im Königlichen Palaste Büsten von Luther und
Melanchthon. Sie fragte den Kastellan: »Nicht wahr, das ist Melanchthon?« »Nein, es ist Eisen.« – Ihr Frisiermädchen erzählte ihr, ein
junger Mensch habe sich aus Liebe erschossen. Man habe ihn aufgeschnitten. »Nun, was hat man in ihm gefunden?« »Verdrehte Nerven
im Gemüte.«

Die Damen hier werden abends auf der Straße oft von jungen Herren angeredet und zudringlich behandelt. Zu einer alten Frau kam
neulich ein Herr auf der Straße und fragte: »Kann ich das Vergnügen
haben, Sie nach Hause zu begleiten?« – »Warten Sie nur, bis wir an
eine Laterne kommen«, erwiderte die Alte.

*

(Aus den Briefen aus Berlin 1832: Berlin wie es ist. In Parallelen, Anekdoten
und Aphorismen dargestellt)

– – Ein Ecksteher fragte seinen Kameraden: »Weeßt du schon, dass
wir einen neuen Minister gekriegt haben?« »Nee«, war die Antwort.
»Ick dachte, die Witwe würde et fortsetzen.«

***

Ein Obrist von Adel führte einen Offizier in der Konduitenliste als
fähig auf, schrieb aber nach seiner Orthografie: f e i g .

***

Der Wiener Pöbel ist gottesfürchtig, bigott und fastet, wenn er soll; der Berliner Pöbel fürchtet weder Gott noch Teufel, ist atheistisch und fastet, wenn er muss, d.h. wenn er nichts zu essen hat.

*

(Brief von Lea Mendelssohn an ihre Tochter Rebekka, August 1835)

»Ich hoffe, unsere abgeschmackte Rebellion vom 3. August und folgenden Tage soll dich nicht mehr affiziert haben als uns. Das schönste Resultat ist folgende Poesie der Straßenjungen:

Heil dir im Siegerkranz,
Heut bleibt keene Scheibe janz.

Es soll jemand dem Könige das Pariser Mittel, Aufläufe durch Spritzen zu zerstreuen, vorgeschlagen und Er gesagt haben: ›Werden gewiss nicht in gutem Zustand sein.‹«

Frau Schlächtermeister Buggenhagen

(Erzählt von H u g o W a u e r in seinen »Humoristischen Rückblicken« auf Berlins »gute alte« Zeit)

Frau Buggenhagen war ein stadtbekanntes Original. Ihr größter Stolz war ihr Sohn. Der wollte und sollte Schauspieler werden und da er ein stattlicher und hübscher junger Mann war, so hatte ihn Iffland als Schüler angenommen und ließ ihn im Chor mitwirken, bemühte sich aber völlig vergebens, ihn auch nur für kleinste Rollen brauchbar zu machen.

Frau Buggenhagens stadtbekannte Mutterliebe wurde von vielen Nachbarinnen in schnöder Weise ausgebeutet. Obgleich sehr wohlhabend, bediente die resolute Frau doch von morgens bis abends die Kunden höchst eigenhändig. Da kamen dann die schlauen Weiber, forderten »vorn Jroschen« Wurst, Speck oder Schinken und ehe Mutter Buggenhagen abschneiden konnte, begann die geriebene Kundin den Sohn sehr lebhaft zu loben. Sofort erstrahlten Mutterns Augen vor

Freude und Stolz und das abzuschneidende Stück Wurst, Speck oder Schinken verdoppelte seine Größe! Und je wärmer die Kundin lobte, desto mehr wuchs das Kaufobjekt, bis es endlich zwei- oder dreimal so groß war, als der »Jroschen« bezahlte. Und wenn die Kundin recht feurig mit gen Himmel gedrehten Augen gelobt hatte, dann schob die glückstrahlende Mutter auch noch den Groschen zurück und sagte liebenswürdig: »Ach Jott, Liebste, lassen Se doch man sind!«

Einst hatte sie Verwandtenbesuch aus der Provinz, dem sie freudestrahlend mitteilte, dass gerade an diesem Abend ihr Sohn im königlichen Theater mitwirke. Natürlich gingen alle hin. Der Sohn stellte im Chor einen Ritter dar und sah wirklich stattlich und schön aus.

»Da, da! Des is mein Sohn! Der da mit den prachtvollen roten Mantel und den joldnen Panzer.«

»Aber der redt ja janich.«

»Ja, en bisken maulfaul ist er immer. Aber warten Se't man ab.«

Aber alles Abwarten war vergebens – er blieb stumm. Mutter wurde sehr unruhig und als das Stück zu Ende war, sagte sie fast weinend:

»Es is 'n Jammer mit den Jungen! Er is mal wieder ticksch! Ich sage Ihnen, eene Seele von Menschen, aber wenn er ticksch is, d e n n k ö n n ' n S e ' n d o t s c h l a g e n u n d S e k r i e j e n k e e n W o r t a u s i h m r a u s !«

Wenn ick oder mein Mann die Kälber allene besorgten, dann machten wir se aus lauter Niere, so aberst seynd sie nicht anders.

II.

Vom tollen Jahr
zum neuen Reich
(1848–1870)

Aus den Jugendtagen des Kladderadatsch

(Beiträge aus dem Jahrgang 1848, Verlag A. Hofmann u. Co.)

O mein Berlin! Mein schönes Berlin!
(Aus der Nummer von Freitag, den 14. Mai)

Wo findet man jetzt in den Straßen reine Luft? – Wo begegnet man ruhigen Gestalten und behaglichen Schritten? Wer nicht lächerlichen Eigendünkel oder sorglose Dummheit zur Schau trägt, dem lagern das Unglück und die Trauer auf dem Antlitz! Die aber, welche weder lachen noch weinen können, blicken so matt und blasiert, dass wahrhaftig die Pflastersteine der Straßen durch die Menge der erlittenen Tritte mehr Physiognomie haben, als diese glatten, menschlichen Gesichter!

Wo sind an den Ecken die lustigen Plakate geblieben? Wo sind diese lebensfrischen Affichen von Bällen, Konzerten, Schauspielen, – Reunions und Frühlingsgenüssen? Löschpapierne Anzeigen ausgeschriebener Dienstbotenversammlungen – Aufforderungen zu Almosenempfängerassoziationen haben die Straßenwände usurpiert, und wo sonst der maiprächtige Korso mit adligem Geschäker durch frisch gesprengte Baumgänge sich bewegte, da wiegeln jetzt heisere Rednerstimmen Volk und Staub auf!

O Berlin, Wien, München und Stuttgart! O Lobenstein, Ebersdorf und Rudolstadt! All ihr großen und mächtigen Königreiche, Fürsten- und Herzogtümer, was seid Ihr jetzt! Welchen Reiz hätte es noch über Euch zu herrschen, in Euren Hauptstädten zu residieren? Ja, Satan! Wenn du jetzt zu mir kämest, wie einst zu unserem Herrn und Meister, um mir die Königreiche dieser Erde zu zeigen und zu sagen: »Dieses alles gehört dir, wenn du mich anbeten willst!« – Ich würde dir antworten: »Deine Macht ist vernichtet, armer Teufel – denn die Königreiche dieser Erde sind jetzt so hässlich und schrecklich, dass es keiner Tugendhaftigkeit bedarf, sie auszuschlagen! –

Bettina[2]

---

2 Die Unterschrift Bettina ist wahrscheinlich auf Bettina von Urnim gemünzt.

Szenen aus der Metropole deutscher Kultur und Intelligenz im Jahre des Herrn 1848

(Ein Offizier mit einer Compagnie Grenadiere erscheint vor dem Hause der Familie Rimpelmeier. Es wird mit den Kolben an die Haustür geschlagen.)

L e u t n a n t : Aufgemacht! Oder die Bude wird in 'n Brand gesteckt!

R i m p e l m e i e r (in der Nachtmütze zum Fenster hinaus): Mein Jott, was is denn, wo brennt's denn, Herr Nachtwächter?

L e u t n a n t : Mach' auf, Bürgerhund! Oder ich lasse dich wie einen Kanarienvogel auf die Bajonette spießen.

Rimpelmeier: Ach Gnade, gnädigster Herr Offizier! Gleich! Gleich! (Macht die Haustür auf, erscheint mit einem Lichte in der Hand im Hemde und empfängt einen Kolbenstoß in den Unterleib.)

Leutnant: Du hast Waffen verborgen, verfluchter Spießer! 'Raus damit! Wo sind sie?

Rimpelmeier: Ach, liebster Herr, das ist eine nichtswürdige Denunziation, ich habe ja keine einzige Degenspitze in meinem Hause!

Offizier: Soldaten! Marsch! Vorwärts!

(Das Militär dringt in die Zimmer der Familie Rimpelmeier. Madame Rimpelmeier sowie ihre jungfräulichen Töchter werden von den Grenadieren aufs Strengste untersucht, ob sie Waffen bei sich haben. Die Familie Rimpelmeier liegt in Ohnmacht.)

Leutnant: Ich sehe, dass Sie keine Waffen besitzen. Entschuldigen Sie, meine Damen, aber ich habe nur als Soldat meine Pflicht getan.

Türkische Verordnung[3]

(Aus der Nr. 34 von Sonntag, den 31. Dezember)

Um alle Sinnbilder und sinnbildlichen Ausdrücke für die rote Republik zu vernichten, wird hiermit angeordnet:

1. Die rote Farbe ist für immer abgeschafft und darf nie wieder hervorgebracht werden.

2. Der Regenbogen enthält fortan nur fünf Farben.

3. Alle Vögel haben bei Strafe sofortiger Einsperrung ihre roten Federn abzulegen und statt deren andere zu tragen.

---

3   Ein Erlass Wrangels vom 19. Dezember verbot das Tragen roter Kokarden, Federn, Fahnen sowie überhaupt jedes Sinnbilds roter Republik.

4. Das Blut, als das gefährlichste Sinnbild der roten Republik, wird allen Demokraten abgezapft.

5. Rote Nasen sind sofort einzuliefern und werden zu Scheidemünzen umgeprägt.

6. Alle Rotköpfe und Rotbärte sind einzufangen und abzuschneiden.

7. Auch den Damen sind rote Schleifen, Kleider, Hals- und Busentücher verboten, ebenso auch die Schamröte.

8. Abend- und Morgenröte sind abgeschafft und also danach alle Gedichte zu ändern. So muss es z.B. heißen:

> Lenore fuhr zur Frühstückszeit
> Empor aus wilden Träumen.

Der Pascha Bimmstein

*

(Aus derselben Nummer)

M ü l l e r : Sagen Sie mal, Schultze, wat werden Sie denn Ihrer Frau zu Weihnachten koofen?

S c h u l t z e : Sie hat sich een rotkariertes Kleed gewunschen, nu erloobt et aber Wrangel nich, also werd ick ihr ein schwarz-weißes oktroyieren.

***

Rote Rüben, welche sofort geräumt werden müssen, lässt ab und zahlt noch zu.

Teltow und Sohn

(Aus dem Jahrgang 1848 des »Kladderadatsch«)
Kabinettsordre vom 26. Juni 1848:
»Zur Beseitigung der bisher noch vorgekommenen Verschiedenheit in der Anrede der Soldaten bestimme ich hierdurch, dass forthin der Soldat jeder Waffe und jedes Standes den Anspruch haben soll, mit ›Sie‹ angeredet zu werden.«

– Sie M ü l l e r am rechten Flügel da, S i e Esel S i e ! Wenn I h r nicht grade
steht, so haue ich dich hinter die Ohren, dass I h m die Schweine knackt! Er
Schaafskopf – S i e ! –

(Silvesterzeitung des Kladderadatsch 1848)

»Wir, Silvester, König von Gottesgnaden
(Wird das abgeschafft, kann's auch nicht schaden),
Fügen zu wissen und tun kund:
Da das alte Jahr es uns gar zu bunt
Getrieben auf der ganzen Erde
Und es scheint, dass es nimmer besser werde,
So haben auf Vortrag der Herren Minister
Des Rechts und Unrechts und der anderen Philister,
Die allerhöchst es erkannt als das Best,
Und von Liebe zu unserem Volke gerührt,
Das Jahr 48 jetzt aufgelöst
Und ein Neujahr hiemit oktroyiert;
Und wird sich das auch nicht besser aufführen,
Werden wir ein anderes oktroyieren.«

Berliner Plakate des Jahres 1848

(Aus dem Werk von G u s t a v D u l l o, Zürich 1893, Verlagsmagazin J. Schabelitz)

Der Magistrat, der Polizeipräsident und Bürgerwehrkommandeur warnten am 27. Mai vor der Beteiligung an den K a t z e n m u s i k e n, da derartiger Unfug mit Gefängnisstrafe von vier bis sechs Wochen bedroht sei. Die Katzenmusiker selbst suchten sich in einem launigen Plakate vom 30. Mai zu verteidigen.

»Der Berliner Bürger hat von der Erbauung Roms bis zur Erbauung der Barrikaden den Ruf eines gehorsamen Untertans gehabt und verdient. Er trieb Handel und Gewerbe, hatte feste Wohnplätze, nährte sich von Weißbier, Kohlrabi, Rindfleisch und Zweigroschenschrippen, zahlte, ohne zu mucksen, Schlachtsteuer, Mahlsteuer, Kriegssteuer, Gewerbesteuer, Mietssteuer und Hundesteuer, las die Bossische Zeitung und war vom Temperament ein Brandenburger. Das alles hat sich geändert. Außer seiner Liebhaberei für Weißbier und Kohlrabi hat der Berliner Bürger all seine früheren Neigungen aufgegeben. Er hält sich nicht mehr in festen Wohnplätzen auf, sondern führt ein Nomadenleben in Wachtstuben und auf Schießplätzen, treibt bei Tage Straßenbrunnenlektüre und geht des Nachts Patrouille. Sonst hatte er wie jeder Mensch zwei Füße, jetzt hat er deren drei, darunter einen Kuhfuß; sonst ließ er seine Frau Staat machen, jetzt macht er selbst Parade; sonst dachte er sich sehr wenig, jetzt dünkt er sich sehr viel. Seine friedliche Natur hat sich geändert, jetzt denkt er an Gefecht und Krieg, an Schlachten und Blutwurst und sein Herz trachtet nach Heldentaten. Wir Katzenmusiker gehören zu dem in Berlin weitverbreiteten Geschlechte der Bummler und sind von jeher etwas romantischer Natur gewesen. Wir wohnen in möblierten Stuben und unmöblierten Schlafstellen, spielen Billard und Guitarre und lieben Grisetten, bairisch Bier und Beefsteak. Unser Beruf ist, die Gebrechen der Zeit zu heilen, bei Tage mit Pflastertreten, abends mit Kriegsinstrumenten. Wir haben eine gemeinschaftliche Kreditanstalt, die wir von Schneidern und Schuhmachern verwalten lassen, stehen in sehr umfassender Geschäftsverbindung mit allen Bierwirten, suchen das Wohl der dienenden Klassen nach Kräften zu fördern und poussieren mit Vorliebe die Schenkmädchen. Die Bürger schlagen selbst um Mitternacht herzzerreißende Wirbel auf ihren Trommeln, uns aber, die wir doch ein Naturrecht auf unsere Kosten haben, wollen sie dieselben abschneiden.«

*

Der Berliner Handwerkerverein war denunziert worden, dass er einhundertvierundachtzig Zentner Pulver, scharfe Munition und Gewehre verborgen halte. Was darauf folgte, beschreibt M ü l l e r und S c h u l t z e unter dem Titel »B e r l i n d u b i s t g e r e t t e t« oder »D i e e n t d e c k t e P u l v e r v e r s c h w ö r u n g«.

»England hat seine Pulververschwörung gehabt. Lappalie! Frankreich hat seine Bürgerverschwörung gehabt. Lumperei! Italien prunkt mit seiner Sizilianischen Vesper. Bagatelle! Petersburg hat seinen Strelitzenmord. Kleinigkeit! Mehmed Ali beglückte Ägypten mit einem Mamelukenmassaker. Pappenstiel! Berlin überragt sie alle! Was sich in Berlin zugetragen hat, das ist noch nicht dagewesen, so weit die Sonne scheint, so weit der Mond leuchtet, so weit der Himmel blau ist, so weit die Liebe einer Figurantin und der Seufzer eines ungezahlten Weinhändlers einem Gardeleutnant folgt. Es war in der Nacht vom 27. zum 28. August. Da stand im vergitterten Schlosshof der Chor der Veteranen, bewährte Helden von anno Tobak, weiß und schwarz beschnurrbartet, bewaffnet mit Preußengefühl und Windbüchsen; und neben ihm stand das Korps der jungen Kaufleute, spitzgemützt und deutschgesinnt, in vollen Zügen Freiheit atmend und kühle Nachtluft. Und sie sannen hin und her und dachten, es muss etwas faul sein im Staate Dänemark, es muss irgendein dickes Geschwür sitzen im Fleisch der Borussia und plötzlich brach es auf, nicht das junge Geschwür, sondern das alte Veteranenkorps und eine Stimme erscholl vom Oberhaupte, dass das fliegende Korps der jungen Kaufmannsvögel sich ihnen anschlösse, denn es sei nicht gut, dass der Mensch allein sei. Die Schlossgitter wurden zurückgeschoben und es spie das doppelt geöffnete Tor zwei Leoparden auf einmal hervor, sagt Schiller. Draußen aber stand ein Haufen Konstabler, ihre Zahl war Legion und es erscholl eine

Stimme von oben: >Männer des Skandals, schließt euch an, denn es ist nicht gut, dass zwei Korps allein seien.< Und die Konstabler empfahlen ihre Seelen dem Herrn und ihre Witwen dem Magistrat und ihre Waisen dem Minister Kühlwetter und bissen die Zähne zusammen und griffen krampfhaft an ihre Käsemesser und ächzten darauf wie mit einer Stimme: >Nanu druff!< Und also gingen sie fürbass und gingen dahin, dass es ein Gräuel war zu sehen, und die Erde bebte unter ihren Tritten und so kamen sie nach der Johannisstraße 4 zum Lotale des Handwerkervereins und vollbrachten das große Werk. Zuerst drangen die Konstabler ein und schnüffelten nach 184 000 Zentnern Pulver; da sie aber noch nie Pulver gerochen hatten, so rückte ihnen nach das Korps der Veteranen und schnüffelte mit ihnen und siehe da, sie rochen den Braten und fanden das Pulver, zahllos wie Sand am Meer, genug, um die Erde gen Himmel zu sprengen und die Welt aus ihren Angeln zu heben – 20 scharfe und 600 Stück Platzpatronen, den Rest des vom Kommando der Bürgerwehr gelieferten Schießbedarfs. Und so war Berlin gerettet worden durch die unermessliche Güte der Vorsehung, durch den Eifer der Konstabler und den Mut der Veteranen. ...

Die selige Bürgerwehr

Von R o b e r t S p r i n g e r (1850)

»Wilhelm, vergiss nicht, dass du Gatte und Vater bist!«

»Ach, Gevatter, denkst du noch daran, wie wir Bürgerwehr spielten? Ach, eine schöne Zeit, eine gewaltige Zeit, eine erhabene Zeit! Wenn wir des Abends auf Wache zogen und der König dann herunter kam und sagte: >Guten Abend, meine Herren! Sie heißen ja wohl Schulze und Sie – richtig, Schmidt!< Und dann lächelte er und wenn er weg war, kamen die göttlichen Weinflaschen und die gnädigen Schinkenstullen. Und wie majestätisch unser Zugführer, der lange Gans, den Säbel nachschleppte und über Hühneraugenschmerz klagte, wenn wir patrouillierten. Die Patrouillen waren zwar allerdings beschwerlich, aber wir stärkten uns doch zuweilen an der Bayrischen bei Zimmermann und bei Schäffer. Den anderen Tag waren wir müde und hatten einen schicklichen Vorwand, nicht zu arbeiten. Nachmittags ging es zu den Schießübungen und von da zur kühlen Weißen bei Liesens. Unsere Alte keifte zwar manchmal über Faulenzerei und Herumtreiben, aber wenn sie uns dann so betrachtete, wie wir in unserer Schützenuniform einherschritten, in grünem Rock mit schwarzem Stehkragen und silberner Passepoil, weißem Filzhut, auf einer Seite in die Höhe geschlagen, mit prächtiger schwarz-rot-goldener Schnur und Troddel, mit der Stutzbüchse und dem Pulverhorn, dann schlug ihr zärtliches Herz in erhöhter Liebe, denn sie fühlte, dass sie einen Mann, einen wahren Mann, einen Helden und Vaterlandsverteidiger in ihre Arme schließen konnte. ›Wilhelm, lebe wohl!‹ – sagte dann die Gute –, ›und nimm dich beim Schießen in Acht und trinke mit dem lustigen August aus der Kesselstraße nicht zu viel Bayrisch und Nordhäuser und komme nicht unter die Wagen!‹ – Und wenn nun erst Parade war, wie wir da sechs Stunden stehen mussten, ehe es an den Vorbeimarsch ging, ganz wie ordentliche Soldaten. Und die Fenster waren alle mit Damen und Zuschauern besetzt, als wenn wir ordentliche Soldaten wären; und wie der lange Gans kommandierte und die Musik spielte – es war eine erhabene Zeit! Aber Gevatter, wenn Bürgerwehrball bei Hennigs war, dann – nein, ich will aufhören mit den herrlichen Erinnerungen, das Herz möchte mir schier vor Wehmut bersten. – Ja, es war ein schönes Leben, wenn auch etwas unruhig. Es wurde gar zu oft Generalmarsch geschlagen. Bumm, bumm, trara hörte man des Tages drei bis vier Male. Aber im Grunde war die Sache nicht gefährlich und wenn es schlimm wurde, fand sich immer noch Gelegenheit, sich zu drücken. Als die größte Gefahr vorhanden war, erfand die Nationalversammlung glücklicherweise den passiven Widerstand. Ach, Gevatter, wenn die Trommel zum Streite rief und unsere Alte uns mit Tränen umarmte und sprach: ›W i l h e l m, v e r g i s s n i c h t, d a s s d u G a t t e u n d V a t e r b i s t! ‹ und wenn dann alle unsere Gören schrien, dass wir es noch an der Ecke hören konnten, Gevatter, nie werde ich diese wahrhaft großen Momente meines Lebens vergessen!‹

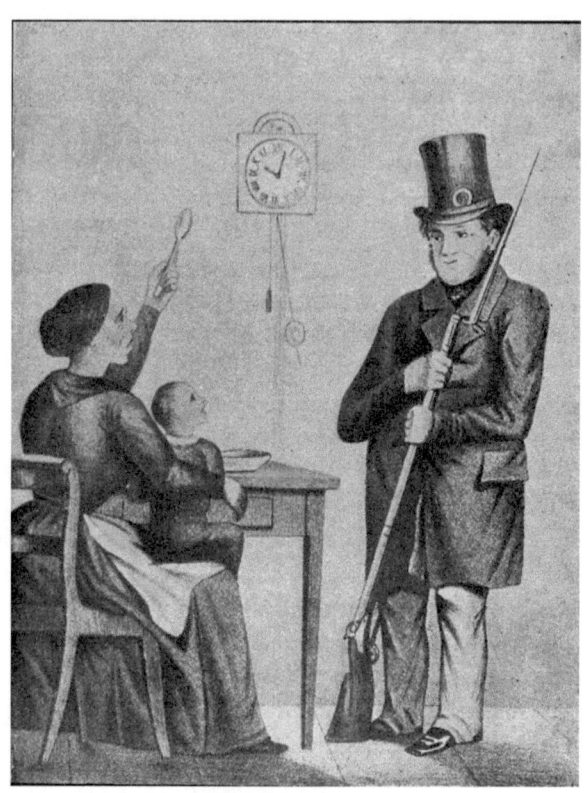

Die Nachtpatrouille

»Aber Heinrich, es is ja jleich zehn Uhr un du holst das verdammte Jewehr schon wieder aus de Ecke?« – »Liebes Kind, meine Pflicht ruft mir – wir haben heute bloß eene kleene Nachtpatrulje.« – »Nachtpatrulje! Ich weeß schon, was das for eene Nachtpatrulje is! Morjen jeh ick bei Aschoffen, die Jeschichte mit die Nachtpatruljen muss ufhören oder ick steck das Jewehr ins Kamin.«

Rechter Hand, linker Hand, alles vertauscht!

Berliner Straßenbilder

Von Prinz Kraft zu Hohenlohe-Ingelfingen

(Aus meinem Leben, Verlag E. S. Mittler & Sohn, Berlin)

… Berlin bot damals (Frühjahr 1848) einen sonderbaren Anblick dar. Es war minder belebt als früher. Starke Patrouillen Bürgerwehr durchzogen die Straßen. Die politische Ordnung wurde sehr streng gehandhabt. Die Bürgerwehr war in Zivil mit rundem Zylinder gekleidet und es nahm sich dazu das Kommissgewehr mit Bajonett possierlich aus. Statt des gewohnten Doppelpostens in Helm stand vor dem Brandenburger Tor einmal ein dicker Fleischermeister mit rundem Hut Posten. Ich beobachtete ihn. Er langweilte sich sehr. Es war Mittag. Seine ebenso dicke Frau brachte ihm das Essen. Während er im Schilderhause dinierte, nahm die Gemahlin das Gewehr und spazierte an seiner Stelle mit Gewehr über auf und ab. Dann sang ein Gassenjunge nach der bekannten Polka:

»Komme doch, komme doch, stolze Garde,
Komme doch, komme doch nach Berlin,
Denn die edle Bürgergarde
Will nicht mehr auf Wache ziehn.«

Die Gendarmen, die frühere Straßenpolizei, waren als unzeitgemäß abgeschafft. Statt derselben handhabten Konstabler die polizeiliche Ordnung. Sie hatten Zivil und Zivilhüte mit großen Nummern. Unter diesen Hüten staken aber dieselben Gesichter wie früher unter den Gendarmenhelmen.

*

Die Entwaffnung der ganzen Bürgerwehr ward binnen zehn bis vierzehn Tagen durchgeführt. Ein wirklicher Widerstand erfolgte nicht. Seitens der Vorstadt, die man das Vogtland nennt, wurde er bestimmt erwartet, aber auch da fand keine Widersetzlichkeit statt. Ich hörte, dass von den im März verausgabten Gewehren, dreißigtausend an der Zahl, nur hundertundfünfzig bei der Abnahme im November gefehlt haben sollen. Soviel ich weiß, war bei der ganzen Prozedur keine Gewaltsamkeit nötig und ist keine Tötung oder Verwundung vorgefallen. Nur ein kleiner, schwächlicher Schneidermeister soll sich, trotz aller Ermahnungen und Zureden des eintretenden Offiziers und der Unteroffiziere, wie ein Verrückter gebärdet haben, indem er schrie: »Nur über meine Leiche!« Seine auffallend kräftige Ehehälfte hörte sich das, auf dem Sofa sitzend, erst ruhig mit an. Aber durch die allzu häufige, schreiende Wiederholung dieser vier Worte ungeduldig gemacht, erhob sie sich endlich würdevoll, schlug dem Herrn Gemahl eine derbe Ohrfeige, dass er in eine Ecke des Zimmers fiel, und sagte zum Offizier: »D a ist die Leiche und dort steht das Gewehr.«

Berlin im Belagerungszustand 1849
S o l d a t: *Das hilft all nix! Sie seind elf Personen – ich arretiere Ihnen!*
F r a u B i l l e b r u t: *Wat? Mir und die meinigten arretieren? – Ne, des is schändlich! Aber ick werd' an Wrangel schreiben! Wenn der Mensch nicht mal mehr einen Jatten un neun Kinder haben darf, denn hol' der Deibel den ganzen Belagerungszustand.*

Die Wahlrede auf dem Wollboden

Von Theodor Fontane

(Aus dem Buch »Von Zwanzig bis Dreißig«, Verlag F. Fontane & Co)

Ein »Lokal« ist nach Berliner Vorstellung eine Örtlichkeit, drin viele Kellner umherstehen und einem unter Umständen ein Seidel Bier bringen, noch ehe man es bestellt hat. Ein solches »Lokal« war nun aber unser Wahl-Lokal keineswegs; es war vielmehr ein großer, langer Boden, an dessen Seiten mächtige Wollsäcke hoch aufgetürmt lagen, während zwei dieser Säcke sich im rechten Winkel quer vorschoben und ein Abteil, eine Art Geschäftsraum, herstellten. In Front davon war ein Tischchen aufgestellt, an dem ein Wahlkommissar oder etwas dem Ähnlichen saß, ein würdiger alter Herr, auch ganz augenscheinlich der klügste, der den Gang der Ereignisse zu leiten hatte. Die Zahl derer, die sich eingefunden, war nicht groß, höchstens einige dreißig, und weil wohl niemand recht wusste, was zu tun sei, stand man in Gruppen umher und wartete, dass irgendwer, der wenigstens einen Schimmer habe, die Sache in die Hand nehmen würde. Naive Menschen sind immer sehr führungsbedürftig. Endlich fragte der Wahlbeamte, ob nicht einer der Erschienenen Vorschläge hinsichtlich eines aufzustellenden Wahlmannes machen wolle. Man drückte Zustimmung aus, blieb aber schweigsam und sah nur immer zu einem langen Herrn von mittleren Jahren hinüber, der in jener Erregung, die das sichere Kennzeichen eines starke Redelust mit Redeunvermögen vereinigenden Menschen ist, in Front der beiden Wollsäcke auf und ab schritt. Er war ebenso sehr ein Bild des Jammers wie der Komik, wozu seine Kleidung recht erheblich beisteuerte. Während wir anderen alle, meist kleine Handwerker, Budiker und Kellerleute, in unserem Alltagsrock erschienen waren, trug der aufgeregte Mann einen schwarzen Frack und eine weiße Kandidatenbinde. Die Brille nahm er beständig ab und setzte sie wieder auf und war ärgerlich, wenn sich die beiden Häkchen in seinem angekräuselten blonden Haar verfitzten.

»Wer ist der Herr?«, fragte ich einen neben mir Stehenden.

»Das ist der Herr Schulvorsteher von hier drüben.«

»Wie heißt er denn?«

»Ich glaube Schaefer; er kann aber auch Scheffer heißen. Ich werde mal Roesike fragen ... Sage mal, Roesike ...«

Und es war ersichtlich, dass er mir zuliebe seinen Freund, den Bäcker Roesike, wegen »Schaefer oder Scheffer« interpellieren wollte. Kam aber nicht dazu. Denn in diesem Augenblicke hatte sich der Schulvorsteher neben den Tisch des den Wahlakt leitenden alten Herrn aufgestellt und sagte – ein paar Schlagwörter sind mir im Gedächtnis geblieben – ungefähr das Folgende:

»Ja, meine Herren, was uns hergeführt hat ... Wir sind hier in diesem weiten Raum versammelt und es ist wohl jeder von uns davon durchdrungen. Und jeder dankt auch wohl Gott, dass wir ein Fürstengeschlecht haben wie das unsrige. Kein Land, das ein solches Geschlecht hat und wir stehen zu ihm in Liebe und in Treue ... Aber, meine Herren, nicht Ross nicht Reisige ... Sie wissen, auch an dieser Stelle ist heldenmütig gekämpft worden, Bürgerblut ist geflossen und der Sieg ist auf unserer Seite geblieben. Es handelt sich darum, diesen Sieg an unsere Fahnen zu ketten. Und dazu bedürfen wir der richtigen Männer, die sich jeden Augenblick bewusst sind, dass das deutsche Gemüt einer Niedrigkeit nicht fähig ist. Und Verrat an unseren heiligsten Gütern ist Niedrigkeit. Unter uns, das weiß ich, ist niemand. Aber nicht alle denken und fühlen so, da sind ihrer noch viele, die der Freiheit nach dem Leben trachten. Mit Geierschnäbeln hacken sie danach. Ich bin deshalb für Anschluss an Frankreich und sehe Gefahr für Preußen in jenem Mann, der Polen eingesargt hat und unsere junge Freiheit nicht will. Also, meine Herren, Männer von verbürgter Königs-, aber zugleich auch von verbürgter Volkstreue: Jahn, Arndt, Boyen, Grolmann, vielleicht auch Pfuel. Die werden unsere Fahne hochhalten. Ich wähle Humboldt.«

Diese Rede wurde mit Beifallsgemurmel aufgenommen und nur der Vorsitzende lächelte. Zu Widerlegungen sah er sich aber nicht gemüßigt und so fiel mir Ärmsten denn die Aufgabe zu, dem einem allerhöchsten Ziele wild nachjagenden Schulvorsteher in die Zügel zu fallen. Sehr gegen meine Neigung. Ich war aber über dies öde, wichtigtuerische Papelwerk aufrichtig indigniert und bemerkte dementsprechend mit einer gewissen übermütigen Emphase, dass uns hier nicht zubestimmt sei, für die Hohenzollern oder für die Freiheit direkt Sorge zu tragen, sondern dass wir hier in der Gotteswelt weiter nichts zu tun hätten, als in unserer Eigenschaft als bescheidene Urwähler einen bescheidenen Wahlmann zu wählen. All das andere käme nachher erst; da sei dann der Augenblick da, Preußen nach rechts oder nach links zu leiten. Hoffentlich nach links. Ich müsste deshalb auch darauf verzichten, Alexander von Humboldt an dieser Stelle meine Stimme zu geben und wäre vielmehr für meinen Nachbar Bäcker Roesike, von dem ich wüsste, dass er ein allgemein geachteter Mann sei und in der ganzen Gegend die besten Semmeln hätte.

Da zufällig kein anderer Bäcker zugegen war, so war man mit meinem Vorschlag allgemein einverstanden; aber Roesike selbst, allem Ehrgeiz fremd, wollte von seiner Wahl nichts wissen, schlug vielmehr in verbindlicher Revanche mich vor und als wir zehn Minuten später das Wahllokal verließen, war ich in der Tat Wahlmann.

Dies war mein Debüt auf dem Wollboden, zugleich erstes und letztes Auftreten als Politiker.

Der grüne Heinrich an der Spree

Aus den Wanderbildern von G o t t f r i e d   K e l l e r 1852

(»Gesammelte Werke«. J. G. Cotta'sche Buchhandlung Nachfolger, Stuttgart)

Berliner Pfingsten

Heute sah ich ein Gesicht,
Freudevoll zu deuten:
In dem frühen Pfingstenlicht
Und beim Glockenläuten
Schritten Weiber drei einher,
Feierlich im Gange,
Wäscherinnen fest und schwer,
Jede trug 'ne Stange.

Mädchensommerkleider drei
Flaggten von den Stangen,
Schönere Fahnen, stolz und frei,
Als je Krieger schwangen;
Frisch gewaschen und gesteift,
Tadellos gebügelt,
Blau und weiß und rot gestreift,
Wunderbar geflügelt!

Lustig blies der Wind, der Schuft,
Falbeln auf und Büste,
Und mit frischer Morgenluft
Füllten sich die Brüste;
Und ich sang, als ich gesehn
Ferne sie entschweben:
Auf und lasst die Fahnen wehn,
Lustig ist das Leben!

Polkakirche

Wie nach dem Rezept geschaffen
Fein und niedlich ist der Tempel,
Angemessnen jungen Leuten
Ein erbaulich Bauexempel!

Byzantinisch jede Fuge,
Bogen, Bögelchen und Kehlen,
Nur die Fantasiegebornen
Alten Fratzenbilder fehlen.

Durch die byzantinischen Pförtchen
Rauscht es leis' in Samt und Seiden;
Drinnen glitzert's fromm und geistreich
Wie zu der Komnenen Zeiten.

Hofhistoriografen lispeln
Mit ergrauten Paladinen;
Nach den Mosaiken blicken
Kammerherrn mit Betermienen.

Und die Kanzel mit dem glatten
Superintendent garnieret –
Ja, den Glaspalast zu London
Hätte dieses Werk gezieret!

Biermamsell

Dein Witz geht an, oh Schöne mein,
Noch eher als dein bayrisch Bier!
Jedoch noch besser leuchtet mir
Das Blaue deiner Augen ein!

Und besser als dies Flackerlicht
Noch dünket mich dein schmal' Gesicht,
Die runde Schulter, die zierliche Brust
Und deiner Hüften schlanke Lust.

An deiner schwarzen Seidentracht
Ist jedes Fältchen wohlgemacht;
Und immer nobel, witzig nur
Verfolgst du deine dunkle Spur.

Bist nie gemein und schimpfest nicht,
Wenn dir ein Gast die Treue bricht,
Ein Marquis Posa wie gemalt
Die sieben Seidel nicht bezahlt.

Du siehst nur interessanter aus,
Kaum zittern leis Manschett und Kraus',
So edel bleich und schmerzenreich
Siehst du Marien Stuart gleich.

Getrost nur wandle deine Bahn!
Ich kenne manchen ernsten Mann,
Dess' Seelenstaat und Wortgeschneid
Mahnt an dein seidnes Rauschekleid.

Er strebt und ringt und peroriert,
Wird edel bleich, wenn er verliert:
Um was sich's handelt, scheint es mir,
Ist mehr nicht als ein Seidel Bier!

Berliner Leierkasten

Couplets von D a v i d K a l i s c h

Das kann nur ein Berliner sein!

(Aus »Hunderttausend Thaler«. Melodie: Kathinka-Polka von Strauß)

Es sind im deutschen Vaterland Berliner überall bekannt; kaum hat
man uns nur angesehn, – so heißt es gleich: aus Spreeathen! Ruft einer
an der Table d'hôte: »He! – Kellnähr! Himmel Sapperlot! Was ist
mich dieses für ein Wein!« Das kann nur ein Berliner sein.

So trifft man oft auf Reisen an, ein Dämchen auf der Eisenbahn.
Kaum steigt sie ein in den Waggon, so geht's gleich los im hohen Ton:
»Ne, was des hier och enge is! Was des vor een Jedrängle is! Hier setz
ick mir noch lang nich hin!« Das nennt man 'ne Berlinerin!

Kommt man in München oder Wien und sonstwo ins Theater hin,
wird uns zur Seite dann plaziert, ein Mensch, der alles kritisiert, der,
wenn ein Stück auch sehr behagt, doch spricht: »Das is jar nichts
gesagt, was das für faule Künstler sind!« Das nennt man ein Berliner
Kind.

Bei Hofrats wird sehr fein zum Tee man invitiert: U.a.w.g. steht auf
der Karte. Man denkt, das heißt gewiss: und abends wird gespeist. O
Täuschungsjammer! Ach – es gibt nur Butterbemkens, eingestippt in
heißes Wasser mit Peccosaft: Das ist Berliner Gastfreundschaft.

Einz'je Jötter! Uf die Bretter!

(Lied der Soubrette aus »Junger Zunder«)

Einzje Jötter uf die Bretter, des wär so mein Lebenswetter! Ach, wie möcht ich rum mir schaukeln, könnt ich mal Komödie gaukeln! Allens spielt ich wie besessen, Königinnen und Prinzessen, Jungfraun, Mütter und Maitressen! – Aber allens mit Jefühl!

Wie wollt Schäkspern ich und Goethen uff de Bretter verarbeeten, Makbet oder Iphigenie, allemal wär ich diejenige! Schiller, der wär mir Lappalie: in die Räubersch die Amalie, und in Liebe und Kabalie die Lowise mit des Gift!

Singen tät ich neuste Schulen: Lucia und de Sonambulen, Romeo und och de Jule, wie es jrade mich gefuhle! Ließ ich mir als Norma hören, wollt ich schonst Severen lehren, lässt mir sitzen mit zwei Jöhren, oller Römer warte man!

Nun weiß man doch wie's tut

(Aus »Münchhausen«)

Nein, das ist doch gar zu schön! Mittags schon und nichts besehn, keinen Bissen noch besehn! Aber warum soll ich klagen, die Erfahrung lehrt ja doch: In der Wissenschaft vom Magen, Hunger ist der beste Koch! Na, denn ist's gut! Na, denn ist's gut! Denn weiß man, wie's tut.

Ja, die Wissenschaft allein, sie macht glücklich unser Sein! Sie macht glücklich unser Sein! Aller Weisheit höchste Lehren kommen stets darauf zurück, dass allein nur im Entbehren, im Entbehren liegt das Glück! Na, denn ist's gut! Na, denn ist's gut! Denn weiß man doch, wie's tut!

Jeder Lehrling, wie bekannt, fühlt des Meisters starke Hand, fühlt des Meisters starke Hand! Aber wird Gesell er später und es will das Missgeschick, dass dem Meister er *peut-être* das Empfangne gibt zurück: Na, denn ist's gut! Na, denn ist's gut! Denn weiß er doch, wie's tut!

Was man in der Jugend will, hat im Alter man die Füll', hat im Alter man die Füll'! Was Jungdeutschland einst mit Jammern nicht erreicht, es fiel uns zu, Pressfreiheit, Verfassung, Kammern, alles haben wir, nanu! Nanu ist's gut, nanu ist's gut! Nun weiß man doch, wie's tut!

Frankreichs hohe Politik sah nur Glück in Republik, sah nur Glück in Republik! Und trotzdem sie schon genossen dieses Glück zum zweiten Mal, schritten sie doch unverdrossen wieder zur Präsidentenwahl! Nanu ist's gut, nanu ist's gut! Nun weiß man doch, wie's tut! ...

Deutschland wird erst groß und hehr, wagt es sich nur erst aufs Meer, wagt es sich nur erst aufs Meer! So erscholl's von Mund zu Munde, man tat auf die milde Hand, jeder Deutsche war im Bunde, die deutsche Flotte kam zustand'. Nanu ist's gut, nanu ist's gut! Jetzt wissen wir, wie's tut.

Berlin wie es weint und lacht
Volksstück von D. Kalisch

Herr Helmerding und Frau Nicolas
als
Herr u. Madame Quisenow

Kothurn und Soccus

Der große Döring

(Nach Ferd. v. S t r a n t z a. a. O.)

Döring hatte eine einzige Schwäche; er brauchte für seine Rollen den Souffleur. Wenn er wo gastierte, war sein erster Weg in der Probe zum Souffleurkasten. Dort angekommen sagte er: »Mein Lieber, ich brauche Sie gar nicht, nur das erste Wort scharf, den Mittelsatz deutlich und das Verbum – ja, das Verbum!«

Wenn er den »Nathan« spielte, bat er den Souffleur, bei seinem großen Monolog (bekanntlich ein Meisterstück Dörings) nur zu hauchen, da er denselben auch nur hauche. »Hauchen Sie nur, ich werde auch schon hauchen!«, antwortete ihm einst der Souffleur in Magdeburg.

In einer Probe des »Don Carlos« in Mannheim musste Döring wie überall ganz im Hintergrunde der Bühne auftreten und sprechen: »So allein, Madame, auch nicht eine Dame zur Begleitung?« Döring sprach: »So allein Madame?« Der Souffleur ruft: »Auch nicht eine Dame zur Begleitung?« Döring tritt zum Souffleur, kniet nieder und sagt: »Herr, seit zwanzig Jahren habe ich die Rolle nicht gespielt, also deutlich!« Dann stand er auf und probierte weiter.

In Köln gastierte Döring als Shylock. In der großen Szene, wo er in höchster Leidenschaft Tubal am Arm fasst und schüttelt, fiel diesem seine angeklebte Nase ab. Aber nicht genug damit – Tubal hob sie auch noch auf! Da tobte es in dem Innern des großen Künstlers und seitdem war stets seine erste Frage, wenn er als Shylock irgendwo gastieren sollte: »Klebt sich hier etwa der Tubal eine Nase auf, dann spiele ich den Shylock nicht.«

Döring war ein seelensguter Mensch; zu seinen liebenswürdigen Eigenheiten gehörten Wohlwollen und herzliche Teilnahme. Er half den armen Schauspielern stillschweigend und gern. In seiner Naivität sprach er oft von seiner ersten Frau, von der er geschieden war. Sie habe sich zum Aufenthalt das gesündeste Land in Amerika ausgesucht, wodurch er schon so lange gezwungen werde, ihr einen Zuschuss für den Lebensunterhalt zu senden. »Das Land hasse ich! Dort lebt einer ja ewig!«, sagte er oft.

Seine zweite Frau, mit der er sehr glücklich lebte, weil sie ihn in jeder Hinsicht zu behandeln verstand, war Herrin im Hause, jedoch ohne dass er es merkte. Eines Tages prahlte er in unserer Gegenwart von seiner Macht ihr gegenüber. Als dies bezweifelt wurde, sagte er, indem er mit seinem Stock aufstampfte: »Zu Hause bin ich der reine Napoleon.« Kollege Hiltl sagte darauf: »Ja, lieber Döring, aber auf Elba!« Da lachten alle herzlich, er aber auch.

Fritze Beckmann

Von Max Ring

(Aus »Erinnerungen«, Concordia, Deutsche Verlagsanstalt)

Er sagte, als er eines Tages bei einem Diner zwischen den beiden schönen Schwestern Auguste und Charlotte von Hagen saß: »Zwischen A. und C. Hagen kann man nur Behagen fühlen.«

In einer Gesellschaft, wo er sich mit dem bekannten, talentvollen, aber auch sehr eitlen Hofschauspieler Moritz Rott befand, der mit einer gewissen Geringschätzung auf Beckmann herabsah, erzählte dieser folgenden Traum: »Denkt euch nur, mir träumte, dass ich gestorben wäre. Erschrocken klopfte ich an dem Himmelstor, vor dem Petrus mit seinem großen Schlüssel Wache stand. ›Was will er?‹, schnauzte mich der Heilige mit wahrhaft himmlischer Grobheit an. ›Mit Ihrer gütigen Erlaubnis‹, versetzte ich schüchtern, ›möcht ich in den Himmel.‹ Darauf fragte er mich barsch: ›Wer und was ist er?‹ – ›Ein Schauspieler!‹ – ›Unverschämter Kerl‹, rief Petrus. ›Weiß er denn nicht, dass kein Schauspieler in den Himmel kommt?‹ Damit schlug er die halbgeöffnete Tür, durch die ich die lieben Englein schon musizieren hörte und das himmlische Manna roch, mir vor der Nase zu. Vergebens legte ich mich aufs Bitten, der Heilige blieb ungerührt und drehte mir den Rücken. Während ich noch wie ein betrübter Lohgerber dastehe, sehe ich unseren Freund Rott kommen und geraden Wegs auf den Himmel zugehen. Zu meiner größten Überraschung lässt ihn Petrus mit einer tiefen Verneigung ohne alle Umstände passieren. Empört über diese Ungerechtigkeit stelle ich den Heiligen zur Rede. ›Wissen Sie denn nicht, dass Moritz Rott auch ein Schauspieler war, gerade so wie ich?‹, sage ich ärgerlich. ›Was fällt ihm ein!‹, entgegnet der Heilige und schlägt ein lautes Gelächter an. ›D e r R o t t ist n i e e i n S c h a u s p i e l e r g e w e s e n u n d w e r i h n d a f ü r hält, der muss ein großer Esel sein.‹«

Carl Helmerding als Nitschke in »Ein gebildeter Hausknecht«

Ein andermal wurde Beckmann wegen Beleidigung eines Berliner Bankiers namens Frenkel gerichtlich verurteilt, dem Kläger vor Zeugen Abbitte zu leisten. Zur bestimmten Stunde erschien auch der Künstler in der Wohnung des Beleidigten, der zu dieser Gelegenheit eine große Gesellschaft geladen hatte, um der erwarteten Genugtuung einen feierlichen Anstrich zu geben. Der arme Sünder ließ sich

121

melden, statt aber in das Zimmer einzutreten, steckte er nur seinen Kopf durch die geöffnete Tür und fragte im höflichsten Tone: »Können Sie mir nicht sagen, ob hier Herr Mayer wohnt?« »Sie irren sich, Herr Beckmann«, entgegnete der Bankier, ihm entgegengehend, »der wohnt eine Treppe höher.« – »D a n n b i t t i c h t a u s e n d m a l um V e r z e i h u n g «, versetzte der Schalk, indem er so wörtlich das Urteil des Gerichts befolgte.

Am meisten war der Direktor des alten Königstädtischen Theaters, Kommissionsrat Cerf, dem Witze Beckmanns ausgesetzt. Dieser originelle Bühnenleiter, der nach der Sage des Lesens und Schreibens unkundig gewesen sein soll, war für den Komiker ein Gegenstand unerschöpflicher Scherze. Da Beckmann seinem Prinzipal häufig die Dienste eines Sekretärs leistete, so musste er ihm auch die eingegangenen Briefe vorlesen. Einmal, als es sich dabei um ein wichtiges Geheimnis handelte, stürzte Cerf nach Beckmanns Versicherung plötzlich auf den Vorleser los und hielt ihm beide Ohren zu, um ihn zu verhindern, das Geheimnis zu hören. Bei einer schriftlichen Abstimmung, an der sich auch der Herr Direktor beteiligt hatte, fand sich unter den abgegebenen Stimmzetteln ein unbeschriebener, der natürlich für ungültig erklärt wurde. Dagegen, sagte Beckmann, muss ich protestieren, da ich bezeugen kann, dass das die Schrift des Herrn Cerf ist. Wie Beckmann gleichfalls erzählte, gab der gelehrte Direktor nach der aufsehenerregenden Aufführung der Antigone von Sophokles seinem Regisseur den Auftrag, sich nach der Wohnung des Herrn Sophokles zu erkundigen und ihn zu ersuchen, dass er ihm auch ein solches Stück für das Königstädtische Theater schreiben solle. Beckmanns Absagebrief an Cerf: »S i e s i n d R i t t e r d e s R o t e n A d l e r o r d e n s 3. K l a s s e , B e s i t z e r e i n e s T h e a t e r s 2. K l a s s e u n d e i n R i n d v i e h 1. K l a s s e .«

Das muß man sattva Junga fein!

HERR HELMERDING *als Bierbrauer Steglitz in der Posse: Otto Bellmann von Dr. Kalisch*

»Unser Herr«

Aus dem »Hungerpastor« von Wilhelm Raabe

(Gesammelte Werke. Verlagsanstalt für Literatur und Kunst, Hermann Klemm A.G., Berlin-Grunewald)

Unser Herr! Die Betonung dieser beiden Worte unterliegt den verschiedenartigsten Abschattungen. Anders sprechen sie die Leute einer gewissen Partei aus, anders die Frommen, anders die Bedienten, anders die bedrängten Familien größerer Städte, die auf der Grenze zwischen »Kaum genug« und »Fast zu wenig« ihre pekuniären Umstände dadurch zu verbessern sich bemühen, dass sie einen heimatlosen Junggesellen anlocken, einfangen und ihm ein möbliertes oder unmöbliertes Zimmer ihrer Wohnung veraftermieten. »Unser Herr« ist jener Zugvogel, der, ohne ein eigenes Nest zu besitzen, kommt und unterkriecht, wo und wie es ihm seine Mittel erlauben, und der verschwindet, wie er gekommen ist, nur wenige und schlechte Spuren hinter sich lassend. Die bedrängte Familie wird diesem oft sehr unsoliden Vogel gegenüber eigentlich nur durch die Frau des kleinen Beamten und Handwerkers oder die Frau an und für sich, die »redliche Witwe«, kurz und gut die »Madam« repräsentiert. Sie ist es, der die Folgerungen der Spekulation zufallen; sie ist es, die Unsern Herrn lobt, über ihn schimpft und ihn mit Klagen beim Bezirkspolizeileutnant bedroht. Sie ist es, die dafür sorgt, dass Unser Herr im Winter grad am Erfrieren vorbeirutscht; sie ist es, die seine Vorräte beaufsichtigt und sich mit demselben Recht seine Haushälterin nennt, mit welchem jene deutschen Kaiser aus dem Hause Habsburg, die Lothringen und Elsass und so weiter und so weiter verjubilierten, sich »allezeit Mehrer des Reichs« nannten. Sie ist es endlich, die auf Verlangen an jedem Morgen jenes unergründbare Gebräu bereitet, welches Unser Herr unter dem Namen »Kaffee« am liebsten – aus dem Fenster gösse.

Unser Herr hat seinen Mietzettel ins Auge gefasst, die Lage der Dinge und den Inhalt seines Geldbeutels erwogen; er ist zu einem Entschluss gekommen und tritt in das Haus. Über die Köpfe unzähliger Kinder hinweg steigt er vorsichtig zu dem Stockwerk empor, in welchem er seine künftige Heimat zu finden hofft und gelangt auf einen nicht sehr hellen Vorplatz mit vielen Türen, an denen die Visitenkarten der verschiedensten Existenzen kleben. Aufs Geratewohl zieht der Heimatlose einen Glockenstrang und wartet vergeblich einige Minuten auf Antwort. Er zieht eine andere Glocke neben einer anderen Tür und erhält auf seine Frage, ob hier eine Wohnung zu vermieten sei, – von einem Esel eine grobe verneinende Antwort. Unser Herr mag die dritte Glocke ziehen und nach einigem Zögern entschließt er sich dazu. Diesmal taucht eine Weiberhaube in der Dämmerung auf; die Frage wird wiederholt und die Antwort lautet bejahend. Unser Herr seufzt aus tiefster Brust und folgt der Dame, die ihn bittet einzutreten. Er tritt aus der Dämmerung in das Tageslicht und seine Persönlichkeit wird blitzschnell vom Kopf bis zu den Füßen einer ungemein scharfen Kritik unterworfen; er ist berechtigt, im Geheimen die Frage aufzuwerfen, weshalb man eigentlich nicht das schöne Geschlecht mit der Staatspolizei beauftrage? – Fällt die Kritik befriedigend aus, so wird Unser Herr in die zu vermietenden Gemächer eingeführt. Man erlaubt ihm, sich einige Minuten umzusehen, und man beantwortet seine Frage nach dem Mietzins mit einem gewissen unbeschreiblichen Lächeln, das sich wie Goldschaum um eine unverschämt bittere Pille legt. Auf die Frage: »Kann ich gleich einziehen?« folgt ein bejahender Knicks und auf den Seufzer: »Ich werde diese Wohnung nehmen!« ein zweiter Knicks und eine fantasievolle Schilderung aller möglichen Bequemlichkeiten und Annehmlichkeiten, die Unseren Herrn, der »das kennt«, sehr kalt lässt. Aber Unser Herr ist nun wirklich Unser Herr geworden und hat das Recht, sich die Möbel und die Bilder an den Wänden genauer anzusehen. Die Möbel lassen sehr viel von dem, was man von ihnen verlangen kann, zu wünschen übrig; die Bilder bestehen in einigen grell kolorierten Lithografien weiblicher Gestalten in schlechten Goldrahmen. Sehr luftig gekleidet sind diese Schönheiten, sie streicheln entweder Schoßhündchen oder zerpflücken Blumen oder beschäftigen sich mit Melancholie und starren über ein sehr blaues Meer. Klotilde – Die Sehnsucht – Er liebt mich – Lucia oder etwas dem Ähnlichen steht unter ihnen zu lesen, und wenn Unser Herr nur den winzigsten Funken guten Geschmacks in sich trägt, sagt er:

»Aber Madam, ich möchte bitten, diese Kunstwerke von den Wänden zu entfernen.«

Die Madam ärgert sich zum ersten Male über Unseren jetzigen Herrn. »Unserem vorigen Herrn gefielen diese Bilder sehr gut«, sagt sie etwas schnippisch, »aber die Jungfer soll sie fortnehmen, ganz wie's beliebt.«

»Ich bin Ihnen sehr verbunden«, sagt Unser jetziger Herr und fügt hinzu: »Da hält soeben eine leere Droschke; ich werde jetzt meine Sachen holen; in einer halben Stunde bin ich zurück. Ach so, – welche Hausnunimer?«

»Zweiundzwanzig!«, sagt die Madam. »Sie werden bei Ihrer Rückkehr alles in der besten Ordnung finden. Bitte, stoßen Sie sich nicht; die Tür ist etwas niedrig.«

Unser Herr, der sich bereits gestoßen hat, zieht den Hut wieder von der Nase in die Höhe, stürzt die Treppe hinunter, wirft sich in die angeschriene Droschke und rasselt davon. Madam sieht ihm aus dem Fenster nach, bis das Fuhrwerk um die Ecke verschwindet und tritt dann zurück in die Mitte des Zimmers. Mit einem Wiegen des Kopfes, das für Unseren Herrn nicht viel Gutes bedeutet, berechnet sie, welcher Vorteil aus ihm zu ziehen sei und grübelt nach über seine schwachen Seiten. Klotilde mit dem Schoßhund lächelt dumm herab von der Wand, die Sehnsucht glotzt verwundert-schnupfig auf den blauen Klecks des Meeres, Gretchen zerpflückt ihre Sternblumen; er liebt mich, er liebt mich nicht, er liebt mich. »Unser Herr liebt meine Bilder nicht«, schreit die Madam, »bah! Karl, Karl, komm' herein, wir haben wieder einen Herrn!«

Karl, der Gemahl, erscheint scheu und schäbig auf der Türschwelle, begleitet von einem ganzen Haufen Kinder und ein verwirrtes Getöse und der wiederholte Ruf: »Wir haben wieder einen Herrn!« erfüllt den Raum. Dann geht die bedrängte Familie in krampfhafter Aufregung ans Werk, die vermietete Wohnung in einen bewohnbaren Zustand zu versetzen. Man hängt den Hausschlüssel hinter die Tür und stellt eine gefüllte Wasserflasche nebst einem Glase auf einen Seitentisch. Die exilierten Damen steigen herab von den Wänden und an ihrer Stelle erscheinen auf der verblassten Tapete vier dunklere Flecken, die dem Schönheitssinn Unseres Herrn auch nicht zum Besten gefallen werden. »Unser Herr! Unser Herr!«, flüstert plötzlich der Gemahl. »Unser Herr! Unser Herr!«, schrillen alle Kinder. Eine Droschke hält wieder vor der Haustür und der Kutscher sitzt nicht auf dem Bock, sondern auf einem Lederkoffer, der seinen legitimen Platz einnimmt. Wie mit einem Zauberschlag ist die Familie aus dem Zimmer Unseres Herrn verschwunden und nur die Madam hat darin Stand gehalten, wie es ihre Pflicht und ihr Recht ist. Ein aufgegriffener Bummler schleppt die Habseligkeiten Unseres Herrn, welcher den Kutscher bezahlt, die Treppe hinauf. Er setzt den bereits erwähnten Koffer mit einem Knacks auf den Boden ab und ächzt und stöhnt und schnauft grässlich. Unser Herr erscheint ebenfalls, einen Reisesack in der einen Hand, eine Hutschachtel in der anderen, ein Bündel Pfeifen, Spazierstöcke, Schirme, Rappiere unter dem Arm tragend; – Unser Herr ist da! Unser Herr ist eingezogen; – unser Herr ist gegangen; es lebe Unser Herr! *Le roi est*

mort, vive le roi; N. B., wenn die hochlöbliche Polizei seine Papiere in der
Ordnung gefunden und ihm eine Aufenthaltskarte gegeben hat.

Ein heiterer Abend bei Ferdinand Lassalle

Erinnerungen aus den 50er Jahren von L u d w i g   P i e t s c h

(A. d. Werk »Wie ich Schriftsteller geworden bin«. Verlag F. Fontane & Co.)

… Lassalle veranstaltete im Winter 1858 einmal einen Herrenabend,
an welchem er seinen Gästen zunächst statt Speise und Trank gestopfte,
lange, türkische Pfeifen darbieten ließ, auf deren glimmendem Tabak
er Pastillen aus – Haschisch legte. H. Brugsch hatte letztere frisch aus
Persien bezogen. Lassalle selbst versagte sich den Genuss, dies orien-
talische Narkotikum zu rauchen und dessen oft so glühend geschil-
derte wundersame Wirkungen auf Gehirn und Nerven an sich selbst zu
erproben. Er wollte den Kopf frei behalten, um die Vorgänge zu beob-
achten und zu studieren, die das Einsaugen des Haschisch-Aromas bei
jedem Einzelnen zur Folge haben würde.

Sie waren grundverschieden, je nach Temperament und körperli-
cher Organisation der Raucher. Die Wirkung auf mich selbst empfand
ich sehr bald, zunächst als ein süßes, wohliges Behagen, ein Gelöstsein
aller Glieder im Gefühl einer tiefen, angenehmen Müdigkeit. Dann aber
geschah etwas sehr Überraschendes, das mir doch auch wieder als etwas
ganz Natürliches erschien. Die Wände des Zimmers waren verschwunden. Unabsehbar dehnte sich eine weite, öde Ebene vor mir aus; und
über diese ganze Fläche hin erstreckten sich meine ins Endlose gewach-
senen, von meinem Sitz aus vorgestreckten Beine. Am fernen Horizonte
erkannte ich meine dort von der Erde aufragenden Füße! Die Decke
des Lassalle'schen Zimmers über mir aber war nicht wie die Wand verschwunden, sondern an ihrer Stelle in ihrer alten Höhe verblieben. So
erfasste mich das trostlose Bewusstsein: Du kannst nun nie wieder aufstehen, musst hier sitzen bleiben bis ans Ende deiner Tage! Müsstest du
dir doch notwendig den Kopf an der Decke einstoßen, wenn du dich auf
die Füße stellen wolltest. Dieser Gedanke und diese Aussicht erfüllten

mich mit tiefer Traurigkeit. Schwermütig resigniert saß ich da, bis jene wieder näher und näher kamen, die Beine kürzer wurden, die Wände wieder den Raum schlossen und das Traumbild zerrann.

Hans von Bülow sah man sehr bald in eine Art poetisch musikalischer Verzückung geraten. Von goldig leuchtenden Abendwolken, wie er es begeisterungstrunken schilderte, fühlte er sich emporgehoben und durch die Lüfte getragen und vernahm, während seine Augen und sein Antlitz in seliger Verklärtheit leuchteten, wunderbare, überirdische Harmonien, Sphärenklänge, die er nachzusingen vergebens versuchte. Leider schien er die Vorsicht nicht beobachtet zu haben, sich während mehrerer Stunden vor dem Beginn der Sitzung aller Nahrung zu enthalten. So trat bei ihm nur zu bald schon ein sehr prosaischer Sturz aus seinen Himmeln ein. Die hohe Intuition wurde, ich will nicht sagen wie geschlossen und der Leidende zu Bett gebracht.

Franz Duncker sahen wir plötzlich von einer wilden Rauflust ergriffen, die aber durchaus keiner zornigen Erregung entsprang. Während sein Gesicht die herzlichste Heiterkeit ausdrückte und er sich vor Lachen schüttelte, hieb er mit den Fäusten auf seine besten Freunde in aller Fröhlichkeit ein, denen es nicht ganz leicht wurde, ihm zu entgehen oder ihn abzuwehren und zu bändigen.

Am merkwürdigsten und lustigsten äußerte sich der Haschischrausch bei Ernst Dohm. Die Kraft seines Witzes schien verzehnfacht zu sein. Er sprühte von geistreichen, tollen Einfällen, die ihm unaufhaltsam von den Lippen perlten, wie Juwelen von denen der goldenen Jungfrau im Märchen. Wenn ein Stenograf zugegen gewesen wäre und sie niedergeschrieben hätte, – in einer Stunde würde er genügendes Material gewonnen haben, eine ganze Nummer eines Kladderadatsch damit zu füllen, wie er noch nie geschrieben und gelesen worden war. Dann aber erkannte Dohm zu seinem Schrecken, dass er in eine Eule verwandelt sei und mit den Flügeln schlagen müsse und noch dazu in eine für Eulen ganz ungewohnte Situation geraten wäre. Er fühlte sich auf einer Postwagenreise begriffen und augenblicklich in der Passagierstube eines Stationshauses, den Beginn der Weiterfahrt erwartend. Hier verlangte er mit krähender Stimme nach dem Beschwerdebuch, um seine Klagen über den schlechten Wagen und Ungehörigkeiten im Betriebe einzeichnen zu können. Auch bei ihm klang, wie bei den meisten vom Haschischrausch ergriffen Gewesenen, der Traumzustand allmählich aus, ohne dass die Erinnerung an das in ihm Erlebte und Empfundene damit erloschen wäre. Irgendein unangenehmer katzenjämmerlicher Zustand wie nach dem Opiumrausch blieb zu unserer Überraschung nicht zurück. Der Abend schloss mit einem Nachtessen und einer langen Sitzung beim Wein in einer durch keine üblen Nachwirkungen getrübten, durch das eben Erlebte aufs angenehmste erregten Stimmung.

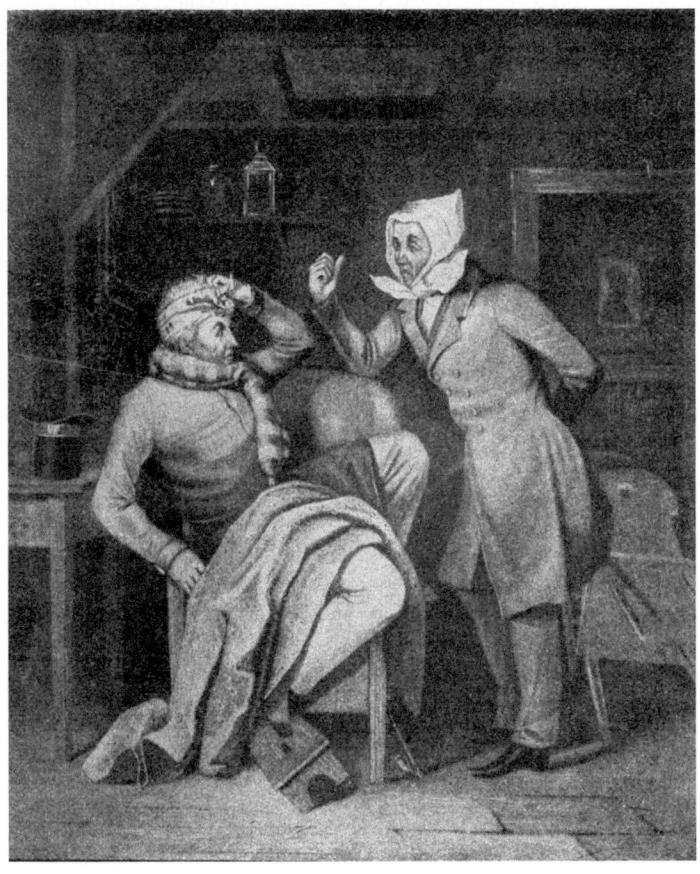

»Mördergrube?!«
Szene zwischen Liborius (Beckmann) und Brennecke (Plock) in der Posse:
»Die Reise auf gemeinschaftliche Kosten«

Die Konzertmacher

Königlich preußische Musik. – Die Heiratssymphonien

Von Eduard Schmidt-Weißenfels

... Vater Wieprecht, welcher auch nicht allzu oft seinen Thron
öffentlich besteigt, sondern sich mit einem Dutzend Konzerte während des Sommers begnügt und im Winter nur bei außerordentlichen
Gelegenheiten den Kommandostab ergreift, versammelt im größten
Gartenlokal Berlins, im »Hofjäger«, die zahlreichste Musikbande, wie
man in Österreich sagt, und das zahlreichste Publikum. Seine Konzerte haben den Charakter eines Volksfestes und da sie vornehmlich
Monstreleistungen preußischer Militärmusik sind, so gewinnt dieses
Volksfest von selbst Züge preußischen Nationalstolzes. Der Offiziers-
tand ist reich vertreten, der Soldat nicht minder; die preußischen
Kokarden an vielen Zylinderhüten belehren darüber, dass sich an dieser Musik das Herz patriotisch Vereinigter besonders labt. Aber auch
viel des liberal verführten Volkes, Männlein wie Weiblein, versammelt
sich an den Tischen, um für fünf Silbergroschen einmal die Garde-
musik in ihrer strammsten Disziplin zu hören. Wieprecht versöhnt alle
Parteien; ihm klatschen Reaktionäre und Demokraten gleichmäßig
kräftig ihren Beifall zu. Die parkartige Anlage des Gartens gestattete
dabei die freieste Bewegung. Man kann promenieren, sich in schattige
Partien am Arm der Geliebten verlieren, um unter dem Donner preußischer Pauken und Trommeln ihr ein Küsschen zu rauben, was Vater
und Mutter noch nicht sehen dürfen ...

Wieprechts Art zu dirigieren ist bei aller Geschicklichkeit und
rühmenswerten Sicherheit eine so leidenschaftliche, drastische, dass
er allein in seiner Arbeit ein Schauspiel für Götter bildet. Da steht er,
inmitten seiner musikalischen Legion, hinten die Reihen der Tam-
bours, vorn die Kontrabässe, zur Seite die Posaunen aller Erzengel,
Trompeten, Piccolos und Hoboen, in den Ecken Pauken, chinesische
Becken und Triangel – bereit, auf einen Wink des Meisters die Teufel
in ihrem Leibe loszulassen. Ein paar hundert Augen hangen an dem
kleinen Mann, der hoch auf seinem Stuhle steht, mit dem jovialen

Gesicht seine Heerscharen musternd. Er hebt den Kommandostab und nun rasseln die Trommeln, pfeift die Piccolo, grollen die Bässe, quäkt die Hoboe, schmettern die Trompeten und die Posaunen dröhnen und die Pauken hallen dumpf dazwischen – *forte, fortissimo, piano, pianissimo,* ganz wie der Meister den Taktstock schwingt, Arme und Füße, Nase und Ohren in Bewegung. Alles an ihm wird durch die Musik elektrisiert; er malt in Gesten förmlich die ganze Partitur, hüpft und huckt, winkt und schlägt, dreht sich rechts und links und um und um, bis ihm der Schweiß auf der Stirn sieht, der Halskragen aufweicht und der große Foulard hervorgelangt wird, den im Eifer gebadeten Konzertmeister zu trocknen. ...

Nächst Vater Wieprecht ist es V a t e r   L i e b i g , der sich eines altbegründeten Rufes als Berliner Konzertgeber erfreut und an dem das Publikum mit unverwüstlicher Treue hält. ... In seinen Konzerten werden lediglich Symphonien vorgetragen. ... Die Kapelle ist dermaßen eingeschult, dass der Taktstock kaum noch bemerkbar wird. Das Publikum dieser Konzerte ist denn auch ein wesentlich anderes als das der Wieprechtschen Monstreproduktionen.

... Tiefe Ruhe, heiliges Schweigen, sobald Liebig die Symphonie beginnen lässt, ist traditionelles Gesetz und jeder dagegen verstoßende Fremde wird schnell zum Respekt vor dieser Anforderung durch missfällige Blicke oder Zischen gebracht. Die Liebigschen Verehrer haben eine fanatische Seite; sie bilden eine Art Kaste, die nicht so leicht einen Neuling aufnimmt und am wenigsten ihm einen Platz im Saale gönnt. ... Fast überall ist man familienartig abgeschlossen und der Tisch mit den Stühlen wird wie eine unnahbare Burg betrachtet. Nur für willkommene Bekannte und Freunde, erwartete oder unerwartete, reserviert die Familie einen Stuhl oder, wenn sie mit mehreren jungen Mädchen beschwert ist, ein paar Stühle. Es geschieht dies aus höchst beachtenswerten Rücksichten, da gerade das feinere Bürgerpublikum, welches sich in diesen Liebigschen Konzerten versammelt, einen Überfluss an heiratsfähigen Mädchen besitzt, denen unter der mütterlichen Bewachung hier Gelegenheit gegeben werden soll, einem achtungswerten jungen Mann nahezutreten. Für ihn ist der leere Stuhl reserviert; und er kommt gewöhnlich: er weiß es, dass die Mutter wünscht, ihn an ihrem Tische zu sehen und noch öfter weiß er, dass die Tochter nicht der Symphonie, sondern seinetwegen ins Konzert gegangen ist. Aus dieser Ursache haben die Liebigschen Konzerte eine mehr als gewöhnliche, gesellschaftliche Bedeutung; sie vermitteln die guten Bekanntschaften junger Leute und gar viele davon haben schon ihren Abschluss durch eine Heirat gefunden.

Da man nach alledem schließen kann, dass ein sehr großer Flor blühender Mädchen hier vorhanden ist, so kann man sich wohl auch denken, dass eine Schar junger Männer nur deswegen das Konzert besucht und während der Symphonie sich durch die Gänge und zwischen den Tischen hindurchwindet, um das schönste der Mädchen zu entdecken und zu versuchen, einen herzstärkenden Blick von ihm zu erhaschen. ...

»S'ist komisch!«

Etwas vom alten Siechen

Von Alexander Meyer

(»Aus guter alter Zeit«. Deutsche Verlagsanstalt Stuttgart und Leipzig)

... Karl Siechen war eines der seltsamsten Originale, die mir jemals vorgekommen sind; er vereinigte in sich zwei Eigenschaften, die fast unverträglich miteinander erscheinen. Er war zu gleicher Zeit Idealist und Bierwirt. Sein Leben und Atmen gehörte der Kunst, d.h. der Musik und dem Theater. Der schöne Gewinn, den sein Ausschank ihm einbrachte, war ihm willkommen, weil er ihn in den Stand setzte, notleidenden Schauspielern Unterstützungen zu gewähren, und diesem Zweck hat er bedeutende Summen geopfert. Auch das schätzte er als eine gute Seite seines Berufes, dass er durch ihn in den Stand gesetzt wurde, mit Künstlern und Dichtern zu verkehren, aber es lag doch wie ein Druck auf seiner Seele, dass er, der zu höheren Dingen berufen war, Bier ausschenken und Beefsteaks bereiten lassen musste. Er war, wenn Antonio ein königlicher Kaufmann genannt wird, ein königlicher Kneipwirt. Seine Physiognomie erinnerte lebhaft an diejenige Goethes und wer ihn einmal gesehen hatte, vergaß ihn nicht leicht wieder. Ein blitzendes Auge, eine sehr kühn hervorspringende Nase, feine, energische Lippen, er sah in der Tat aus, als sei er zu etwas Höherem geboren.

Das rechte Leben bei ihm pflegte sich erst in der Nacht um zwei Uhr zu entwickeln; dann war das Korps der Banausen fortgegangen, dann saß er unter seinen Bekannten und dann drängte es ihn, seinen Gefühlen in süßen Tönen Raum zu geben. Er sang entweder: »Dies Bildnis ist bezaubernd schön« oder »Horch auf den Klang der Zither«. Ein anwesender Musikus setzte den Spazierstock an den Mund, handhabe ihn wie eine Flöte und sang mit Brummstimme die Begleitung. Wenn dann die Kunstleistung beendigt war, nahm er einen Schluck Bier, machte ein ungeheuer ernsthaftes Gesicht und sagte: »'s ist komisch!«

B. Dörbeck, Rückkehr vom Gemüsemarkt

»'s ist komisch«, mit diesen Worten begann und schloss er sein Tagewerk. Es mochte ihm begegnen, was da wollte, er fasste sein Endurteil in die Worte zusammen: »'s ist komisch!« Wenn jemand mit seiner hübschen Frau sich länger unterhielt, als ihm durch die Umstände geboten erschien, stellte er sich, die Hände über den Rücken gekreuzt, eine Zeit lang daneben hin und wartete, ob die Sache nicht aufhören würde. Und wenn sie nach einigen Minuten nicht aufgehört hatte, schüttelte er den Kopf, sagte: »'s ist komisch« und ging weiter.

Ich habe einmal mit Karl Siechen zusammen eine Rheinfahrt gemacht, 's ist komisch. In Mainz trafen wir uns auf dem Dampfschiff und in Koblenz trennten wir uns wieder. Ich begrüßte ihn mit der Frage, was ihn denn hierher führe. Er sah mich mit tränenden Augen an und antwortete mit schluchzender Stimme: »Denken Sie sich, meine Frau wird sterben; 's ist komisch!« und die Bewegung übermannte ihn so, dass er einige Zeit keines Wortes fähig war. Die Sache verhielt sich in der Tat so. Seine Frau ging der langsamen Auflösung entgegen und der Gram hatte ihn so angegriffen, dass die Ärzte darauf bestanden hatten, ihn für einige Zeit zu seiner Erholung in das Freie zu schicken.

Die Unterhaltung kam nach dieser Eröffnung sehr langsam in Gang. Ich fragte ihn über die Richtung seiner Reise und hörte, er sei in Braunschweig gewesen. Ich selbst war wenige Tage zuvor in derselben Stadt gewesen, deren Physiognomie mir einen sehr lebhaften Eindruck gemacht hatte und ich fragte ihn, wie ihm Braunschweig gefallen habe. »Sehr gut«, antwortete er, »alle Kneipen sind voll, aber auf der Straße sieht man nie einen Menschen, 's ist komisch.« Dann verfiel er für einige Augenblicke in Nachdenken und richtete plötzlich die Frage an mich: »Sagen Sie, wie kommen die Leute in die Kneipe, wenn sie nicht über die Straße gehen?« Der Ton der Stimme war so dringlich, die Augen hafteten so gespannt auf mir, dass ich fühlte, ich würde in seiner Wertschätzung tief sinken, wenn ich ihm diese Frage nicht beantwortete. Ich nahm all meinen Scharfsinn zusammen und erwiderte dann gelassen: »Sie werden wohl nie nach Hause gehen«.

Diese Antwort war so befriedigend, dass wir infolgedessen beschlossen, zusammen eine Flasche Wein zu trinken, das hatte keine Schwierigkeiten, aber nachher bei der Bezahlung stellten sich Schwierigkeiten heraus. Der Kellner, der uns den Wein gebracht hatte, war aus dem Guldenlande und vermochte sich nur stammelnd in Talern, Silbergroschen und Pfennigen auszudrücken. Siechen hatte preußisches Geld hingegeben und verlangte preußisches Geld zurück. Der Kellner sah nur den Weg vor sich, die erhaltene Summe zunächst in Guldenwährung umzurechnen, den Schuldbetrag nach Guldenwährung davon zu subtrahieren und den Rest wieder in Talerwährung zurückzuführen. Diese Umständlichkeit hielt Siechen für entsetzlich; er suchte ihm durch ein abgekürztes Verfahren zu Hilfe zu kommen und sagte ihm: »Männeken! Sechs Jute habe ich Ihnen gegeben; sechs Silbermorgen kostet der Krempel, da kriege ich also sechs Dreier wieder«. Die Rechnung stimmt, aber für einen Süddeutschen ist sie nicht so leicht zu kapieren. Der Kellner bat dringend, ihn die Sache nach seiner Weise rechnen zu lassen. Siechen wiederholte seine Zauberformel und der Kellner rief endlich kläglich: »Aber lieber Herr, ich weiß ja nicht, was ein Dreier ist.« Da fasste Siechen mit seiner Rechten meine Linke, schüttelte mich und rief: »Dokterchen, das will ein Kellner sein und weiß nicht einmal, was ein Dreier ist. 's ist komisch!«

Die Szene hatte uns beide so angegriffen, dass wir beschlossen, noch eine Flasche Wein zu trinken. Im Verlauf dieser Beschäftigung machte mir Siechen die Bemerkung, dass dieser Wein teurer sei wie die vorhergehende Flasche und doch weniger gut schmecke. Ich hatte im Stillen schon dieselbe Bemerkung gemacht und antwortete mechanisch: »Ja, 's ist komisch!« Ich hatte mir nichts Böses dabei gedacht, aber die Wirkungen waren entsetzlich. Siechen sah mich mit flammenden Augen, mit durchbohrenden Blicken an, als wollte er Rechenschaft von mir dafür fordern, dass ich mich in den Besitz einer Redensart gesetzt, auf welche er sich durch langjährigen Gebrauch ein ausschließliches Recht erworben. In meiner Angst fiel mir ein, dass ich auf dem Theater einmal eine ähnliche Szene gesehen hatte. In Angelys »Reise auf gemeinschaftliche Kosten« hat Liborius die Redensart »Da hört wirklich alles auf«. Im fünften Akt, als wirklich alles aufhört, sagt nun sein Diener Brennecke: »Da hört wirklich alles auf.« Liborius sieht ihn dafür ebenso durchdringend an, wie im Augenblicke mich Siechen ansah und Brennecke fügte deswegen beschwichtigend hinzu: »Ich meine nur, so wollten Sie sagen!« Zu diesem Rettungsmittel griff auch ich und suchte Siechens Zorn mit den Worten zu beschwichtigen:

»Ich meine nur, so wollten Sie sagen!« Da schüttelte er hart und derb den Kopf und sagte mit durchdringendem Tone: »Wenn der Wein, der nicht so gut schmeckt, teurer ist als der, der gut schmeckt, so ist das gar nicht komisch; es ist – merkwürdig; merrkwürdig!« Dann setzte er sich grollend hin und sagte mit dumpfer Stimme zu sich selber: »Es ist merkwürdig, und er nennt es – komisch, 's i s t k o m i s c h!«

Die Berliner Magd

Von E r n s t K o s s a k

(Berliner Silhouetten, Verlag Otto Janke 1859)

Seit ein Hauptartikel des Verkehrs in der Einfuhr von Mägden aus der Provinz nach Berlin besteht, schwindet der Typus der Berliner Magd, wie sie ist, aber zum Heile eines behaglichen Hauswesens nicht sein sollte, immer mehr aus den Denkwürdigkeiten der Haushalte und macht einem charakterlosen Gemisch aus allerlei städtischen und bäuerischen Tugenden und Untugenden Platz. Von der Parteien Gunst und Hass verwirrt, schwankt ihr Charakterbild in der Geschichte. Drum wollen wir es versuchen, so weit es einer 16-jährigen Erfahrung voller Leiden möglich ist, die Grundzüge eines historischen Porträts dieser Spezies zu sammeln. Der Einfluss des von der Küche aus wirkenden, bösen oder guten Geistes auf die Entwicklung der Familie, der Gedanken, der Gallenabsonderung und des gesamten Stoffwechsels ist so bedeutend, dass dieser Versuch vom sozialen Standpunkte aus vollkommen gerechtfertigt erscheint.

Wenn zwischen Königen und Völkern noch immer nicht die alte Frage entschieden und beantwortet ist, ob diese wegen jener oder umgekehrt in der Welt sind, waltet im Geiste der Berliner Magd von echtem Schrot und Korn nicht der geringste Zweifel darüber ob, dass die Hauswirtschaft wie die Schale wegen der Auster ihretwegen vorhanden sei. Sie ist die Katze, die Hausfrau die Maus. Damit stimmt ihr Charakter überein, der bald durch Sanftmut und Schmeichelei überrascht, bald durch furchtbare Ausbrüche eines ungebändigten

Naturells erschreckt. Damit hängt auch ihre Putzsucht zusammen, die indessen nach dem Volksglauben nicht·anzeigt, dass man im Hause Gäste erwarten darf, sondern dass die Magd selbst zu verschwinden und als Gast am dritten Orte zu erscheinen gedenkt. Keine Berliner Magd älteren Stiles ist ohne ihre Geschichte, aber die Annalen ihres Gesindebuches geben nur höchst mangelhafte Auskunft über die wichtigsten Einzelheiten; die Ungunst der Zeiten hat, wie in den Werken des Tacitus, gerade die wichtigsten Kapitel verloren gehen lassen. Hinsichtlich der gedrängten Kürze ähneln diese Annalen denen des großen römischen Geschichtsschreibers, an Wahrhaftigkeit halten sie den Vergleich nicht aus. Die Autoren, welche die verschiedenen Blätter geschrieben haben, gefielen sich meistens in einer verschönernden Entstellung der Tatsachen und die Freude, die Tyrannin des Hauses loszuwerden, überwog die Gefühle des Hasses und brachte die oft wiederholten Schwüre der Rache in Vergessenheit. Deshalb erfordert der Antritt der Berliner Magd stets ein neues, besonderes Studium, dem die meisten Hausfrauen nicht gewachsen sind. Könnte man freilich den schriftlichen und untersiegelten Zeugnissen Glauben schenken, so läge ihrem fast immer ein- oder halbjährigem Herrschaftswechsel kein anderes Motiv zugrunde, als der tief in der menschlichen Natur wurzelnde Trieb zur Veränderung. In der Tat sind es aber immer Prinzipienfragen gewesen, in denen die politischen Ansichten beider Teile über Machtbefugnis oder Einschränkung, Rechte oder Pflichten, Willkür oder Verantwortlichkeit einander so schroff gegenüber standen, dass ein Wechsel des häuslichen Ministeriums notwendig wurde, um die Ehre der Hausfrauenkrone aufrecht zu erhalten.

Im Leben unserer Heldin spielt der Cousin eine sehr wichtige Rolle, doch warnen wir davor, diesen Begriff im hergebrachten festen, verwandschaftlichen Sinne aufzufassen. Der Mägdecousin schillert nach Umständen in einen jüngeren Bruder, seines Zeichens frechen, Zigarren in der Küche schmauchenden Burschen oder in den Onkel, schüchternen, aber heimtückisch verliebten Greis, hinüber. Niemals gibt die Berliner Magd ihn offen für das aus, was er ihr wirklich ist: Liebster oder Bräutigam. Solche Unvorsichtigkeiten überlässt sie den unerfahrenen und leichter einzuschüchternden Mägden aus den Provinzen. Den Cousin umhüllt in den meisten Fällen der Schleier eines diplomatischen Geheimnisses. Aus unendlich vielen Anzeichen ist der Herrschaft seine Existenz nicht verborgen, seine Persönlichkeit ist es fast immer. Wie auf das Dasein des Götzen Bel zu Babel, wird auf das seinige zunächst aus den verschwundenen Speisen geschlossen. Die mit Riesenschritten vorwärts eilende Abzehrung frischer Brote, die Selbstverzehrung von Wein und Punschresten, das Besorgnis erregende Zusammenschrumpfen von Obsteinkäufen, die hypothetische Zerschmetterung von Näpfen mit Soßen und Fett sind untrügliche Anzeichen und ebenso viel streng philosophische Beweise für das Dasein eines Hausgottes. Tut niemand diesem Kultus Einhalt, so wagt das mächtige und mit der Familie so eng verbundene Wesen allmählich den Sterblichen des Hauses sichtbar zu erscheinen. Bei einem unerwarteten Gange aus der hinteren Tür des Quartiers drückt die entsetzte Hausfrau oft eine menschliche, stumme Masse gegen die Wand, ohne dass Aufklärungen über dieses Gespenst zu erlangen sind oder der Hausherr begegnet, wenn er zufällig selbst öffnet, einem jungen, erschrocken nach Herrn Schmidt fragenden Menschen. Auf alle Erkundigungen muss sich die Herrschaft wie manche mächtigere Person mit der Ausrede: »Ein Cousin« begnügen.

In bestimmteren Umrissen tritt der Cousin als »Onkel« auf. Dann sitzt er wehmütig allabendlich nach dem Abendessen in der Küche, hilft abwaschen, hält Wolle und Seide beim Abwickeln und schmachtet still. Er beutet nicht die Wirtschaft aus, sondern die Berliner Magd saugt ihn aus. Er ist ein im Leben und in der Liebe verspäteter Junggesellengreis, der mit ernsthaften Heiratsgedanken umgeht, aber aus Furcht vor einer alten Schwester die Mesalliance nicht einzugehen wagt. Man tut indessen wohl, vor dem Onkel als Cousin die Zuckerdose und die Rumflasche unter hermetischem Verschluss zu halten ... Als wichtiges öffentliches Moment taucht die Freundin auf ... Sie ist die böse Fee des Haushaltes; weil sie wie alle Wesen dieser Art keinen ordentlichen Dienst hat, ungerufen zu jeder Zeit erscheint, wenn sie ganz besonders im Wege ist und alle möglichen Tücken gegen die Hausfrau spinnt. Sie ist der Geist, der stets verneint und zur Empörung gegen das Sittengesetz des Hauses anreizt. Bei unerwarteten Besuchen, Krankheiten und Wochenbetten vertritt sie durch ihre Wühlereien das Prinzip des Ausgehsonntags; in der Woche ist sie unerschöpflich in

Erfindung von Festen, Heiraten, Kindtaufen, selbst Sterbefällen in der Familie der Berliner Magd, deren Gegenwart bei selbigen hoch notwendig ist. In schwierigen Prozessfällen zwischen Hausfrau und Magd tritt sie gegen erstere keck als Küchenanwalt oder als Unterstützung der Ohnmachten der Köchin auf und plädiert zuweilen so gut, dass der Hausherr sie durch einen Wurf die Treppe hinab an die Achtung vor dem Gerichtshofe erinnern muss. …

In ihrer Toilette ahmt die Magd der Frau vom Hause nach, von der Suppe schlürft sie die Quintessenz, vom Kaffee das Aroma des ersten Aufgusses, von allen Einkäufen fällt ihr eine Zahl Prozente zu, mit allen Verkäufern steht sie in Geschäftsverbindung. Wohl unterrichtet in der Spezialgeschichte der Familie, bereichert sie diese durch Vorträge im oberen und unteren Stockwerk mit dichterischem Schmuck, zu ihren Gängen bedarf sie der doppelten und dreifachen Zeit eines gewöhnlichen Fußgängers, zu ihrem Morgenschlafe eines Wächters, um zu Bette zu kommen, eines Donnerwetters des Hausherrn. …

Und wer mietet denn einen solchen Ausbund der häuslichen Annehmlichkeit?, fragt vielleicht eine über dieses Nachtstück empörte Leserin; die Lösung ist einfach: Die Berliner alte Magd kocht gut … Man sieht ihr die Flasche und das blanke Messer nach, mit dem sie nachts im Rausche den Flur durchstreift, man gibt ihr mehr Feiertage, als die Katholiken im Kalender stehen haben, man beschenkt sie reichlich zu Weihnachten und verflucht sie im Stillen, man möchte sie am liebsten heute arretieren lassen und gibt ihr morgen Zulage, es geht mit ihr, wie mit anderen Chargen in dieser Welt: Weil das künstliche Gebäude üppiger Gewohnheiten auseinanderfallen würde, unterhält man mit stiller Resignation ein unvermeidliches Übel.

Dörbeck, Köchin am Sonntag (1830)

Kroll-Engel

Von Ferdinand v. S t r a n t z

(Ernste und heitere Theater-Erzählungen. Verlag Eli Spiro, Berlin)

Engel war ein Original. Wer kannte in Berlin nicht den Kroll-Engel? Mit seiner deutsch-ungarischen Ausdrucksweise, mit seinen guten, glücklichen Einfällen, seinem Mutterwitz traf er stets das Richtige. In Verlegenheit kam er eigentlich nie, denn er verstand es, ernste Angelegenheiten durch witzige Wendungen zu ebnen.

Nach dem Ringtheaterbrand in Wien wurden auch den Berliner Theaterdirektoren viele mehr oder weniger kostspielige Veränderungen in ihren Theatern zum Schutze des Publikums vorgeschrieben. So war Engel wieder einmal nach dem Polizeipräsidium befohlen worden, wo ihm eröffnet wurde, dass er noch eine Türe nach den Zelten anzubringen habe, damit das Publikum auch dort hinauskommen könne. Engel erwiderte mit der ihm eigenen liebenswürdigen Gemütlichkeit: »Meine Herren, die Türe wird selbstverständlich hergestellt werden, damit das Publikum hinauskommen kann, vielleicht können Sie mir aber auch eine Tür vorschreiben, wo ich d a s P u b l i k u m h i n e i n b e k o m m e n k ö n n t e.«

Eines Tages erschien ein Herr im Kroll'schen Garten, der Herrn Rat Engel zu sprechen wünschte. Dieser saß wie gewöhnlich im Garten, an seinem Tisch und ließ den Herrn bitten, zu ihm zu kommen. Nach kurzer Begrüßung sagt Engel: »Sie wünschen?« »Herr Rat, wir können beide ein großes Geschäft machen. An einem Nachmittag bei schönem Wetter lasse ich in Ihrem Garten einen Luftballon aufsteigen. Tausende von Menschen werden sich bei Ihnen einfinden.« »Schön«, sagt Engel, »und weiter?« »Dazu brauche ich zweihundert Taler«, erwiderte der Herr, »um den Ballon anfertigen und hinauffliegen zu lassen.« Engel sieht den fremden Herrn eine Weile ruhig an und sagt: »Wissen Sie, geehrter Herr, das Geschäft gefällt mir, aber ich möchte Sie doch bitten, gleich zwei Luftballons anfertigen zu lassen, damit ich I h r e m B a l l o n n a c h f l i e g e n k a n n.«

C u m b e r l a n d, der bekannte Gedankenleser, zog durch seine gewandten Darstellungen das Berliner Publikum seinerzeit mächtig an. Da kam eines Tages ein Agent nach dem Kroll'schen Etablissement, um Engel für ein Gastspiel Cumberlands in seinem Lokal zu bewegen. »Warum nicht«, meinte Engel, »bringen Sie ihn zu mir, wir können ja darüber sprechen.« Herr Cumberland kam alsbald nach dem Lokal, um sich Herrn Kommissionsrat Engel vorzustellen. Nach kurzer Begrüßung lenkte Engel sofort die Unterhaltung auf das Geschäft, wie er meinte: »Herr Cumberland. Das Geschäft ist doch die Hauptsache. Sie machen hier in Berlin großartige Einnahmen. Machen Sie auch einmal bei mir Ihre Kunststücke und die Hauptsache – Einnahmen.« Nachdem Herr Cumberland sich bereit erklärt hatte, auch im Kroll'schen Lokal aufzutreten, kam Engel auf die Hauptsache zu sprechen und fragte, wie viel er für den Abend verlange. Cumberland erwiderte: »Tausend Mark.« Engel sieht Cumberland lange fragend an und sagt endlich: »Und – Sie wollen sein – ein G e d a n k e n - l e s e r ?« Das Geschäft kam selbstverständlich nicht zustande.

Die beiden Kammersänger Nachbauer und Reichmann sangen abwechselnd im Kroll'schen Theater. Engel wollte, um dem Publikum einen ganz besonderen Genuss zu verschaffen, diese beiden Kassenmagnete veranlassen, an einem Abend zusammen aufzutreten. Die beiden Herren befanden sich an einem Nachmittag im Kroll'schen Garten. Engel benutzte diese Gelegenheit, ihnen seine Idee mitzuteilen. Die Künstler waren hocherfreut, gemeinschaftlich wirken zu können. Engel kam nun auf die Hauptsache, nämlich auf die Honorarfrage zu sprechen. »Nun, Herr Nachbauer, was fordern Sie?« – »Die Hälfte der Einnahme.« – »So, und Sie, Herr Reichmann ?« – »Die Hälfte der Einnahme.« – »Nun, meine Herren, da werden Sie vielleicht so gut sein und mir an diesem Abend ein F r e i b i l l e t s c h e n k e n.«

Witzfunken vom Königsschloss bis zur Panke

Der geistreiche König

Der bekannte Oberkonsistorialrat und Hofprediger Strauß stand dem Könige sehr nahe und er hat in wichtigen Momenten auch Einfluss auf seine politischen Entscheidungen gehabt. Dennoch konnte sich der seltsam geartete Fürst nicht enthalten, auch ihm gegenüber der Neigung zu billigen Witzen nachzugehen. Georg Ebers erzählt: Als er ihn zum Hofprediger ernannt hatte, rief der König Alexander von Humboldt zu: »Ein naturhistorisches Kunststück, das du mir doch nicht nachmachen kannst! Ich habe einen Strauß zum Dompfaffen gemacht.«

*

Der König hatte das Talent, allen Dingen die freundlichste Seite abzugewinnen. Deshalb ereigneten sich auch für ihn die meisten komischen Dinge. Es war für den Begleiter nicht immer leicht, den schicklichen Ernst zu bewahren, z.B. wenn ein Schulmeister an der Spitze einer Kinderschar eine ebenso lange als langweilige Rede hielt, die der König gutmütig und geduldig mitanhörte, bis ein Esel auf dem nahen Felde laut schrie und der König dann leise dem Akjutanten ins Ohr sagte: »Stille, stille, immer hübsch einer nach dem andern.«

Oder wenn ein Bürgermeister den König anredete und stotternd sagte: »Im Aufträge von Hunderten bin ich gekommen, Eure Majestät zu begrüßen, ich begrüße Eure Majestät im Aufträge von Tausenden …, von Hunderttausenden …, von Millionen«, und der König ihn unterbrach mit den Worten: »Na dann grüßen Sie sie alle wieder von mir, aber wenn ich bitten darf, jeden einzeln.«

*

Sein Humor war oft sprudelnd. »Mag wohl sind!«, sagte er gewöhnlich bei einer Meldung, die ihm behagte. Es kam aber auch vor, dass er sagte: »Wenn's man wahr ist!«, und den, der ihn und seine Gewohnheit nicht kannte, dadurch in Verlegenheit setzte, denn man konnte glauben, der König wolle damit Zweifel aussprechen. Wenn dann jemand erschrak, lachte der König.

Eine Gesellschaft veranstaltete einst eine ernste Musikaufführung von Dilettanten in der Friedenskirche zu milden Zwecken gegen Eintrittsgeld. Die Majestäten besuchten die Aufführung und spendeten beim Ausgang viel Gold in die Hüte der einsammelnden Komiteemitglieder. Als die Königin darunter den Gartendirektor Lenné erkannte, fragte sie, da sie für den Zweck warmen Anteil nahm: »Nehmen Sie viel ein?« – »Jetzt nur Bitterwasser, Euer Majestät«, antwortete mit einem kläglichen Gesicht der stets mit seiner Gesundheit beschäftigte Hypochonder. Der König aber wollte sich ausschütten vor Lachen.

*

Der olle Wrangel

AUFZEICHNUNGEN AUS DEM DÄNISCHEN KRIEG 1864
(Von Prinz Kraft zu Hohenlohe-Ingelfingen a. a. O.)

Zur Verwaltung der besetzten Landesteile war der Präsident von Zedlitz eingetroffen. Seine Beziehungen zum Feldmarschall waren hochkomisch. Zedlitz kannte ihn von seiner Stellung als Polizeipräsident her und wusste mit ihm umzugehen. Wrangel gab ihm im Vortrage oft Befehle, die nicht ausführbar waren oder mit den Befehlen des Königs oder den Instruktionen des Ministers im grellsten Widerspruch standen. Wenn Zedlitz eine Vorstellung machte, dann antwortete Wrangel gewöhnlich: »Herr Präsident von Zedlitz, ich bin der Feldmarschall und habe das Land mit das Schwert in der Hand erobert und habe zu befehlen. Und du hast zu gehorchen und wenn du nicht gehorchst, dann lasse ich dir erschießen.« Dann sagte Zedlitz lächelnd: »Zu Befehl!« und tat doch, was er wollte. Im Notfalle telegrafierte er wohl auch nach Berlin und Wrangel erhielt von dort Gegenbefehl und sagte dann: »Janz jut!«

144

Sehr erregt war Wrangel durch die Ankunft eines Diplomaten, der ihm von Berlin aus nachgesandt wurde, weil die Einsprüche, die England gegen unsere kriegerische Aktion erhob, es wünschenswert erscheinen ließen, einen Diplomaten im Hauptquartier zu haben ... Dieser Diplomat, der die unangenehme Aufgabe hatte, den Widerwillen Wrangels auszuhalten, war der Konsul v. Wagener, früherer Ministerresident in Mexiko, ein ältlicher Herr mit grauen Haaren. In seiner Begleitung war ein junger Attaché, ein Herr v. Holstein. Beide Herren wurden sehr übel vom Alten empfangen. »Diplomaten brauche ich nicht, die schreiben mit die Feder, und ich schreibe mit das Schwert. Beides zusammen kannste nich.« ...

»Komm'n Se, Herr Baron, et fehlt bloß noch eene lumpigte Person.«

Der Alte ließ im Vortrag wieder seinen Launen die Zügel schießen. Während des Vortrages hörte man Pferdegetrappel auf der Straße kommen und Wrangel sah vom Fenster aus einen Pferdetransport vorbeiziehen, den ein englischer Pferdehändler für England aufgekauft hatte. »Die Pferde sind mein!«, rief er, indem er mit bedeutungsvoller Gebärde die Hand hinten in die Rocktasche steckte, als ob er den ganzen Pferdetransport hineinschiebe. Vergebens stellte ihm Falckenstein vor, dass dieser Pferdetransport, der schon angekündigt war, englisches Eigentum sei und nicht von uns mit Beschlag belegt werden dürfe. »Kalnein«, schrie der Marschall, »gleich runter auf die Straße! Die Pferde konfisziere ich für das fliegende Pferdelazarett« – so nannte er das fliegende Pferdedepot, weil so viel kranke Pferde darin waren – »und Sie, blauer Oberst«, setzte er zu Podbielski hinzu, »schütteln Sie nicht mit dem Kopfe.« Podbielski antwortete ihm sehr bestimmt, er werde dadurch nur Verwicklungen herbeiführen und die Pferde doch wieder herausgeben müssen. »Wirste nichts wieder herausgeben. Ich habe das Land mit das Schwert erobert und was darin ist, ist mein!« und wieder fuhr die Hand in die Rocktasche. Er führte in der Tat recht erhebliche Verwicklungen mit England herbei, deren Resultat war, dass wir die Pferde wieder herausgeben und den Engländer noch für den Geschäfts- und Zeitverlust entschädigen mussten. ...

Herr v. Holstein, der junge Diplomat im Gefolge des Konsuls Wagener, wollte gern »etwas erleben«. Er bat mich, ihn ins Gefecht mitzunehmen. »Kannste haben, Gefecht mit ihm«, sagte der Alte, »reitste mit ihm bis an die Festung, Sie schießen nach ihm, haste Gefecht.«

Generale, Leutnants, Professoren und allerlei sonstiges Volk

(Von Prinz zu Hohenlohe-Ingelsingen a. a. O.)

Graf v. d. Gröben, der kommandierende General des Gardekorps, intimer Freund des Königs, der sich 1806 den Orden *pour le mérite* verdiente, hatte 50 Jahre später noch eine so außerordentliche körperliche Rüstigkeit bewahrt, dass die kräftigsten Adjutanten es bei ihm nicht lange aushielten. Dagegen war er geistig nicht immer klar, für sich, seine Untergebenen und den König. Er sagte selbst, es gehe in seinem Kopfe alles durcheinander. Er war durch und durch nobel denkend, wohlwollend gegen alle Menschen, sehr religiös und kirchlich und sehr selbstlos. Er hatte die komische Angewohnheit, alles »lieb, gut« zu nennen. Im Feldzug in Baden hatte er gesagt: »Geben Sie mir das liebe, gute Fernrohr, damit ich den lieben, guten Feind ansehen kann.« »Der liebe, gute Zwölfpfünder«, der »liebe, gute Nerv« sind Ausdrücke, die er ebenfalls gebraucht hat. Er hat noch sehr lange gelebt. Nach dem Kriege von 1870/71 habe ich ihn noch einmal gesehen. Da nahm er mich bei beiden Händen und sagte: »Sie lieber, guter Prinz, Sie haben die lieben, guten Pariser so lieb und prächtig zusammengeschossen.«

*

»Ich sage ja keen Wort, Herr Kumsarius.« – *»Halt sie's Maul! Sie räsoniert inwendig!«* (Dörbeck, Satire aus den 40er Jahren)

Eines Tages gab Prof. Dove eine mathematisch nicht stichhaltige Erklärung. Nach dem Vortrage erbat ich mir Auskunft. »Ja«, sagte er, »für Sie passt diese Erklärung nicht, denn Sie verstehen Mathematik.« Nachdem er mir nun eine gründliche und richtige Erklärung gegeben hatte, setzte er hinzu: »Sehen Sie, dies würden aber die Meisten nicht verstehen, weil sie nicht Mathematiker sind, und ich muss mich nach dem geistigen Standpunkt der Zuhörer richten. Da bin ich oft gezwungen, Unsinn zu sagen. Gestern fragte mich z.B. jemand, woher es komme, dass wir in den Straßen von Berlin im Winter immer fünf Grad Kälte mehr haben wie auf dem Felde. Ich wollte mich mit einem so Unwissenden nicht streiten und ihm erst sagen, dass es auf dem Felde kälter sei als in Berlin. Auch wollte der gute Mann das nicht hören, sondern er wollte für seine falsche Beobachtung eine Erklärung. Ich sagte ihm also, wegen des Heizens in den Häusern flüchte die Kälte aus denselben auf die Straße und käme dort dichter zusammen. Der Mann war zufrieden und erzählt's auf meinen Namen weiter. Meinetwegen! Ich bin ihn wenigstens los.«

*

Eines Tages wanderte – so erzählt Max Ring in seinen »Erinnerungen« – Louis Schneider (der bekannte Schauspieler und spätere Vorleser des Königs) mit seinen Kollegen Gern und Rüthling vor das Tor, um in einem sogenannten Kremser eine Landpartie zu machen. Der Kutscher erklärte jedoch, nicht früher abzufahren, bis der zwölf Sitze enthaltende Wagen ganz gefüllt sein würde. Die drei Schauspieler schienen nach kurzer Beratung damit einverstanden, solange warten zu sollen und stiegen in den Wagen. Während der Kutscher auf dem Bock nach den noch fehlenden Passagieren ausschaute, öffnete Schneider leise die Tür und erschien bald darauf, durch eine improvisierte Verkleidung unkenntlich gemacht und so verändert in seiner Haltung und seinen Mienen, dass ihn der getäuschte Rosselenker für einen neuen Fahrgast hielt. Dasselbe Manöver führten die anderen lustigen Brüder wiederholt mit demselben Erfolge solange aus, bis der Kutscher in dem Glauben, dass zwölf Personen in dem leeren Wagen säßen, mit den drei Schauspielern davonfuhr, welche natürlich für zwölf zahlten und nicht wenig über das überraschte Gesicht des Kutschers lachten, der sie für Hexenmeister hielt.

*

Die erste Berliner Aufführung des »Kolumbus« von K. Werder hatte trotz Seidelmanns meisterhafter Darstellung der Titelrolle nur einen Achtungserfolg. Max Ring weiß darüber zu berichten: »Als am Schlusse des höchst wirksamen zweiten Aktes Kolumbus und seine Schicksalsgenossen begeistert Land! Land! riefen, bemerkte ein gebildeter Berliner Philister im Parterre mit lauter Stimme: >Das steht ja schon in Beckers Weltgeschichte!< Noch trauriger erging es dem bekannten Rellstab bei der Aufführung seines Dramas >Franz von Sickingen<. In dem Stücke trat der Landgraf Philipp von Hessen in einer unbedeutenden Nebenrolle auf, welche von einem ebenso unbedeutenden Schauspieler gegeben wurde. Erst zum Schluss zeigt der sterbende Held auf den meist schweigenden Landgrafen mit den Worten: >Was ich gewollt und erstrebt, soll euch Philipp sagen!< Kaum war der Vorhang gefallen, so riefen die im Parterre den Ton angebenden Studenten nicht den Darsteller des Franz von Sickingen, sondern den des Landgrafen so lange und stürmisch, bis der betreffende von dieser unerwarteten und unverdienten Ehre überraschte Schauspieler endlich zögernd und verlegen erschien. Aus dem Parterre aber fragte laut eine tiefe, dröhnende Bassstimme: >Was hat Franz von Sickingen gewollt?< So wurde unter schallendem Gelächter des Publikums das wohlgemeinte Stück begraben, um nie mehr aufzustehen.«

*

Ring erzählt auch von seinen Prüfungsnöten. Die gefürchteten Professoren charakterisierte man mit folgendem Vers:

»Wer sich nicht stößt an den Ecken (Professor Eck),
Wer nicht bleibt im Kote stecken (Geheimrat Kothe),
Wer glücklich kommt durch den tiefen Bach (Dieffenbach),
Den frisst doch der Wolf hintennach (Geheimrat Wolf).

Der letztere, der ganz besonders wegen seiner unnachsichtlichen Strenge verrufen war, machte dazu die boshaft witzige Bemerkung: »Der Wolf frisst nur die Schafe.«

*

Rezept zu einem guten Schauspieler

(Mitgeteilt in »Alt-Berlin« von F e l i x P h i l i p p i . E. S. Mittler & Sohn)

Von Hendrichs nehme man die Lunge,
Dazu von Döring das Genie,
Von Dessoir die scharfe Zunge,
Die Grazie von der Madame Brue.
Von Hiltl das geschmeid'ge Wesen,
Die sanften Blicke von der Fuhr,
Und wie der Jerrmann so belesen,
Von Hoguet-Vestris die Figur.
Nehmt noch der Taglioni Beine,
Der Viereck wunderschönen Kopf,
Der Forti Reiz beim Lampenscheine,
Den Witz vom Hauptkrakeeler Hopf.
Und von Frau Frieb das Deklamieren,
Von der Vanini den Geschmack,
Von Rott das gute Memorieren,
Von Liedtcke – jedenfalls den Frack. –
Und habt ihr alles das zusammen,
So lasst's in einem Kessel ziehen;
Indessen nur bei solchen Flammen,
Die aus Pepitas Augen sprühn.
Ist alles nun in eins zerflossen,
Kühlt's ab und legt's auf Hülsen-Stroh –
Mit etwas Rellstab übergossen,
Wird das ein Künstler – *comme il faut!*

*

Max Ring wohnte als Student der Medizin bei einem alten Ehepaar in
der Marienstraße. Der Mann war ein sogenannter Raschmacher oder

150

Weber einer besonderen Zeugsorte dieses Namens, lebte aber weniger von seiner Arbeit als vom Zimmervermieten und seiner Poesie. Ring erzählt von ihm:

»Die Gedichte, welche Vater Kramer auf Subskription herausgab und mir als Zeichen seiner Freundschaft verehrte, zeichneten sich durch ihre bewunderungswürdige Originalität aus und konnten sich dreist den Poesien des seligen Schartenmayer in den Fliegenden Blättern an die Seite stellen, wie folgende Probe beweist, welche also lautete:

Freude des getreuen Volkes bei der erwünschten Rückkehr seiner Mayestät Friedrich Wilhelm III., König von Preußen und dessen hohe und teuerste Familie den 23. December 1809.

Der König kommt!, spricht jedermann,
Die ganze Stadt davon ertönet;
Der missvergnügte Untertan,
Der sich schon längst nach ihm gesehnet,
Wir werden ganz ein anderer Mann,
Warum? Der König kommt heut an.

Der König kommt! Welch großes Glück,
Für uns, die wir die Seinen heißen!
Nach langer Zeit kommt er zurück,
Woher? Aus Königsberg in Preußen.
Nach langer Zeit kommt er zurück,
Mit ihm die teuere Königin,
Die Prinzen wie auch Prinzessin usw.

*

Den Besuchern der Weihnachtsausstellung bei Fuchs, Unter den Linden, wurde, wie Georg Ebers berichtet (Die Geschichte meines Lebens, Deutsche Verlagsanstalt), nur Lustiges geboten: Berliner Witze in Bildern, die damals natürlich (d.h. in den 40er Jahren) zum größten Teil eine politische oder satirische Färbung besaßen. »Am lebhaftesten erinnere ich mich der sentimentalen gnädigen Frau, die dem Diener befiehlt, die Fliege auf dem Teebrett zu fangen und sie an die Luft zu setzen, und des gehorsamen Johanns. Dieser erwischt das Tier, trägt es zum Fenster, schaut ins Freie und befördert die Fliege dann mit den Worten: ›Gnädige Frau, es regnet draußen Platz, das Würm könnte sich verkälten!‹ auf das Teebrett zurück.«

*

Ebers erzählt: »Unsere alte Köchin, Frau Marx, die sich selbst die Marxsen nannte, war halb erblindet und wünschte, in ein Stift zu treten, wozu es der Bewilligung der Majestät bedurfte. Sie hatte vor vielen Jahren bei einer früheren gräflichen Herrschaft den König als jungen Prinzen, wie sie versicherte, buttern gelehrt und daraufhin wurde ihr von den Meinen ein Bittschreiben ausgesetzt. Dies reichte sie dem Könige im Schlosshof in den Wagen und auf seine Frage, wer sie sei, versetzte sie: ›Ick bin ja de olle Marxsen – Eure Majestät sind meine letzte Retirade ...‹ Dies Diktum wurde der Mutter von dem Adjutanten, der dann kam, um sich nach der Bittstellerin zu erkundigen, mitgeteilt und er versicherte, Seine Majestät habe sich sehr über die wunderliche Wendung der Alten amüsiert und sie seiner Umgebung mehrfach mitgeteilt. Ihr Wunsch wurde ungesäumt erfüllt.«

*

Die Fischfrau

Schusterjungen, Eckensteher, Droschkenkutscher

Von Felix Philippi

(Aus »Alt-Berlin«. Verlag E. S. Mittler & Sohn)

Ihr lieben Schusterjungen, euch will ich heute ein Loblied singen! Schockschwerenot! Wo seid ihr dann geblieben? Wohin habt ihr euch denn, in drei Teufels Namen, verkrümelt? Ihr ruppigen, kleinen Kröten, wer von uns Älteren hätte euch nicht gern gesehen! Wenn ihr mit euren Struwelköpfen, die niemals Kamm oder Bürste gesehen, mit euren verwegenen, immer durch Stiefelwichse verschönten Visagen, in eurem schmierigen, blauen Arbeitshemd, mit den langen, über die Schultern baumelnden Schäftestiefeln, auf Pantinen daherschlurktest und euch eins pfiffet ... Ja, ihr lieben, verdammten Bengels, da habt ihr mit euren urdrolligen Einfällen, euren witzigen Bemerkungen und haarsträubenden Vergleichen jedem, auch dem Griesgrämigsten, ein helles Lachen entlockt. Zugegeben: Ihr wart scharfe Kritiker, eurem spähenden Auge entging nichts, ihr wart unerbittlich und unnachsichtig, ihr hättet Berliner Theaterrezensenten werden können. Aber ihr besaßet saftigen, prachtvollen Humor und ihr besaßet so viel davon, dass ihr alle Possenfabrikanten von heutzutage hättet in die Tasche stecken können. Ihr gehörtet zum öffentlichen Leben von Alt-Berlin, eure Worte und Redensarten, eure Ulkereien und Witze sind Gemeingut des Volkes, sind »geflügelte Worte« geworden, in vielen Possen der damaligen Zeit seid ihr verewigt worden, die unvergessbare, geniale Ernestine Wegner hat euch zum Gaudium vieler Tausende kopiert ... Wo seid ihr denn geblieben, ihr Teufelsjungen? ...

Einer von euch, so'n Knirps, wollte mal klingeln und konnte die Glocke nicht erreichen. Ein menschenfreundlicher Herr hob ihn hinauf und als der Bengel ein paarmal an der Glocke so gerissen hatte, dass schon längere Zeit Verstorbene hätten erwachen können, meinte diese verdammte kleine Kröte: »So, nu heben Se mir wieder runter; nu wollen wer machen, det wer wechkommem sonst kommt eener!« ...

Ob's nun derselbe Ruppsack war, von dem ich vorhin erzählte, oder ein anderer, gleichviel. Ein gleichgesinnter Genosse war's, der zu sei-

153

nem ihn strafenden Meister sagte: »Meesta, wir beede kennten nu so jut mitenander auskommen, wenn Se sich nur die verfluchte Hauerei abjewehnen kennten!« ... »Lieber Jott, lass Pelle wachsen!« ist ein noch heute in den niederen Volksklassen sehr gebräuchliches Wort. Es stammt aus den 50er oder 60er Jahren und ist Eigenbau einer dieser kleinen, »riedigen Bollen«. An einem Sonntage sollte er, während die Meisterin in der Kirche war, die fette, im Ofen bratende Gans begießen. Die immer brauner, immer knuspriger werdende Haut lockte den Bengel gar zu sehr und »Hastenichjesehn« zog er dem vortrefflichen Vogel die schützende Hülle herunter und ließ sie sich munden. Und als die Stunde der Rückkehr der Meisterin immer näher rückte und das gefräßige kleine Luder nun den buchstäblich nackten Schaden besah, schickte er in seiner Höllenangst das Stoßgebet zum Himmel: »Lieber Jott, lass Pelle wachsen!« ... Mit der Frage: »Haben Sie Eisbeene?« betrat ein Schusterjunge den Fleischerladen und auf die bejahende Antwort des Schlächters gab ihm der kleine Bengel den menschenfreundlichen Rat: »Na, denn koofen Se doch Filzpariser!« ... Beim Betrachten der Göttin, die einen Palmenzweig über den toten Krieger schwingt (an der Schlossbrücke), meinte ein Schusterjunge: „Meen Meesta dreht mir anners rum, wenn er mir verbimst!« ... Und mit noch einem drastischen Ulk will ich den Reigen der Witzworte dieser damals so populären Kerlchen beschließen. Kommt einer in ein Materialwarengeschäft und legt dem sehr beschäftigten Verkäufer eine lange Bestelliste zur sofortigen Erledigung vor: »11¾ Pfund Zucker à 1⅓ Groschen, 6⅞ Pfund Kaffee à 7⁴/₅ Groschen, 10¹¹/₁₂ Pfund Mehl à 1¹/₆ Groschen und so fort. Und als derdienstbeflissene Heringsbändiger endlich die schwierige Rechnung beendet hat und nun mit dem Abwiegen der Waren beginnen will, ergreift der Junge den Zettel: »Danke ooch scheen! Det is nemlich die Rechenuffjabe für morjen in de Feierabendschule! Atjeh ... «

Und ihr alten, gemütlichen Eckensteher, wo seid denn ihr geblieben? An Urwüchsigkeit, an drolliger Schnoddrigkeit konntet ihr euch wahrhaftig messen mit euren jungen Rivalen, den Schusterjungen. Auch euch hat die großstädtische Welle hinweggespült, auch über euch, ihr putzigen Kerle, sind die Räder gegangen und haben euch zermalmt. Euer Stammvater hieß Nante, euer Dolmetsch hieß

Adolf Glaßbrenner. Dem habt ihr Modell gestanden, der hat euch die Schnapsflasche in den Arm gelegt, der hat euch in seinem »Berlin, wie es ist und ... trinkt« verewigt, der hat euch mit Hilfe des berühmten Komikers Friedrich Beckmann im Königstädtischen Theater auf die Bühne gehoben, dem habt ihr selbst zahllose witzige Worte und ulkige Redensarten in die Feder diktiert. Soll ich mal ein bisschen aus der Schule plaudern? »Stottern Sie?« ... »Ne, ... be ... be ... bloß wenn ick rede!« ... »Is en scheener Abend heite morjen, die Nacht mecht ick mal bei Dage sehn!« ... »Saren Se mal, Herr Professor, wat ick Ihnen schon lange fraren wollte; heeßt et nu eejentlich mir oder heeßt et mich?« ... Das Straßenleben war ohne euch nicht denkbar und ihr ebenso wenig ohne die Straßenecke, an der ihr standet und »einen« oder auch mehrere »hinter die Binde gosst« und politisiertet und gute, sogar ausgezeichnete Witze risset ...

Und zu den echten Berliner Volksgestalten habt auch ihr gehört, ihr alten, wackeren Droschkenkutscher! Naja, es war ja kein »sojenannter Jenuss«, auf den federlosen, einst rotsamtnen Kissen eurer Marterkasten zu sitzen und sich im Zockeltrab von euren hinkenden, schlafenden Arabern über das malitiöse Pflaster ziehen zu lassen; aber ihr wart famose, ehrliche, gemütliche Männer. Gleich beim Einsteigen tratet ihr zu eurem Fahrgast in ein nettes Verhältnis und habt ihm durch eure drastischen Bemerkungen oft den Weg gekürzt. Lange Jahre bin ich von demselben Stand immer mit demselben Kutscher gefahren. Ein echt Berliner Kind. »Sehen Se sich bloß det Haus an«, meinte er gleich bei der ersten Fahrt, »det ist doch jewiß scheen; bloß eenen jroßen Fehler hat's: det et nich meine is!« Von dem hörte ich auch – ich entsinne mich deutlich, dass es 1870 nach Sedan war – das erste Mal die auch heute noch sehr gebräuchliche, volkstümliche Redensart: »Is ooch 'ne scheene Jejend!« Er erzählte mir, dass sein Großvater in der Völkerschlacht bei Leipzig gefallen sei. Und als ich mich verpflichtet hielt, ihm ob dieses herben Verlustes ein paar tröstende Worte zu sagen, meinte er, in sein Schicksal ergeben: »Na, wissen Se, Leipzig is ooch 'ne scheene Jejend!« Ein listiger und lustiger Kerl war's, der mir mal unter herzlichem Lachen berichtete, er habe sich zu seiner Hochzeit »een Paar Jlasees« kaufen wollen und habe der Verkäuferin auf ihre Frage nach seiner Nummer geantwortet: »8346.«

Das war nämlich seine Droschkennummer. »Bei een Haar wär's Meechen vor Schreck unter'n Ladentisch jefallen.« Man glaube nur nicht, dass ich da von einem ganz besonderen Original erzähle; dieser echte Berliner Humor eignete allen Droschkenkutschern. Wenn sie sich mit ihren abgetriebenen Mähren unterhielten, wenn sie sich nach ihrem Befinden erkundigten und mit ihnen sprachen, wie ein glücklicher Liebhaber mit seinem Mädchen ... Wahrhaftig, man konnte Tränen lachen. Einen Kutscher hörte ich mal sein Pferd »Kohn« nennen. Ich glaubte, ich hätte mich verhört. Er aber wiederholte diesen alttestamentarischen Namen, der mich bei einem Kleiderhändler unter dem Mühlendamm in geringeres Erstaunen versetzt hätte. Und als ich ihn wissbegierig fragte, wie er denn in drei Teufels Namen gerade auf diesen Namen verfallen sei, antwortete er: »Kieken Se'n bloß mal an. Ick nenn' ihm so wejen seine krumme Neese!« Und er hatte recht: »Kohn« hatte wirklich eine krumme Nase ... Findet man das heute noch? Ach, es ist jammerschade, aber das Berliner Volk hat seine Harmlosigkeit eingebüßt, die Freude am Lachen und am Lachenmachen ist ihm entflohen, der wohltuende, behagliche, goldene Humor ist dahin. ...

III.

Berlin wird Weltstadt

(1870–1916)

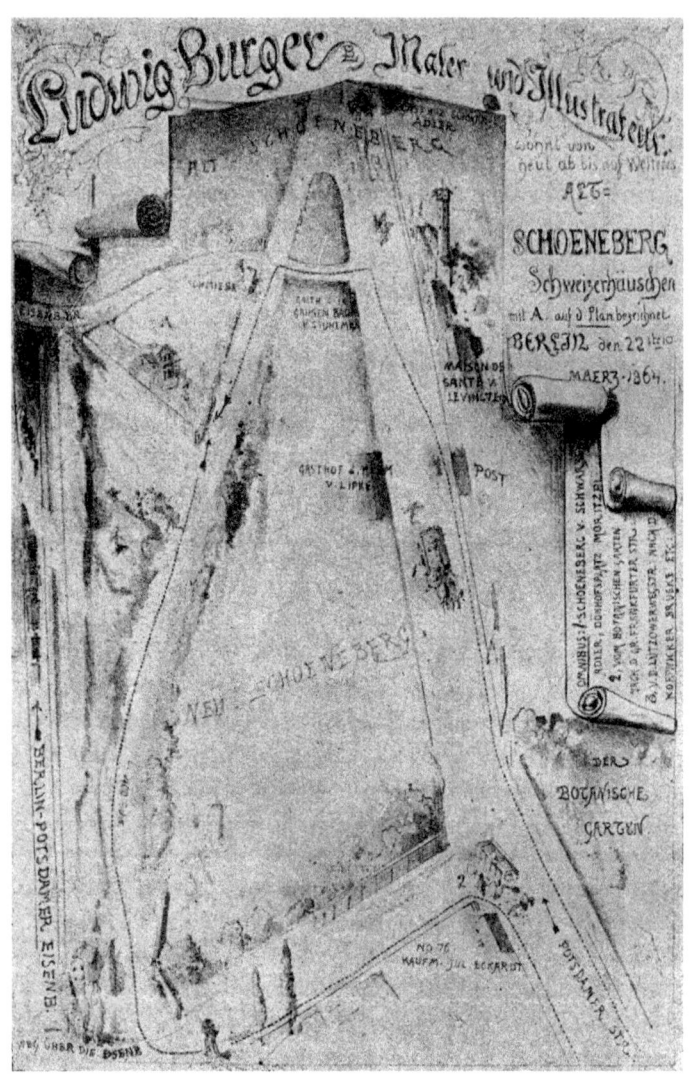

Ludwig Burger: Anzeige seines Wohnungswechsels (mit Lageplan)

Die frühen Leute

Von Julius Rodenberg
(Bilder aus dem Berliner Leben, Verlag Gebr. Paetel, Berlin)

Rodenberg erzählt, dass er gern früh zu Bett geht, um am anderen
Morgen wieder früh auf zu sein. Er schildert seine stille Wohnung
in der Nähe der Matthäikirche und zeichnet dann das Erwachen der
Hauptstadt an einem Wintermorgen i. J. 1886.

... Es ist das Erwachen der Hauptstadt, das ich in tausend Zeichen aus der Entfernung vernehme. Die Wiederkehr des allgemeinen Lebens, das auch das meine weckt und in Spannung setzt. Diese
Stunde möcht' ich, könnt' ich nicht verschlafen: Es ist, als rausche die
Flut näher und näher heran, bis der Augenblick kommt, wo auch ich
mich wieder hineinstürzen darf. O, diese Verkünder des neuen Tages
mit allem, was er Unbekanntes, Unvorhergesehenes, Überraschendes in sich bergen mag – wie ich sie liebe! ... Immer neue Laute,
nicht mehr in weiten Zwischenräumen auftauchend und wieder
dahinsterbend, nein, mit scharfem Akzent einsetzend in die wach-
sende Bewegung, die von allen Seiten zur Stadt drängt, in ihre Straßen und auf ihre Märkte; und nun auf einmal ein leichtes Wägelchen,
das in munterem Tempo herankommt und mit einer Art fröhlichen
Allegros über den Platz rennt. Wenn ich das höre, nach dem zuweilen schweren Andante der Nacht, dann ergreift Freude mein Herz –
denn es ist der Milchmann, der Milchwagen. Er kommt zwar nur von
Schöneberg oder Wilmersdorf – aber er kommt doch vom Lande
und bringt uns die gute Milch – und dem ersten folgt der zweite
und dem zweiten der dritte; und wo sie halten in der Nachbarschaft,
diese traulichen Gespanne mit den mageren Pferdchen und den ble-
chernen Kannen, da wird es lebendig, da geht es hinein und heraus,
da wird Feuer angezündet auf dem Herde, da steigt Rauch aus den
Schornsteinen, und da fangen die Kaffeemühlen an zu klappern ...
Nein, nein, ich bin keiner von denen, die das Leben unerträglich und
den folgenden Tag noch langweiliger finden als den vorhergegange-
nen; ich – im Gegenteil finde, dass jeder neue Tag die Verheißung

von etwas Besserem in sich trägt, und dass das Alltägliche das Beste von allem ist; und so lange noch der Milchmann und der Milchwagen kommen, bin ich zufrieden.

Jetzt ist sieben Uhr nicht fern; der Wintertag in Berlin beginnt und seine Boten sind geschäftig, die uns unser leibliches und unser geistiges Brot bringen, die für uns sorgen, die geräuschlos ihre Arbeit tun, halb noch unter dem Schleier der Nacht, damit alles hübsch in der Reihe sei, wenn wir aufstehen. Aber ich muss mich eilen, wenn ich sie noch erblicken will. Denn diese frühen Leute sind pünktliche Leute; sie lassen nicht auf sich warten, aber sie warten auch nicht, und den Tag wollt ich nicht loben, wo wir nicht jeder von uns den anderen zu genau derselben Zeit an genau derselben Stelle träfen. Der erste von ihnen ist fast eine mythische Figur, nur sichtbar im Zwielicht, wenn die Nächte am längsten und die Tage am kürzesten sind. Dann sehe ich ihn wohl über den Platz schreiten, den Laternenmann, und phlegmatisch eine Flamme nach der anderen auslöschen, die schläfrig sind, wie vom langen Brennen; und im Halbdunkel mit seinen hohen Häusern und schneebedeckten Dächern liegt dann dieser kleine Ausschnitt der Welt vor mir. Aber im Morgengrau, wie wohl tut diese erste Spur der Helligkeit, die dem Anbruch des Tages vorausgeht – des wirklichen Tages, der unsere Kraft aufs Neue herausfordert und uns die Welt gleichsam zum zweiten Male schenkt; und wie köstlich ist der Anhauch der frischen, herben Winterluft, wenn er, Lebensluft und Freudigkeit weckend, uns zuerst entgegenweht und mit all diesen Zeichen und Verkündigungen rings um uns her eine Stimme wie die des Predigers in uns spricht: »Es ist das Licht süße und lieblich die Sonne zu sehn« ... »Morjen, Morjen!«, schallt es hinüber und herüber. Eine eigene Population bewegt sich in der kleinen Straße. Es ist der Bäckerjunge, der mit dem hohen Korb auf den Schultern daherkommt und die Zeitungsfrau, welcher ein nicht minder gefüllter Korb am Arme hängt. Der Bäckerjunge trägt schwer an dem Ernste seines Berufs; er unterscheidet sich von allen anderen Jünglingen dieser Stadt. Er pfeift nicht, er treibt keinen Unfug – nichts reizt weder seine Neugier noch seinen Mutwillen und sein einziges Vergnügen scheint darin zu bestehen, dass er mitten durch die Sperlingsschar geht, welche, jetzt am Tische des Tiberflusses schwelgend, sich auf einem leeren Droschkenstande niedergelassen hat und die verstreuten Körner aufpickt. Aber die Berliner Sperlinge haben nichts von der Ursprünglichkeit ihrer Natur eingebüßt: Sie sind die frechsten, die man sich denken kann und tun dem Bäckerjungen nicht einmal den Gefallen, fortzufliegen. Denn sie kennen seine Gemütsart. Die Zeitungsfrau dagegen ist ein munteres Wesen in gesetzten Jahren und mit einer Art mütterlichen Wohlgefallens sieht sie auf ihren jungen Freund herab, wenn er ihr in der mehlbestaubten Kappe und mit dem Geruche frischen Backwerks vor sich her an den Türen begegnet. Friedlich in ihrem Tragkorb wie gute Kameraden schlummern nebeneinander Regierung und Opposition, Freisinn und Reaktion, Kulturkampf und Sozialdemokratie; und mit derselben Liebe trägt sie dies alles umher und schützt es sogar, wenn es regnet oder schneit, mit einem Zipfel ihres braunen Umschlagetuches. Sie hat etwas Mütterliches, wie gesagt; und ist eine Philosophin obendrein. Man muss sie beobachtet haben, wie sie die Hintertreppen hinauf und heruntersteigt und ihre Blätter vor die verschlossenen Türen wirft – mit einem Gesichtsausdruck, als wollte sie sagen: Schlaft Ihr nur! So lange Ihr schlaft, hat die Welt Ruhe! Wie viel besser ist es auf Erden, wenn die noch nicht aufgestanden sind, die den vielen Lärm machen; auch der noch nicht, der im Parlamente sich zu rühmen pflegt, dass er am frühesten von allen aufstehe! ...

Der einzige mit der Autorität und Gewalt des Gesetzes Bekleidete, der um diese Zeit an den Ecken der Straßen auftaucht, ist der Schutzmann. Aber auch er ist ein gemütlicher Mann gegen das, was er in den späteren Stunden des Tages vorstellt. Er ist der gute Freund der Portiers, die mit Schneeschippe, Besen, Schaufel und Aschenkasten herauskommen, um den Bürgersteig gangbar zu machen. Sie haben den größten Respekt vor dem Schutzmann, in dessen Zügen alsdann manchmal etwas erscheint wie ein menschliches Lächeln. Davon wissen auch nur wir, die frühen Leute, zu erzählen. Denn wer hätte sonst jemals einen Berliner Schutzmann lächeln sehen? ...

Mutter Gräbert und ihr Mann

Von Julius Rodenberg

(Aus derselben Quelle)

Wer weiß jetzt noch von dieser einst so populären Figur und wer noch von ihrem Theater, welches unter dem Namen Germania-Theater eine Weile gegen den Wind und das Wetter weiterkämpfte, bis es heute an diesem Frühlingsnachmittag als ein vollständiges Wrack vor mir liegt – eine Ruine, von der morgen nichts mehr zu sehen sein wird. Und ich habe es doch in seiner Glorie gekannt, in jenen besseren Tagen, wo noch nicht mehr als vier oder fünf Theaterzettel an den Anschlagsäulen erschienen und der schönste von allen der der Mutter Gräbert auf dunkelrotem Papier. Gespielt ward in ihrem Theater wöchentlich nur viermal und es musste schon hoch kommen, wenn es ein Stück bei ihr über zwei oder drei Vorstellungen hinausbringen wollte. Denn die Bewohner von »Wollanks Weinberg« verlangten beständig Novitäten; sie gingen jede Woche viermal ins Theater und viermal jede Woche wollten sie ein neues Stück sehen. Dieses anspruchsvolle Publikum war kein geringes: es waren die reich gewordenen Schenkwirte, Bierbrauer, Schlächtermeister und Professionisten überhaupt, die sich hier auf dieser gesunden und lustigen Höhe zur Ruhe gesetzt hatten, mit behäbigen Frauen und gebildeten Töchtern, die mit Passion ihre »Mühlbach« lasen. Diese Leute – deren Nachkommen jetzt Gott weiß in welcher feinen Gegend des Westens von Berlin wohnen, Equipagen halten, Diners geben und das Opernhaus besuchen – betrachteten das vorstädtische Theater als ihr Theater und Mutter Gräbert war die Frau, die ihr Jahrhundert verstand – die echte Theaterprinzipalin; man wird ihresgleichen nicht wieder sehen! Es hatte einmal auch einen Vater Gräbert gegeben und er hatte sogar das Theater gegründet; aber selbst für uns, die jüngere Generation, war er schon eine mythische Person geworden, und um seinen Namen, wie um den des Gründers von Rom, hatten sich ganze Sagenkreise gebildet.

Seine Laufbahn begann in den Weißbierstuben Berlins, wo er komische Lieder sang und possenhafte Gedichte vortrug. Nach eini-

ger Zeit hatte er sich soviel zusammengesungen, dass er ein Liebhabertheater vor dem Rosenthaler Tor erst mietweise, dann käuflich
erwerben konnte; das Glück begünstigte ihn, das Geschäft blühte
und demnächst errichtete er das größere Theater auf dem Platze, wo
das der Liebhaber gestanden. Ein patriarchalisch-ökonomisches Verhältnis herrschte: Mutter Gräbert sorgte für die Küche des Etablissements und Vater Gräbert für das Weißbier und die Bühne. Er machte
das Repertoire, leitete die Proben, engagierte die Mitglieder. Er war
ein eifriger Widersacher der Tantieme; seine Ausgabe für ein neues
Stück betrug in der Regel einen – Silbergroschen. Denn die meisten
seiner Novitäten bezog er aus der Leihbibliothek in der Großen Hamburger Straße. Sollte aber einmal in außergewöhnlichen Fällen ein
Originalstück aufgeführt werden, so lohnte Vater Gräbert den Dichter
mit zehn Talern Kurant ab, wenn eine Mordtat darin vorkam und mit
fünf Talern, wenn dies nicht der Fall war. Auch das Honorar, welches
er seinen Künstlern bewilligte, hielt sich durchaus im Preiskurant der
alten Haupt- und Staatsaktionen: einige bekamen nichts, andere acht
Taler monatlich; die höchste Gage, die er zahlte, betrug fünfundzwan-
zig Taler. Durch solch weise Maßregeln entfaltete sich das Kunstins-
titut vor dem Rosenthaler Tor zu einem ungeahnten Flor und manch
hübsches Talent, das diesen Ursprung später verleugnete, stieg aus seinem Podium empor. Am besten aber stand sich Vater Gräbert selbst;
er kaufte das Grundstück neben seinem Musentempel, machte einen
schönen Garten daraus, baute ein Sommertheater hinein und bewir-
tete in jedem Jahre, zu des Königs Geburtstag, fünfzig Invaliden, die
er am Ende des Gastmahls noch mit einem Taler beschenkte. Als nun
aber Vater Gräbert, nach so rühmlichem Leben, sein Stündlein nahen
fühlte, da ging er nicht etwa in sich, wie wir anderen Sünder insge-
mein, sondern er fing an – Austern zu essen. Da konnte man ihn an
jedem Morgen in der langen Vorderstube seines Etablissements sitzen
sehen, Rollen austeilend, den Speisezettel entwerfend, seufzend über
die Richtigkeit des Daseins und – sechs Dutzend Austern vor sich.
Es liegen keine genauen Berichte darüber vor, wie lange und wieviel
Austern er gegessen; aber das Mittel musste probat oder, als er es zu
gebrauchen anfing, sein Ende noch nicht so nahe gewesen sein. Denn
in der Wehmut seines Herzens baute er aus den Austernschalen Tem-

pel und Altäre zum Schmucke seines Gartens auf; und wenn auch die undankbare Nachwelt so grausam war, die frommen Denkmale dieses Erzvaters zu zerstören, so hatte sich doch wenigstens eine von diesen Muschelgrotten, groß genug für eine büßende Magdalene oder zwei, mit einem Kreuz auf dem Dach und einem Kreuz an der Tür erhalten und ich selbst habe sie oft genug bewundert, wenn ich mit den übrigen Besuchern des Theaters zwischen einem Akt und dem anderen hinauskam in den Garten. Wie dem nun auch sei – endlich musste Vater Gräbert den Schauplatz so vieler Freuden, Gastmahle und Triumphe verlassen; und einer Bestimmung in seinem Testamente gemäß wurde er in einer Mitternacht, unter Sang und Klang, bei Fackelschein begraben.

Das Erbteil dieses ausgezeichneten Mannes fiel seiner Frau zu. Sie hatte sich bis dahin nicht bemerklich gemacht, still und sittsam vielmehr zwischen den Schmortöpfen des Untergeschosses gewaltet. Wie denn aber der Krieg sich seine Feldherren selbst erzieht und die Not es ist, welche groß und erfinderisch macht: So stieg nun auf einmal das Aschenbrödel von Wollanks Weinberg aus der Tiefe heraus, den Kochlöffel und die Weißbierflasche in der einen, den Zügel des Thespiskarrens in der anderen Hand, und der Ruhm von Mutter Gräbert fing an, denjenigen des Vaters Gräbert zu verdunkeln. Eine rüstige Matrone, mit aufgeschürzten Armeln und hochrotem Gesicht, so habe ich sie noch gekannt und gesehen, in der ernsten Ausübung ihrer dreifachen Pflicht begriffen, – in die Küche hinunter kommandierend, die Kellner kontrollierend und nur dann und wann einmal verschwindend, um auf der Bühne Ordnung zu machen. ...

164

Spreehanns

Von Hanns Fechner

(»Spreehanns«. Eine Jugendgeschichte aus dem vorigen Jahrhundert.
Berlin, F. Fontane & Co.)

1. Die Droschke »zweeter Jüte«

… Am Kanal entlang, auch immer an Gärten vorbei, deren Fliederbüsche über die Hecken nickten, ging's weiter und weiter bis zum Zoologischen Garten. Vorher aber gab's noch eine oft besuchte Raststätte: Krug's Garten. Ich glaube, das muss da gewesen sein, wo jetzt der Lützowplatz liegt oder ganz in der Nähe davon. Drüben winkte der idyllische »Albrechtshof«, hinter ihm der Tiergarten. »Albrechtshof« heißt das Lokal an jener Ecke heute noch, nur dass es ganz anders aussieht. Auch der »Hofjäger« hatte zu jener Frist noch ein anderes Gesicht. Soviel ich mich erinnere, gab's auch damals schon die Brücke, die von der Hofjägerallee zum Zoologischen Garten hinüberführte. Der »Hofjäger« mit seinen vielen Fliederlauben war wohl das beliebteste Fleckchen für Nachmittagsfreuden, das man kannte. Überhaupt: Futterplätze hat's auch schon früher im lieben Berlin genug gegeben. Nur dass sie den bescheideneren Ansprüchen der damaligen Zeit angepasst waren und dass man mehr Grün und Blumen um sich hatte, mehr freie, gute Luft, mehr harmlose Fröhlichkeit. Ur-, uralt dünkt man sich, wenn man mit nachdenklichen Erinnerungsaugen die alten Wege durchstreifen geht und nichts mehr findet, was einen damals freute. Man kann gar nicht glauben, dass es nur die dreißig, vierzig Jahre bis zur eigenen Kindheit zurück sein sollen, die man wandern muss; es scheinen hundert zu sein. An den unpersönlichen, kalten Steinkolossen von heute zerschellen die zarten Glöckchen, deren Klingklang von alten Zeiten erzählen will. Sie verwehen auch in dem dröhnenden Straßenlärm von neunzehnhundertundsoundsoviel. Es ist schlecht nachdenken und Bilder suchen, wenn die Kraftdroschken tuten, die Straßenbahnen gellen, die Zweiräder vorbeiflitzen, die Autobusse stöhnen. Man lacht, wenn man sich zu vergegenwärtigen sucht, wie großartig man sich vorkam, als in Berlin die allererste »Pferdeeisenbahn« zustande kam. Sie führte vom Kupfergraben nach Charlottenburg Es war ein besonderes Fest, etwas ganz Außerordentliches, wenn man damit fahren durfte. Und die glorreiche Zeit der Droschken

F. Jüttner

»Ut mine Stromtid«
Der Ersatz der Pferdekraft durch den elektrischen Strom
Der Pferdebahn-Gaul:
So leb' denn wohl, du teures Haus,
Man treibt elektrisch mich hinaus!

erster und zweiter Klasse! Wie lange wird's dauern, dann hat die letzte Rosinante ausgeatmet und man weiß nur noch vom Wettstreit der Automoppel dieser oder jener Firma. Alsdann werde ich mit mehr

Eindruck, als heute schon möglich, von der Droschkenfahrt erzählen können, die mein Vater einmal mit uns machte. Es ging nach dem Tiergarten, zur Ecke der Bendlerstraße, wo jener große, tiefe Garten lag, an dem sich auch nur noch die älteren Jahrgänge von uns erinnern werden. Der Maler Kossack wohnte dort lange Zeit. Unsere Droschke, natürlich Zweiter, zuckelte behaglich dahin. Damals hatte man es allerwege noch so eilig nicht wie heute. Im Gegenteil, der Genuss wurde dann erst richtig ausgekostet. Plötzlich aber, auf der Hälfte des Weges, hält der Kutscher ganz an. Langsam steigt er ab, mit diesem für mich unvergesslichen, senkrechten Plumps in den unförmlichen Stiefelklötzen. Langsam kommt er, ohne ein Wort, an den Schlag, reißt ihn auf, hält einen Moment an, haut ihn wieder zu, geht und steigt wieder auf, fährt weiter. Wir sitzen immer noch ganz starr vor Verwunderung da.

»Was fällt dem Mann ein?«, fragt endlich mein Vater und will ihn mit dem Stock in den Rücken puffen. Ich bin aber schon auf dem Rücksitz und halb um ihn herum auf dem Bock. Was los sei? Was das eben zu bedeuten gehabt habe? Jetzt dreht er sich mit einer großen Schraubenwindung auf seinem Bock herum und sagt, geheimnisvoll lächelnd: »Sind Se man stille, det mein Jaul nischt merkt. Dem wird det zu lang bis dahin. Un denn wird er·tücksch. Nu bin ick runterjejangen von'n Bock un habe uffjemacht un widder zujemacht; nu denkt er, et fin zwee Fuhren. Un nu is et jut.«

2. Der böse Schulrat X.

BERLINER PENNALERLEBNISSE

Da war ein armer, junger Kerl, ein feiner Kopf mit guter Zukunft, den alle seine Lehrer als etwas Besonderes kannten. Aber von einer kläglichen Nervosität und Ängstlichkeit, sehr leicht aus der Fassung zu bringen. Den fragte X.[4] beim Examen: »Nennen Sie mir die weibliche Form des Namens: Eduard, in Anlehnung an die Formen: Wilhelm, Wilhelmine, Friedrich, Friederike usw.« Mein Freund steht starr, ver-

---

4   Gemeint ist der wegen seiner Strenge berüchtigte Schulrat Klix.

blüfft, fängt an, unter X. scharfem Blick zu frieren, wird bleich, verwirrt sich, weiß nicht, was er antworten soll. X. fragt dringlicher, schon mit dem bekannten scheußlichen Unterton von Hohn in der Stimme: »Sie wissen das nicht? Unbegreiflich. Sehr bedeutsam für Sie. Besinnen Sie sich, aber etwas schnell.« Nichts kommt. »Sie wissen das tatsächlich nicht? Schön. Ich werde es Ihnen sagen: Kunigunde. Ich lasse Sie durchfallen, verstehen Sie? Ein junger Mann muss Geistesgegenwart haben, ein junger Mann muss Humor haben, wenn er es zu etwas bringen will. Ihnen fehlt beides. Sie taugen nicht für irgendeinen Beruf. Ich lasse Sie durchfallen. Setzen Sie sich.« In diesem Augenblick fiel das Visier. Sämtliche anwesenden Lehrer, der Direktor an ihrer Spitze, standen auf und nahmen Partei für den Jungen. Sie machten dem Schulrat klar, dass dieser Moment mitnichten in irgendeiner Art entscheidend sei, dass seine Art der Fragestellung geeignet sei, auch einen robusteren Jüngling aus der Fassung zu bringen, dass diese Frage überhaupt außerhalb der Prüfungsberechtigung bliebe. X. blieb bei seinem Beschluss: Durchfall. Nun erklärten alle Lehrer, wieder in Übereinstimmung mit ihrem Direktor, dass sie ihr Amt niederlegten, wenn sie es in Gemeinschaft mit dem Herrn Schulrat zu führen gezwungen würden; sie verweigerten ihre Beteiligung an dieser Gewaltmaßregel, die unerhört sei. Männiglich stand auf, trat zusammen, erklärte die »Versammlung für aufgelöst« und machte sich zum Fortgehen bereit. Der Herr Schulrat wurde etwas bleich, etwas verlegen, räusperte sich – und lenkte ein. Ich vergesse nie den Sturm von Jubel, der durch die Schule ging, als diese Sache ruchbar wurde. Es fehlte nicht viel, so trugen wir unseren Freund auf den Schultern über den Schulhof. Dies war einer der seltenen Fälle, wo X. sich für überwunden erklären musste. Es mag ihn genug gegiftet haben. Ganz so drastisch spielten sich die anderen Geschichten, die wir erlebten, ja nicht ab und der Humor, dessen Fehlen er bei unserem nervösen Freund so streng rügte, hatte meist die oberste Stimme bei dem nie endenden Kampf mit dem bösen Drachen. Am besten verstand es Schellbach mit ihm umzugehen, am besten auch uns zu helfen, wo er uns der Hilfe würdig und bedürftig wusste. Denn gerecht war er bis in die Knochen. Einem, der es nicht verdiente, hätte er nicht durchgeholfen. Er kannte uns wie nur einer seiner Leute und wusste, wer etwas vor sich gebracht hatte und wem das verflixte Examen einen Knüppel zwischen die Beine warf. Er wusste, wie es natürlich alle verständigen Lehrer wissen, dass das offizielle Examen eine Spiegelfechterei ist und nichts beweist, weder für, noch gegen. Es kann ein Schafskopf glatt durch die Prüfung schlüpfen, wenn er Glück hat und es kann ein tüchtiger Kerl reinfallen, dass es knackt, wenn er Pech haben soll. Schellbach verstand es großartig, X.'s giftige Pfeile aufzufangen; ihm half seine mit Humor gesättigte Wurstigkeit, die sich von dem Schulgewaltigen um keinen Preis einschüchtern ließ und ihm darum überlegen blieb. Schon bei der Beaufsichtigung der schriftlichen Arbeiten begann sein mildes Regiment. Er brachte sich eine Nummer der »Times« mit in die Klasse und setzte sich damit in die Fensternische, den Rücken zum Licht. Die Zeitung, soweit sie nur ging vor sich ausgebreitet, sodass er ganz dahinter verschwand, machte er es sich gemütlich. »Also, ich läse jetzt«, sagte er in seinem erschütternden Sächsisch. Jetzt war er so gut wie weg. Hin und her wanderten die Zettel, still und emsig ging die gemeinschaftliche Arbeit vonstatten, in fröhlicher, lautloser Übereinstimmung wurde alles erledigt. Von Zeit zu Zeit ertönte Schellbachs warnende Stimme laut und langsam: »Cheben Se acht, ich pläddere jetzt um!« Im Nu verschwand alles Gefährliche unter den Tischen und wie die Lämmer saß alles da, wenn der Alte um die Ecke schielte. »So, nu läs' ich wieder weider.« Und »weider« ging die Arbeit. Er wusste es, aber er wusste auch, was er tat, indem er hinter seiner Schanze saß. Wer nichts taugte, den kannte er so gut wie die Brauchbaren. Einmal ganz kurz vor der mündlichen Prüfung traf er einen seiner Lieblinge auf dem Korridor. Er wusste, dass das einer war, der sich vollkommen verheddere, obwohl er in ruhigen Zeiten seinen Mann stand. »Nu, wie chät's denn?«, fragte er. »Ach, Herr Professor, ich fall rein, ich kann gar nichts, ich bin schon ganz kaputt.« – »Nu, Se wer'n doch was genn'n!« – »Ach, ich kann höchstens den binomischen Satz.« – »Nu, wer wer'n ja sähn.« – Im Examen stellte ihm X. eine ganz infame Frage, aber schnell schob sich Schellbach dazwischen. »I bewahre, das is für dän viel zu leicht!« und mit drohendem Ton zu dem Jungen: »Nähmen Se mal den binomischen Satz!« Schnurr, ging die Geschichte herunter, glatt, wie von der Haspel. »I, sähn Se mal, das hätt'ch dochgar nicht getacht. Setzen Se sich.« Der Schulrat war verblüfft. Es blieb bei der Frage. Er wollte sich nicht zu sehr verraten, nicht zugeben, dass ihm Schellbach in Mathematik höllisch über war. Schellbach wusste es aber auch ohne das und ließ die Gelegenheit, den argen Herrn anzuulken, nicht vorübergehen, wenn es ihm gerade dienlich schien. »Das wissen Se nich? Das weiß ja sochar der Herr Schulrat!«, sagte er einmal mit tief verwundertem Gesicht, als eine Antwort ausblieb. Vor Freude kam der Schüler noch zur rechten Zeit zu sich und konnte Bescheid geben. – –

Nicht immer brauchten wir die Hilfe der Lehrer. Es gab auch Geistesgegenwärtige, die sich selber durchschlugen. Das ärgerte X. dann am meisten. »Wo mündet die Panke in die Spree?«, fragte er mit Stoßvogelheftigkeit und Plötzlichkeit einen solchen fixen Kerl. Wie eine Rakete schoss der aber in die Höhe, und mit der gleichen Stoßvogelheftigkeit und Plötzlichkeit schmetterte er die Antwort: »Schiffbauerdamm 17, mit einem Gefälle von drei Fuß.« – X. saß starr, nickte dann verstört und ging weiter.

»Dämels Ecke hat das Wort!«

Von Wilhelm Raabe

(Aus »Villa Schönow« 4. Aufl. Verlagsanstalt f. Literatur u. Kunst, Hermann Klemm A.G., Berlin-Grunewald)

Der Berliner Hofschieferdeckermeister Schönow, selbst ein Veteran von 1866, hat soeben, zu Besuch in einer deutschen Kleinstadt, den reichen Stadtrat Liebelotte aus dessen Stammlokal »Dämels Ecke« fortgegrault, weil dieser einem im Sterben liegenden Veteranen von 1870 die Hypothek auf dessen Häuschen gekündigt hat, und hält nun den anwesenden Honoratioren diese Standpauke:

»Hab ick et mich doch jleich jedacht, dat se mir den Nassauer, den Potsdamer, den Weltstädter, den Jardeleutnant und den alljemeenen deutschen Reiseonkel in eene Persönlichkeit uffmutzen werden! Wollen Sie jütigst auch was anderes nicht dabei verjessen, wenn Sie mal vater- un mutterlos uff die Jrenze zwischen Moabit und Martinikenfelde aus die Taufe jehoben werden sollten, meine Herrn; nämlich det wenn auch jroßartige, so doch merkwürdige Jefühl, als eijntliche Wiege man bloß den janzen Ersatzbezirk des siebten Brandenburgschen, Infanterie-Rejiments Nr. 60 – Ober- und Niederbarnim, Teltow und beiläufig ooch det biscken Stäteken Berlin – zu haben! ... Wer hat da ebnt det jroße Wort fallen lassen, Kameradschaft hin, Kameradschaft her?! Meine Herrn, der vormalije Unteroffizier im siebten Brandenburgischen Infanterierejiment und jetztige Landsturm und Berliner Hausbesitzer Schönow bemerkt Ihnen doch, dass Sie in diesem Falle ihn mit Ihre bekannte verdeckte Anspielungen uff die bekannte Ansiedelung am Strand der Spree doch nur bis an die Pelle kommen. Det süße Innerste kriegen Sie damit noch lange nicht raus. Jetzt haben se im vorigen Jahr die Sechziger nach Düsseldorf verlejt und die Rheinländer und nicht mehr die Teltower, die Treptower, die Lützower, die Tempelhover, die Rirdorfer, die Schmargendorfer, die Plötzenseer, die Weißenseer, die Stralauer, die Rummelsburger und det übrige unzälije Gänsekleen liefern mehr den Bedarf an Füssielierfleesch und Jrenadierknochen für't Sechzichste. – Aber – Schönowen sein Heimatsgefühl haben sie damit nich'n Ende gemacht und seine Kameradschaftsjefühle hält er uffrecht, soweit sie abends Punkte Neune von Memel bis Metz det Volk und die Brüderschaft in Waffen mit dieselbe Trommel und Hornmelodie ärgern und sie in die Kommissflaumfedern locken. Und in diesen Sinne, wie Joethe jesagt haben soll, trete ick immer als richtiger Berliner in jede Provinz, wo et sich um eenen Kameraden in Schwulibus handelt, möglichst feste uff, und wenn et sich ooch um die höchsten sittlichen Fragen in Hinsicht uff die Hosentasche handelt, wie Nothschild, Bleichröder und die übrigen Klassiker in det Fach sagen. Und wenn jemand mich jar noch mit olle Anspielungen uff die ollen verjährten Annexionen von Anno bis ans Ende von de Dinge, Dietrich von de Wilhelmshöhe und sonstige wirkliche, dämliche Nassauereien uff den Pelz rücken sollten, so verkündije ich hier an Dämels Ecke, jetzt nischt weiter als: jrade darum! ... Womit ick bloß sagen will, det man ja jedem seine persönlichen Jefühle jerne hochachten und doch bei außerjewöhnliche Jelegenheiten von ihm verlangen kann, dass er in einem speziell jejebenen Fall einmal jroß und nich bloß an seine anjeborene Privatranküne oder, wie jesagt, sein

171

innigstes Portmonnaie denkt. ... Ick hätte zum Exempel in Liebelottes Stelle jetzt nich det Kaptal in de Hundswede jekündigt; und wat hab ick denn anderes verböst, meine Herrn, als dass ick det offen ausjesprochen habe? Det er daruff sofort hinjing und nich mehr sang, is mir für die alljeemeene Jemütlichkeit hier am Tische zwar een Verlust! Aber da könnte doch jeder kommen und jleich seine – Jeige unterm Arm nehmen, wenn zufällig 'ne neue Variation von die schöne Melodie ›Seid umschlungen Millionnen‹ uff 's Pult jelegt wird. Det ick jetzt mein Instrument darniederlege, hat einen anderen Jrund. Garcon, ankore eenen! Wat unser soeben leider hinjejangener Freund, wie ick vernahm, noch in die Tür Berliner Wind in mir nannte, habe ick vollkommen ausjeflötet – die reene Nachtigall nach Johanni. Wilhelm Schönow is men Name und – Dämels Ecke hat das Wort!«

F. Koch-Gotha

Spannender Augenblick in der Wahlversammlung
R e d n e r : Das ganze Volk soll einstimmen in den Ruf ...
S t i m m e   a u s   d e r   V e r s a m m l u n g : Kellner, zweimal Gänseklein.

Kleine Bilder

Von Theodor Fontane

(»Gedichte« J. G. Cotta'sche Buchhandlung Nachf. Stuttgart)

Lebenswege

Fünfzig Jahre werden es ehstens sein,
Da trat ich in meinen ersten »Verein«.
Natürlich Dichter. Blutjunge Ware:
Studenten, Leutnants, Refrendare.
Rang gabs nicht, d e n verlieh das »Gedicht«,
Und ich war ein kleines Kirchenlicht.
So stand es, als Anno vierzig wir schrieben,
Aber ach, wo bist du, Sonne, geblieben,
Ich bin noch immer, was damals ich war,
Ein Lichtlein auf demselben Altar,
Aus den Leutnants aber und Studenten
Wurden Generäle und Chefpräsidenten.
Und mitunter, auf stillem Tiergartenpfade,
Bei »Königin Luise« trifft man sich grade.
»Nun, lieber F., noch immer bei Wege?«
»Gott sei Dank, Exzellenz, ... trotz Nackenschläge ...«
»Kenn' ich, kenn' ich. Das Leben ist flau ...
Grüßen Sie Ihre liebe Frau.«

Auf dem Matthäikirchhof

Alltags mit den Offiziellen
Weiß ich mich immer gut zu stellen,
Aber feiertags was Fremdes sie haben,
Besonders wenn sie wen begraben,
Dann treten sie (drüber ist kaum zu streiten)
Mit einem Mal in die Feierlichkeiten.
Man ist nicht Null, nicht geradezu Luft,

173

Aber es gähnt doch eine Kluft,
Und das ist die Kunst, die Meisterschaft eben,
Dieser Kluft das rechte Maß zu geben.
Nicht zu breit und nicht zu schmal,
Sich flüchtig begegnen, ein-, zwei-, dreimal.
Und verbietet sich solch Vorüberschieben,
Dann ist der Gesprächsgang vorgeschrieben:
»Anheimelnder Kirchhof ... beinah ein Garten ...
Der Prediger lässt heute lange warten«,
Oder: »Der Tote, hat er Erben?
Es ist erstaunlich, wie viele jetzt sterben.«

Was mir gefällt

Du fragst: »Ob mir in dieser Welt
Überhaupt noch was gefällt?«
Du fragst es und lächelst spöttisch dabei.
»Lieber Freund, mir gefällt noch allerlei:
Jedes Frühjahr das erste Tiergartengrün,
Oder wenn in Werder die Kirschen blühn,
Zu Pfingsten Kalmus und Birkenreiser,
Der alte Moltke, der alte Kaiser,
Mit dem gelben Streifen der ›Halberstädter‹;
Kuckucksrufen, im Wald ein Reh,
Ein Spaziergang durch die Lästerallee,
Paraden, der Schapersche Goethekopf
Und ein Backfisch mit einem Mozartzopf.«

Land Gosen

Oft hör ich: »Unsre gute Stadt
Augenscheinlich eine Verheißung hat,
Der Himmel, der uns so hegt und pflegt,
Hat uns alles wie vor die Türe gelegt.
Ja ja, wir haben es leicht und bequem:
Im Brieselang Eichen, in Glindow Lehm,

In Rauen Kohlen, in Linum Torf,
Kalkgeschiebe bei Rüdersdorf,
Im Grunewald Schwarzwild, Hirsch und Reh,
Spargel *en masse* bei Halensee,
Dill und Morcheln und Teltower Rüben,
Oderkrebse hüben und drüben,
Auf dem hohen Barnim Fetthammelherden
(Werden mit nächstem Southdowns werden),
Königshorster Butter, in Sperenberg Salz,
Im Warthebruch Gerste, Graupen und Malz,
In Kienbaum Honig, im Havelland Milch,
In Luckenwalde Tuch und Drillch,
Bei den Werderschen Kirschen und Aprikosen
Und bei Potsdam ganze Felder von Rosen.
Nichts entlehnt und nichts geborgt,
Für Großes und Kleines ringsum gesorgt,
Und gesorgt vor allem auch (und nicht schlecht)
Schon für unser kommendes Geschlecht,
Dess' sind uns Gewähr unsre lieben strammen
Und fast unmöglichen Spreewaldsammen.

F. Koch-Gotha

Zur Übung. *»Wo reiten die Ulanen hin, Papa?«* – *»Nach dem Tempel-hofer Felde.«* – *»Was machen die denn da?«* – *»Stoob.«*

Wurzels

(Berliner Ehedialoge)

»Wurzel, wir wollen nun an die See,
Heute (als letztes noch) koch ich Gelee,
Friederike bleibt und sorgt für Torf,
Ich denke, wir gehen nach Heringsdorf.«

»Ahlbeck.«

»Wurzel, mit Hermann wird es nun Zeit,
Alles hier draußen ist freilich soweit,
,s Gymnasium auch (und täglich zwei Mal),
Aber mit Pferdebahn ist es egal,
Ich denke mir also ›Joachimsthal‹.«

»Steglitz.«

»Wurzel, der Winter ist nun bald da,
Mir graut schon vor dem Gesellschaftstrara.
Aber was hilft es (sie reden schon),
Also Scherzers, Kopisch, Liliencron
Und vielleicht die Familie Levysohn ... «

»Meyers.«

»Wurzel, du bleibst doch, wie du bist,
Ein Igel an dir verloren ist,
In der Tanzstund', als Bräutigam und nun ehlich
Immer gleich aufbäumsch und unausstehlich;
Mag man sich noch so den Kopf zerbrechen,
Du widersprichst, um zu widersprechen,
'ne Scheidung gibt es schließlich d o c h !«

»Ich denke mir, du besinnst dich noch.«

H. Zille

»Mutta, schmeiß' Stulle runta!«

Warum Herr Tübekke geheiratet hat

Von Max Ring

(Aus »Berliner Leben«, Concordia, Deutsche Verlagsanstalt)

(Ring schildert das Muster eines Berliner Weißbierphilisters, den Vorkost- und Materialwarenhändler Tübekke, der in seinem sehr korpulenten Äußeren doch ein gutes Herz barg. Ring gewann sich sein Vertrauen dadurch, dass er ihm ein einigermaßen erfolgreiches Mittel gegen seine Fettsucht verriet. Zum Dank dafür lud Herr Tübekke seinen neu gewonnenen Freund zu einem Sonntagsbraten ein, bei welcher Gelegenheit Tübekke ihn seiner Frau und seinen Kindern vorstellte. Während der älteste Sohn bereits Student der Theologie war, zählte das jüngste Kind höchstens acht Jahre. Auf Rings verwunderte Frage, er habe sich wohl recht spät zum Heiraten entschlossen, da er noch so kleine Kinder habe, entspann sich folgendes Gespräch:)

»Das hat seine Bewandtnis«, lächelte mein Freund. »Ich war dreiundzwanzig Jahre, als ich meine Selige nahm.«

»Sie sind also zum zweiten Male verheiratet: das habe ich nicht gewusst. Dann sind Ihre Kinder aus Ihrer jetzigen Ehe?«

»Nein! Ich habe weder mit einer ersten, noch mit meiner zweiten Frau Kinder gehabt.«

»Also ist Ihre Familie Ihnen zugebracht worden.«

»Auch nicht zugebracht. Es ist eine eigene Geschichte. Eher könnte ich sagen, dass mir die Kinder meine jetzige Frau zugebracht haben.«

»Ich gestehe Ihnen, dass ich das nicht recht begreife. Sie sprechen in Rätseln. Sind denn das nicht Ihre Kinder?«

»Wie Sie's nehmen wollen. Es sind meine Kinder und auch wieder nicht. Jedenfalls aber liebe ich sie wie mein eigenes Blut. Ich habe die ganze Familie adoptiert.«

»Sechs Kinder adoptiert! Das dürfte in der Tat nur selten vorkommen oder vielleicht noch gar nicht dagewesen sein«, versetzte ich erstaunt …

»Das ist ganz einfach«, sagte mein dicker Freund. »Meine Selige war die beste Frau von der Welt, ein wahrer Engel, zu gut für diese Welt. Ich habe 25 Jahre mit ihr in der schönsten Eintracht wie im Himmel gelebt. Ihr einziger Kummer war nur, dass wir keine Kinder hatten. Da erkrankte mir die gute Frau und wurde täglich schwächer und schwächer, obgleich ich alles aufbot, um sie zu erhalten ... Wie sie so auf dem Sterbebette lag, rief sie mich heran und reichte mir die Hand. ›Du tust mir leid, Tübekke‹, sagte sie zu mir, ›und es schmerzt mich, dass ich dich verlassen muss. Aber ich halte es nicht für gut, dass du allein bleibst.‹ – ›Du willst doch nicht, dass ich eine andere Frau nach deinem Tode nehme‹, fragte ich entsetzt über einen solchen Gedanken. ›Das gerade nicht‹, lächelte sie, wie nur die Engel im Himmel lächeln können, ›aber du musst eine Menschenseele zu deinem Trost haben, wenn ich nicht mehr bin. Wie du weißt, habe ich eine Freundin, die in meiner Vaterstadt an einen armen Schullehrer verheiratet ist. Die gute Julie hat mehr Kinder als Brot im Hause. Sie wird dir gern das älteste überlassen; damit wird ihr und auch dir geholfen sein.‹ So sprach meine Selige und bald darauf schloss sie für immer ihre treuen Augen.«

»Sie muss eine ausgezeichnete Frau gewesen sein«, bemerkte ich mit aufrichtiger Teilnahme.

»Das war sie. Ihr letzter Gedanke, ihre letzte Sorge war um mich. Ich folgte ihrem Rat und reiste gleich nach dem Begräbnis zu ihrer Freundin, die in der größten Not lebte und mir gerne den Jungen überließ, den ich wie meinen eigenen Jungen bei mir erzog. Außerdem tat ich, was in meinen Kräften stand, um dem armen Lehrer zu helfen ... Leider hatte der Ärmste die Schwindsucht, mit der er sich noch einige Jahre hinschleppte, bis ihn endlich der Tod von all seiner Not erlöste. Als ich die traurige Nachricht erhielt, tat ich meine Christenpflicht. Ich besuchte die Witwe und versprach ihr, nach Kräften für sie zu sorgen. Ich fand sie ganz ratlos, da sie nicht wusste, was sie mit den fünf Kindern bei einer Pension von 50 Talern anfangen sollte. Da kam mir plötzlich ein Gedanke, den mir ein guter Geist eingab. ›Weinen Sie nicht, heulen Sie nicht!‹, sagte ich zu der betrübten Frau. ›Ich bin ein wohlhabender Mann und der alte Gott lebt auch noch. Wenn Sie wollen, so nehme ich d e n g a n z e n S c h w a m m , die fünf übrigen Kinder zu dem ältesten noch dazu. Schlagen Sie ein und die Sache ist abgemacht. Natürlich werde ich dafür sorgen, dass auch Sie keine Not leiden sollen.‹

Ich hätte dem dicken Vorkosthändler um den Hals fallen mögen, als er das alles so einfach und schlicht mir erzählte, als ob er die gewöhnlichste Geschichte mir berichtete. Ich begnügte mich jedoch, ihm die

Hand warm zu drücken. »Die Witwe nahm natürlich Ihr edles Anerbieten mit großer Freude an?«, setzte ich hinzu.

»Das gerade nicht«, erwiderte der gute Vorkosthändler. »Dafür war sie Mutter und liebte ihre Kinder. Sie wollte ihnen die gebotene Versorgung nicht entziehen und doch konnte sie von den Kindern nicht lassen. So schwankte sie hin und her, ohne zu einem festen Entschluss zu kommen, bis ich kurzen Prozess machte und ihr vorschlug, mich zu heiraten und mit den Kindern in ein Haus zu ziehen. So hatte ich mit einem Mal den g a n z e n K r e m p e l.«

»Sie sind wirklich ein bewunderungswerter Mann.«

»Na! Ich habe keinen Grund, die Geschichte zu bedauern. Die Kinder waren ein rechter Trost und Segen für mich; sie sind prächtig gediehen und machen mir viele Freude ... Wenn ich dann die Augen einmal zudrücke, so weiß ich, dass ich nicht umsonst gelebt habe und dass ich dankbare Herzen zurücklasse, die um den alten Tübekke trauern werden.«

So sprach und handelte der Berliner Weißbierphilister, für den ich seitdem die höchste Achtung empfand. Hüllte doch sein dicker Körper die edelste, beste Seele ein ...

Fritz Koch-Gotha

Umzug

»In wieviel Teile zerfällt'n det Biffeh, Herr Krause?«
»Det wird janz druff ankommen, wie Se't hinschmeißen!«

Der Rundreisewirt

Von Max Kretzer

(Aus »Ausgewählte Werke« von Max Kretzer, Verlag Oestergaard,
Berlin)

Mein Hauswirt ist ein höchst origineller Herr, der zu jener angenehmen Sorte von Menschen gehört, die der Berliner Volksmund kurzweg
Sechsdreierrentiers zu bezeichnen pflegt. Das sind gemeinhin Leute,
die ihren alten Beruf längst vergessen haben und ihren neuen darin
erblicken, in ihren vier Wänden mit den Pfennigen zu rechnen, auf der
Straße wie kleine Sultane dahinzuschreiten und an ihrem Stammtisch
jede Gelegenheit zu benutzen, um von ihrem »großen Hause« zu
reden, wobei die »hohen Erträgnisse« eine bedeutende Rolle spielen.
In der Regel vergessen sie aber dabei zu erwähnen, dass sie vorsichtig
genug waren, sich Häuser mit flachen Dächern zu wählen, damit die
Hypotheken Platz genug haben.

Die Hypothekenzinsen! Das ist das Schreckenswort dieser kleinen
Tyrannen, das mir auch hauptsächlich Veranlassung gab, in mannig-
fachen Handlungen meines Hauswirtes jene köstliche Originalität zu
sehen, die auf Naturen, die für Humor empfänglich sind, gerade deswegen so still erheiternd wirkt, weil sie dem Urheber unbewusst ist.

Bereits vor sieben Jahren, als ich zuerst das·Vergnügen hatte, zu seinen Mietern gezählt zu werden, lernte ich ihn von dieser Seite kennen. Es war im Mai und ich hatte etwas sehr Notwendiges mit ihm zu
besprechen, weil er es bisher andauernd vermieden hatte, sich wegen
einer Reparatur bei mir sehen zu lassen. Es stand das in einem auffal-
lenden Gegensatz zu der Eilfertigkeit, mit der er die Miete entgegen-
genommen hatte.

Als ich etwas hastig an dem Klingelknopf der ersten Etage gezogen
hatte, wurde mir auf meine Frage, ob Herr Schultze anwesend sei, von
einem sehr unschuldsvoll gekleideten Hausmädchen die hochmütige
Antwort, dass »Schultzes« hier nicht wohnten. Ich hätte beschwören
können, vor kaum einer Woche von meinem Hauspascha in dieser
Wohnung empfangen worden zu sein, redete mir jedoch ein, mich

geirrt zu haben. So klingelte ich denn etwas ärgerlich auf der anderen Seite, erfuhr aber dieselbe Abweisung, allerdings mit dem höflichen Zusatz, dass Herr Schultze »verzogen« sei. Richtig, hier stand ebenfalls ein anderer Name auf dem Schild.

Mir wurde beängstigend zumute. Wie konnte ein Wirt plötzlich verzogen sein, den ich mittags noch hatte über den Hof schreiten sehen! Ich klopfte also an die kleine Scheibe des Portiers und bekam die freundliche Antwort: »Herr Schultze ist jetzt immer auf dem zweiten Hof zu sprechen.«

»Eine sonderbare Manier, einen Hof zum Sprechzimmer zu machen«, dachte ich, entschuldigte aber in Gedanken den Vielgesuchten sofort damit, dass er vielleicht das Haus mitsamt seinem eigenen Inventar über Nacht verkauft haben könne und nun dabei sei, unter freiem Himmel die rückständigen Mieten einzukassieren. Dann hätte er sich immerhin einen würdigen Abgang verschafft.

Der zweite Hof lag hinter dem sogenannten Gartenhaus, einem vierstöckigen Quergebäude, das die erste Bezeichnung deswegen erdulden musste, weil die hinteren Fenster nach einem Holzplatz hinausführten, in dessen Mitte ein halb verkümmerter Obstbaum stand, der niemals Früchte trug. ...

Ich fand Herrn Schultze, wie er dabei war, die Mauer, die beide Grundstücke trennte, mit dem schönsten Grasgrün anzustreichen, was er mit einer Geschicklichkeit tat, als hätte er vor seinem Rentiertum die Beschäftigung eines »Öllöwen« mit Erfolg ausgeführt.

»Aber bester Herr Schultze, was machen Sie denn da?«, fragte ich verblüfft, förmlich geblendet von der leuchtenden Farbe.

»Was soll ich machen? Ich bin dabei, mein Versprechen zu erfüllen!«, gab er ernst zurück, indem er mich mit seinen wasserblauen Augen über die Brille prüfend anblickte, als wollte er meine Absichten erraten. Und meine fragende Miene bemerkend, fügte er sofort hinzu: »Ich habe die Souterrainwohnung hier vermietet – mit der Aussicht ins Grüne. Also! Man muss immer sein Wort halten.«

Ich musste lachen, da ich sofort an das »Gartenhaus« dachte und an die Annehmlichkeiten, die dem neuen Mieter geboten werden sollten. Vergnügt grinste er mit; dann sagte er wieder: »Die da oben haben's besser. Die sehen den schönen Nussbaum da drüben. Die hier unten aber haben nichts fürs Auge. Also muss man die Natur schaffen. Wenn nicht anders mit 'nem großen Pinsel. Nun ziehe ich noch mit 'nem Lineal ein paar Spaliere rüber, dann ist die Laube fertig. Wie gesagt, man muss sein Wort halten.«

F. Koch-Gotha
Der Herr Portier als Sachverständiger
»Ja, die Decke is nass, det muss Wasser sind.«

Sein andauernder Ernst stimmte mich aufs Neue heiter. Und als ich ihn so betrachtete, wie er vor mir stand, in einen alten, ausgedienten, ihm zu weit gewordenen Sommerüberzieher gehüllt, ein verblichenes Hauskäppchen auf dem Schädel, einen unbeabsichtigten Farbentupfer auf der Nasenspitze, in der langen, knochigen Rechten den Pinsel, während die Linke in der Seite gestemmt war, konnte ich seine Erscheinung mit dem prächtigen Vorderhause und allem, was drum und dran hing, nicht recht in Einklang bringen. Er sah aus wie ein Herr und Gebieter, der sein eigener Hausknecht war.

»Sie sind auch Künstler, wie ich sehe«, sagte ich wohlwollend, während mir die Augen beim Anblick der giftigen grünen Farbe fast wehe taten. »Angenehme Beschäftigung, ein großes Freskobild zu malen«, fuhr ich ermunternd fort. »Haben Sie keinen Gehilfen dabei?«

Sofort fiel er lebhaft ein, indem er an seiner Brille rückte und dabei mit den beschmierten Fingern der linken Wange einen Farbenklecks versetzte. »Glauben Sie nur nicht, dass das ein Muss von mir ist. Kein Mensch muss müssen. Es macht mir Spaß, die Arbeit selbst zu verrichten. Das bringt das Blut ganz gehörig in Bewegung. Und alte Liebe rostet nicht.«

Nun stand bei mir fest, dass er schon früher den großen Pinsel tapfer geschwungen habe. »Wo wohnen Sie denn jetzt, Herr Schultze?«, fragte ich, ärgerlich darüber, für mein schweres Geld ihm nachlaufen zu müssen. Er schien dieser Frage ausweichen zu wollen, denn etwas bissig knurrte er hervor, während sein hageres, bartloses Gesicht noch spitzer wurde: »Sie kommen gewiss wegen des Töpfers, he! Wird gemacht, wird auf alle Fälle gemacht! Nur Geduld, nur ein wenig Geduld! In meinem Hause wird alles gemacht, nur Geduld müssen die lieben Mieter haben. Sie glauben kaum, wie viel die Handwerker in dieser Gegend zu tun haben.«

Mir fiel sofort ein, dass der Töpfer zu unserer Köchin gesagt hatte, er habe gerade augenblicklich die schönste Zeit, müsse aber erst auf die Ordre seines Meisters warten, da Herr Schultze zu knickerig sei. Ich schwieg aber und freute mich innerlich grimmig darüber, gleich auf zwei Jahre Kontrakt gemacht zu haben. So konnte ich noch öfter die erfreuliche Gelegenheit haben, von meinem liebenswürdigen Haustyrannen darauf aufmerksam gemacht zu werden, dass die Geduld seiner Mieter vertragsmäßig festgestellt sei. Da ich ihn aber doch ein wenig herausfordern wollte, so kam ich auf meine Frage nach seiner Wohnung zurück.

»Sie können sich fest darauf verlassen, morgen kommt der Töpfer!«, erwiderte er abermals ausweichend. Ich hatte die deutliche Empfindung, dass er mich foppen wollte und so wendete ich etwas kühl ein: »Und wenn er nicht kommen sollte, wo darf ich Sie benachrichtigen lassen?«

»Hier, hier – auf diesem Hof, Herr Doktor. Hier habe ich mein Zelt aufgeschlagen.« Er strich bereits ruhig weiter. Unwillkürlich blickte ich um mich, in der Erwartung irgendwo das »Zelt« zu entdecken, das ich übersehen haben könnte. »Wenn es aber regnen sollte, mein Herr?«, fragte ich und blickte nach oben in der Erwartung, dass er diesen Hinweis auf jeglichen Mangel einer Decke in seinem »Sprechzimmer« verstehen würde.

»Tut nichts, Herr Doktor, ich bin hier«, erwiderte er unverwüstlich, ohne sich in seiner Beschäftigung stören zu lassen. »Wir treten dann in den Flur. Hier bin ich auf alle Fälle.«

Mit meiner Geduld war es nun zu Ende. »Herr«, sagte ich streng und abweisend, »ich bin nicht gewöhnt, auf zweiten Höfen zu antichambrieren, falls ich von meinem Hauswirt empfangen zu werden wünsche. Ich bitte um Auskunft, in welcher Etage vorn Sie jetzt zu finden sind? Ich glaube, in ein anständiges Haus gezogen zu sein.«

Unter dem Eindrucke dieser Worte schien er zusammenzuklappen. Er stellte das Pinseln wieder ein, sandte mir einen verschüchterten Blick zu und stammelte mit einem Lächeln großer Verlegenheit: »Entschuldigen Sie, werter Herr Doktor. Es soll nicht wieder vorkommen. Aber wenn man so oft ziehen muss wie ich, dann nimmt man an, selbst der neueste Mieter wisse schon, worum es sich bei mir dreht. Ich befinde mich wieder auf der Rundreise ...«

Wir mussten unser Gespräch abbrechen, denn er bekam Besuch von anderer Seite. Erst am folgenden Tage bekam ich die nötige Aufklärung über seine neueste »Rundreise«.

Er hatte die größte Hälfte der Beletage, die längere Zeit leer gestanden hatte, nur zur »Aushilfe« benutzt, weil er seine eigene Wohnung im obersten Stockwerk des Gartenhauses eher an den Mann bringen konnte. Nun, da er die große Wohnung wieder vorteilhaft vermietet hatte, war ihm nichts anderes übrig geblieben, als sich ein Obdach in einer derSouterrainwohnungen des Hinterhauses zu suchen, deren Bewohner gezogen waren und für die sich bisher kein neuer Mieter gefunden hatte.

Im Laufe der Jahre kam ich dann immer mehr dahinter, was für solide Kniffe mein Hauswirt anwenden musste, um den Ausfall an Mieten durch Opfer auf Kosten seiner Ruhe auszugleichen. Er befand sich auf der steten Wanderschaft in seinem Hause, wohnte bald hinten, bald vorn, hatte Gelegenheit, alle Tapetenfarben sämtlicher Salons, Speise-, Wohn- und Schlafzimmer auf sein Gemüt wirken zu lassen und war sozusagen sein eigener geduldigster Mieter, der geschworen hatte, mit allem zufrieden zu sein und sich in das Unvermeidliche zu fügen.

Kein Hauswirt Berlins konnte sich besser von dem Größenverhältnis aller Zimmer, Küchen und Korridore in seinen Gebäuden über-

zeugt haben als er. Er war der gesuchteste Kunde der Möbeltrans-
porteure. Kaum war er im Gartenhaus warm geworden, so sah er sich
genötigt, wieder das Vorderhaus mit seiner längeren Anwesenheit zu
beehren, um »die Räume auszunutzen«, und kaum hatte er hier Zeit
gehabt, die Wände für die Schränke und Bettstellen auszumessen, so
rückte er auch schon in das Seitengebäude hinüber, weil dort gerade
eine Wohnung verlassen stand, während er hier zahlenden Leuten
Platz machen musste. Sein ewiges Pech kam daher, weil er niemals mit
den Mieten heruntergehen wollte. Er befürchtete, immer nachgiebiger
werden zu müssen, wenn er einmal damit angefangen habe ...

Da er kinderlos war und nur eine kleine Haushaltung hatte, so war
sein Umzug mit nicht zu großen Schwierigkeiten verknüpft.

F. Koch-Gotha

»Großer Cercle in der Portierloge« oder »Weshalb bei Schröders, Linde-
manns, Löwysohns und von Brennewitzens das Mittagessen erst um drei
fertig wird.«

Gewöhnlich wurde dieser etwas geheimnisvoll vorgenommen, entweder am frühen Morgen oder in den Abendstunden, damit man nicht
allzu sehr im Hause darauf aufmerksam würde. Umso größer war dann

die Überraschung, wenn man das würdige Haupt mit dem grünen Käppchen plötzlich an einem Fenster erblickte, an dem bisher andere Gesichter zu sehen gewesen waren. »Schultzes sind schon wieder mal gezogen« hieß es dann im Hause ... Eines Tages klingelte es bei mir und mein Hauswirt, von dem seit einiger Zeit die Mär ging, er habe sich seinen Kohlenkeller tapezieren lassen, trat vergnügt lächelnd in mein Arbeitszimmer und stellte sich mir als mein nächster Nachbar vor.

»Es wohnt sich ganz nett da drüben, wirklich nett«, begann er schmunzelnd. »Ich hätte gar nicht geglaubt, dass die Wohnung da drüben so geräumig und freundlich ist. Die Seite kannte ich noch gar nicht. Ich komme immer mehr zu der Überzeugung, dass ich viel zu billig vermiete. Viel zu billig!« Jetzt erst entsann ich mich, davon gehört zu haben, dass mein früherer Nachbar, ein Hauptmann, mitten im Quartal umgezogen sei, weil er versetzt worden war.

Ich tat Herrn Schultze den Gefallen und folgte ihm in sein neues Zigeunerheim, weil er mir riet in Erwägung zu ziehen, ob diese Wohnung, die ein Zimmer mehr habe, nicht vorteilhafter für mich wäre. Wie gewöhnlich war er lieber über die Hintertreppe gezogen, so dass seine neueste Wohnungshäutung nicht gleich ruchbar werden konnte. Seine Möbel reichten gerade für zwei Zimmer. Die übrigen, nach vorn gelegenen, waren völlig leer. Nur die Gardinen waren angebracht.

»Gardinen müssen immer dran sein, das macht einen besseren Eindruck«, sagte er mit einer großen Handbewegung. »Übrigens brauchen die Nachbarwirte nicht zu wissen, dass bei mir wieder etwas leer steht. Die freuen sich doch nur darüber.« Dann, als er meine prüfenden Blicke bemerkt hatte, fuhr er wie zur Entschuldigung fort: »Wundern Sie sich nicht über die Leere. Wir wollen nicht erst auspacken. Man kann nicht wissen ...« Ich verstand ihn. »Übrigens wohne ich diesmal wirklich umsonst«, fügte er selbstgefällig hinzu. »Die Miete ist bis zum nächsten Quartal bezahlt.« Vergnügt rieb er sich die Hände.

Nach ungefähr sechs Wochen sah ich nach dem Hofe hinaus, als ich Herrn Schultze erblickte, wie er den Kopf zum Bodenfenster hinausgesteckt hatte und dabei seine Pfeife rauchte. »Was treiben Sie denn da oben?«, fragte ich verwundert.

»Ich wohne jetzt hier auf dem Trockenboden«, rief er mir aufgeräumt zu. »Alles vermietet! Endlich einmal! Es haust sich oben ganz schön. Im Sommer geht's. Besuchen Sie mich einmal. Aber ich bleibe nur vierzehn Tage, dann wird meine neue Wohnung fertig sein. Ich lasse die Durchfahrt nach dem zweiten Hofe vermauern, das gibt zwei hübsche Zimmer ... Kaufen Sie sich nie ein Haus, niemals! Sie haben nur Sorgen.«

»Sie sind der richtige Rundreisewirt!«, gab ich zurück. Er nickte und erwiderte lachend: »Ich bin nicht der einzige im großen Berlin.«

Ja, wenn die Hypothekenzinsen nicht wären!

Paul Simmel

»Scherben bringen Glück!«
»Na, denn ooch v i e l G l ü c k in die n e u e Wohnung!« –

Feiner Verkehr

Von Julius Stinde

(Der »Familie Buchholz zweiter Teil«, Berlin, G. Grote'sche
Verlagsbuchhandlung)

… Wir waren durch meinen Schwiegersohn mit Lehmanns so bekannt
geworden, wie ich es liebe, ohne viele Komplimente, sondern bürger-
lich und ohne die stilvollen Plakate mit der Inschrift: »Genötigt wird
nicht!«, welche jetzt Mode werden, denn gerade das Anbieten macht
Vergnügen. Lehmanns werden jedoch mitunter wieder rückfällig in das
Vornehmgetue, wie wir zu unserem Leidwesen erleben mussten, was
sie umso weniger sollten, als die Frau für große Gesellschaften viel zu
schüchtern ist und der Mann sich dabei benimmt wie sein eigener Gast.

Schon vierzehn Tage vorher kam eine Karte von Wandkalender-
größe, worauf stand:

»Assessor Lehmann und Frau geben sich die Ehre, Herrn Buchholz und Frau nebst Fräulein Tochter auf Sonnabend, den 17. Januar,
um 8½ Uhr zum Tee ergebenst einzuladen. U. A. w. g.«

»Karl«, sagte ich, »dies ist eine Fracksache mit weißer Binde für
dich und eine wichtige Toilettenfrage für Betty und mich. Ich werde
leicht davonkommen, indem ich mein bordeauxfarbenes Hochzeits-
kleid ändern lasse.« – »Mit einem Anbau?«, warf mein Mann dazwischen. – »Karl«, erwiderte ich, »es ist indezent, von dergleichen zu
reden und ich verbitte mir überhaupt, dass du dein Augenmerk auf die
Äußerlichkeiten der Damenwelt wirfst. Was Betty betrifft, so haben
wir in der letzten »Modenwelt« ein pompöses Kostüm für die Saison
entdeckt.«

»Saison?«, fragte mein Karl. »Was verstehst du unter Saison?« –
»Nun«, erwiderte ich, »wenn Lehmanns einen Tee geben, das ist
Saison. Die Assessorin hat mir selbst gesagt, sie müssten mitmachen,
ihre gesellschaftliche Stellung erfordere es.« – »Wenn sie sich das nur
nicht einredet?« – »Karl, sie haben eine alte Exzellenz in der Familie
und die wollen sie zeigen. Ob das jedoch ein sogenannter Genuss für
die Gäste ist, darüber wollen wir schweigen.« Mein Karl lachte und

meinte, Exzellenzen wären immer sehr sehenswert, worauf ich sagte: »Lieber Gott, ich gönne ihnen die Exzellenz von Herzen gerne, denn was haben sie davon? Kostspielige Umstände und mageren Effekt!« ... Lehmanns Teeabend war mittlerweile fällig geworden.

Da die Einladung auf halb neun lautete, so kamen wir um gegen zehne immer noch zeitig genug, denn je feiner es sein soll, umso entsetzlich später erscheinen die Gäste. Wir waren noch lange nicht die letzten, obgleich die alte Exzellenz sich bereits eingefunden hatte und mit dem kahlen Schädel und den vielen Orden gewissermaßen den strahlenden Glanzpunkt bildete. Wir wurden sofort vorgestellt und die Exzellenz freute sich sehr, den Vorzug zu haben, unsere Bekanntschaft zu machen, worauf ich mit durchaus formeller Verneigung und sichtlichem Ernst entgegnete, dass dies ganz auf unserer Seite sei. Damit wollte ich zu erkennen geben, dass, wenn wir auch nur Mittelstand sind, wir uns deshalb von Exzellenzen lange nicht imponieren lassen. Die Exzellenz ließ sich mit meinem Karl in ein längeres Gespräch über die allgemeine Geschäftslage ein, was ich nicht sehr taktvoll von ihr fand, da sie doch wissen musste, dass Damen hierfür kein Interesse haben. Ich schwenkte daher mit einer kleineren, aber nichtsdestoweniger ernst gemessenen Verbeugung ab und sah mir die übrigen Gäste an. Wen Lehmanns alle gebeten hatten, davon war das Ende weg. Um sämtliche zu behalten, musste jemand wenigstens mit einem Gedächtnis von Omnibusgröße geboren sein.

Bekannt war mir nur der Hamburger Doktor mit seiner reizenden jungen Frau in rosenknospengeblümter grauer Seide mit Maria-Antoinettenschnitt, was sie ganz exquisit kleidete. Betty wurde gleich von zwei Leutnants krampfhaft ins Gespräch genommen; Emmy fühlte sich dagegen zu der Hamburger Doktorin hingezogen und ich kann wohl sagen: Junge Mädchen sind lieblich, aber junge Frauen noch viel bezaubernder. Sie haben etwas so Inniges an sich.

Nach und nach wurde ich zu den Ehrensitzen geleitet, nämlich in die Sofagegend, wo die älteren und umfangreichsten Damen mit großer Würde und durchweg neuen Haubenbändern einen weihevollen Eindruck verbreiteten. Viel Reden war jedoch nicht. Der Tee wurde ziemlich tonlos getrunken, wozu es mit sehr dünnen Messern geschnittene Torte gab.

Worüber sollte auch geredet werden, da man sich völlig fremd war? Vom Wetter mag keiner den Mund auftun, vom Theater weiß man nicht Bescheid und der Hausstand steht zu niedrig. Außerdem kamen immer noch Gäste, dass man vermuten konnte, Lehmanns hätten sich einen Wartesaal zugelegt und der Schaffner würde gleich schellen und »Einsteigen« rufen. – »Wie das wohl noch wird?«, dachte ich. »Wären wir bei uns in der Landsberger Straße, dann säßen wir längst bei Tisch und wüssten, warum wir zusammen kamen.«

Als es jedoch schon zum Auswachsen war und ich bereits im Stillen die Saison zu verwünschen anfing, ging das Musizieren los. Lehmanns hatten sich einen Jüngling von einem Konservatorium zu verschaffen gewusst, mit Handmanschetten, wovon nur drei auf das Dutzend gehen. Der gab nun Mozarten ein paar an die Ohren und den Zuhörern auch; es dröhnte ordentlich. Damit hatte er aber den Kanarienvogel aus dem Schlaf gestört, der mit voller Kehle einfiel und die folgende Musik völlig überschrie. Erst nachdem der Vogel zugedeckt worden war, konnten die musikalischen Genüsse fortgesetzt werden. Hierauf brüllte eine junge Dame die Stube voll. Melodie war nach meiner Auffassung nicht viel darin, darum klang es aber umso trauriger. Nachdem der Beifall erledigt war, sang sie eine zweite Nummer. Dieselbe Kulör in grün, um einen Wachtmeister melancholisch zu machen.

»So«, sagte ich zu meiner Nachbarin zur Rechten, als der Begleiter dem Klavier noch einige Schlussklagetöne abpresste, »nun ist das zweite Kind auch tot!« – »Wie meinen Sie das?«, fragte sie. – »O«, antwortete ich, »so pflegen wir immer zu sagen, wenn ein jämmerliches Musikstück zu Ende ist.« – »Es war meine Tochter, die eben gesungen hat«, erwiderte sie spinnegiftig, worauf sie sich so drehte, dass sie mich mit dem Rücken ansah.

Um ihr zu beweisen, dass ihr Benehmen mich völlig kalt ließ, suchte ich mit meiner linken Nachbarin ein Gespräch anzuknüpfen, wozu ein soeben eintretender, tornisterbeladener Jüngling von über Lebensgröße geeignet erschien. »Was ist denn das für'n Geist?«, fragte ich. – »Wen meinen Sie ?«, entgegnete die Dame. – »Nun, den langen Laban da in der Tür, passen Sie auf, der richtet noch Unheil an.« – »Ich wüsste nicht, dass mein Sohn Ihnen zu einer solchen Äußerung Veranlassung gegeben hätte«, sagte sie bissig. – »Entschuldigen Sie man, dass ich geboren bin«, gab ich zurück. Denn wie man in den Wald ruft, kommt das Echo wieder retour.

Ich schwor mir zu, kein Wort mehr zu sagen, da ich unmöglich wissen könnte, in welchem verwandtschaftlichem Verhältnis die Leute alle miteinander standen, welche Lehmanns zur Verherrlichung der Exzellenz zusammengeschart hatten und machte mir so meine Gedanken über den feinen Verkehr. Aus dieser missfarbigen Betrachtung störte mich zum Glück das Abendbrot auf.

In dem bisher verschlossen gehaltenen Berliner Zimmer war ein Buffett aufgebaut, das, mit allen möglichen Esswaren besetzt, einen sehr einladenden Anblick darbot, als die Türen geöffnet wurden. Zuerst stürzten die Herren hinein, um in galanter Weise die Damen zu versorgen. Wer jedoch keinen Spezialherrn hatte und sich nicht herandrängte und von dem nahm, was gerade vor ihm stand, der kriegte nichts. Ich kam zuletzt mit an die Krippe und konnte nur noch einen Dessertteller nebst Messer und Gabel ergattern, wobei ich gleich sah, dass die sehr guten Sachen wie Kaviar, Gänseleberpastete und junges Huhn schon verschwunden waren. Von der Pute war nur noch das Gerippe übrig gelassen und von dem Filet bloß der Fleck auf der Schüssel, wo es gelegen hatte. Dagegen konnte man noch italienischen Salat haben und kalten Aufschnitt, der sich bei näherer Betrachtung als amerikanisches Dosenfleisch und Cervelatwurst auswies. Auch die Geleepuddings standen noch ziemlich unberührt. Ich nahm mir von diesen Resten ein Weniges und dachte, während ich es mühsam im Stehgewühle verzehrte, dass man zum Buffett doch wohl einige Übung haben muss, weil auch nicht im Geringsten dabei genötigt wird und das ganze Verfahren einem Raubzuge ähnlich sieht und beneidete im Stillen die Secondeleutnants, welche im Sturm vorgegangen waren. Betty sagte mir später, ihr Leutnant hätte ihr ausgezeichnete Bruststücke von dem Geflügel gebracht, während er mehr für Reh und besonders reichlich Kaviar gewesen wäre. Die jüngeren Leute hatten sich nämlich gewissermaßen engagiert, weil nachher getanzt werden sollte. Da Lehmanns jedoch glaubten, es sei schicklicher, die Exzellenz sich erst entfernen zu lassen, so musste gewartet werden. Es wurde Wein gereicht und Bowle und dabei geriet das Gespräch mehr in Fluss, wobei die Exzellenz, unter dem Kronleuchter stehend, eine

Art von Audienz erteilte. Wie ich jedoch vorher bemerkt hatte, dass der lange Mensch Unheil anrichten würde, geschah es auch richtig. Habe ich irgendwo einen Animus, so trifft er auch ein und zwar mit einer Genauigkeit, dass ich sicher zu den Propheten gerechnet worden wäre, wenn ich im Alten Testament gelebt hätte.

Da flurrte und flatterte es denn auf einmal durch die Gemächer und wie sich sofort herausstellte, war es der Kanarienvogel. Der junge Mann von vorhin hatte, wahrscheinlich weil er sonst nichts anzufangen wusste, mit dem Tierchen spielen wollen und vermöge seiner Zehndreiviertelhände die Tür vom Käfig gehoben, dass sie nicht wieder zuging.

Aber nun der Aufstand, den das Greifen machte. Es wurden einige Besen sowie eine Trittleiter geholt, um das Tier womöglich ins Nebenzimmer zu jagen und zu fangen, wenn es sich aufs Gardinenbrett setzte. Der Vogel wollte aber weder in das Nebenzimmer noch auf das Gardinenbrett gehen. Die Jagd wurde immer heftiger und energischer und der Vogel immer wilder. Der Übeltäter vom Ganzen beteiligte sich auch, um seine Ungeschicklichkeit wiedergutzumachen, aber wie er nun mit dem Haarbesen so recht eifrig scheuchen wollte, als wenn er Billard in der Luft spielte, schlug er kräftig auf die Gaskuppel, unter der die Exzellenz stand, dass ihr die Scherben auf den blanken Schädel segelten.

Obgleich die Exzellenz unbeschädigt geblieben war, zog sie es vor, eine Gesellschaft zu verlassen, die einen lebensgefährlichen Charakter angenommen hatte, worüber Lehmanns sehr bestürzt wurden und den Kopf ganz verloren. Indessen sie die Exzellenz hinausbegleiteten, griff der Hamburger Doktor den Vogel und der Ball begann. Die Jugend amüsierte sich prächtig, wie immer, wenn sie tanzt, aber ich atmete erst auf, als wir uns in einem Rippenbrecher zweiter Güte auf dem Heimweg befanden und die Hitze, die ungeordnete Verpflegung, die vielen gleichgültigen Menschen, mit einem Worte den feinen Verkehr hinter uns hatten.

Als wir angekommen waren, sagte mein Karl: »Wilhelmine, wenn du so denkst wie ich, dann schmierst du uns eine Stulle und gibst einige Flaschen Bier zum Besten, ich habe Hunger.« – »Ganz meine Idee«, antwortete ich und so saßen wir denn im Winterüberzeug des Morgens um drei Uhr in dem kalten Zimmer mit den gefrorenen Fenstern und stärkten uns nach den ausgestandenen Strapazen.

Während wir nun einig darüber wurden, dass Lehmanns weder sich noch anderen einen Gefallen mit ihrem Tee getan hätten und die einzelnen durchzogen, wie sie es nicht besser verdienten, fragte ich Betty, ob Onkel Fritz nicht auch gebeten worden sei? – »Geladen war er«, antwortete Betty, »aber er sagte, Buffetgesellschaften wären nicht seine Passion, auf den Leim kröche er nicht.«

»Ich finde nicht, dass Leim ein gewählter Ausdruck ist«, erwiderte ich. »Aber wenn er den feinen Verkehr der Saison damit meint, kann ich ihm nur Beifall geben, denn aufrichtig gesagt: dieser Abend war der verlorenste meines Lebens.«

F. Koch-Gotha
Aufregung in der Nachbarschaft: Krauses gehen auf den Maskenball

Schauspielerbörse

Von Albert Borrèe

(»Weil noch das Lämpchen glüht«, Verlag Wilhelm Borngräber, Berlin und Leipzig)

… Der beglaubigte Schmierenkomödiant bringt es fertig von ein Uhr mittags bis zwei Uhr nachts im Caféhaus zu sitzen, öfters den Platz wechselnd, Freunde mit dramatischem Aufschrei und deutschem Händedruck begrüßend, geschnorrte Zigarren rauchend und von den

194

verschiedenen Biersorten, falls er's bezahlt kriegt, ein Glas nach dem anderen hinter die Binde gießend.

Noch andere Gäste sind vorhanden. Der Berliner Komiker mit dem durchgezogenen Scheitel und dem spiegelblanken hohen Hut; die kleine Choristin, die »um jeden Preis« in der Provinz erste Naive spielen möchte und der der Herr Regisseur das Engagement fest zusagt, sie soll sich den Bescheid am nächsten Tag in seiner Wohnung holen, – er wird sogleich an seinen Direktor telegrafieren; der Baron von Thalwitz, ein alter Theaterroué, der gegen elf mit dem Monokel im Auge, auf dem Diwan sitzend, sanft entschlummert, um ein Uhr neu gestärkt erwacht und auf stelzenden Beinen die rote Laterne aufsucht, wo die schöne Minna tanzt und die junge Wirtin selbst serviert, Korridor rechts die dritte Tür; der Bummelante, vor elf Jahren im letzten Engagement, seitdem ständiger Gast des Cafés, mit etwas verworrener Vergangenheit und nicht ganz sauberen Existenzmitteln; die immer noch erste Liebhaberin, der der Agent den Übergang ins ältere Fach dringend aber vergeblich ans Herz legt, früher aschblond, dann germaniarot, jetzt eiergelb.

Und nun im dicksten Zigarrendampf wird geredet, geschnattert, geliebelt, intriguiert, geflüstert, aufgeschnitten und gekunkelt, was Zeug und Lunge hält. Dazwischen die eigentliche Börse: Für die »Jugend«, die zu Ostern in Steglitz »gegeben« werden soll, ein Pfarrer Hoppe gesucht!

»Hier bitte!«

»Sind Sie studiert?«

»Selbstverständlich. Im Winter in Reichenbach habe ich einen derartigen Erfolg gehabt, dass der Direktor ...«

»Also schön! Morgen früh Verständnisprobe im blauen Engel. Acht Mark Honorar.«

»Nich zu machen! Zehn!«

»Also neun! Abgemacht!«

Für Nieder-Schöneweide ein Kosinsky in den »Räubern« verlangt. Die naivenwütige Choristin ist studiert, hat ihn in Neu-Ruppin gespielt. Verlangt kein Honorar, bloß um der Ehre willen. Also gut. Warum soll man ihr die große Rede nicht glauben: »Männer such' ich ...?!«

Für eine vierzehntägige Tournee nach Mecklenburg – glänzende Orte – wird ein Charakterspieler gebraucht. Drei melden sich. Alle drei haben im Winter geradezu Triumphe gefeiert. Der eine erbietet sich in seinen freien Szenen zu souffeln. Dafür darf er den Pastor Manders in den »Gespenstern« spielen. Den Oswald mimt der Entrepreneur selber. Natürlich! »Scheint 'ne nette Schmiere zu sein!« Aber zur Osterzeit laufen in Berlin ca. 1000 Schauspieler und 800 Sänger herum ohne Engagement. Also zugegriffen. Künstlerische Skrupel werden im Keime erstickt. Für ein warmes Abendbrot mit Bratkartoffeln spielt der lange Eberstein in Friedenau den Baron Monrichard im »Frauenkampf«. Warum nicht? Er isst Bratkartoffeln so gerne! Für 'n Taler wird er schon futtern! ...

Um ½8 leert sich das Café mit einem Male. Die Mimen gehen ins Theater, holen sich ihr Freibillet an der Kasse und sehen sich Berliner Komödie an.

Am nächsten Tage im Café Westminster: »Also eine Vorstellung habe ich gestern gesehen – ein – fach Skan – dal! In Inowrazlaw würde man sie auspfeifen. Aber natürlich – Berlin! Da kann man sich ja alles erlauben! Glück! Lieber Freund, Glück!! Es wird ja überall mit Wasser gekocht, aber so was von Schmiere ist mir noch nicht vorgekommen. Faktisch! Tatsache! –

F. Jüttner

Im Künstler-Keller

S o m m e r s c h a u s p i e l e r : »Ich kann absolut kein Engagement finden. Haben Sie schon etwas für den Sommer?« – »Ja – einen Strohhut.«

196

Der Aufbruch zur Sommerreise

Eine peinliche Szene

Von Johannes Trojan

(»Das Wustrower Königsschießen.«, J. G. Cottasche Buchhandlung
Nachf. Stuttgart)

Der Familienvater (zu seiner Familie):

Also sieben große Kolli haben wir und zwei kleine? Dazu kommen
einundzwanzig Stück Handgepäck. Diese verteilt unter euch nach
Billigkeit oder ratet sie aus. Was mich betrifft, so will ich eine Sem-
mel einstecken und eine Schachtel mit schwedischen Streichhölzern
unter den Arm nehmen. Wer ruft mich? Was wollt ihr von mir? Ich
soll kommen und mich an den großen Korb setzen, weil er sonst nicht
zugeht? Kann denn Jette nicht sitzen? – Wie? Jette ist zum Posamen-
tier geschickt, um für 10 Pfg. Klammernadeln zu holen? Ein genialer
Einfall, Jette an diesem Morgen wegzuschicken und zwar nach einem
Artikel, der in jedem Walde zu haben ist! Ich wollte, sie käme erst wieder, wenn wir schon fort sind! – Nun, ich will ja sitzen; ich komme
ja schon; das erste Mal, dass ich sitze! Ich darf doch rauchen dabei?
So! Der Korb ist zugesessen. Jetzt wäre es aber auch Zeit, dass die
Droschken kämen – was denn? Was ist schon wieder los? Wo fehlt es
schon wieder? – Also das Vorhängeschloss zum Koffer schließt nicht?
Natürlich schließt es nicht, weil es verdreht ist! Und natürlich muss es
verdreht werden, wenn es euch und das Treiben hier ansieht! Was ihr
tun sollt? Ein anderes Schloss nehmen sollt ihr. Ihr habt keins? Da ist
doch eins vor dem Keller! – Dann wird aus dem Keller alles gestohlen?
Lasst es doch gestohlen werden! Es ist so nur noch Fassonwein unten.
Wenn den Dieben danach hundeelend wird, haben sie's selbst zu ver-
antworten; ich habe sie nicht eingeladen!

Unsere Droschken kommen und kommen nicht! Und dabei fährt
schon eine schwerbepackte Droschke nach der anderen vorbei nach
dem Bahnhof! – Da fahren Krauses – jetzt kommen Müllers – jetzt
kommt Schmidt; das sind schon drei. Da kommt Meyer – Nr. 4! Und

da Schultze – Nr. 5! Hurrjöh, was hat Schultze schwer geladen! Die Amme mit den Zwillingen auf dem Bock und im Wagen der eine lange Junge der Quere nach! Auf der einen Seite stehen seine Füße über, auf der anderen der Kopf. Und oben auf dem Verdeck das bisschen Koffer! Und hinten noch ein Kinderwagen angebunden und mit einem wirklichen Kinde drin! Wenn nur nich die Strippe reißt oder es sonst ein Unglück gibt! Jetzt fahren auch schon Lehmanns vorüber. Das ist unser Unglück, denn die kommen immer zu spät. – Ihr seid doch alle fertig für den Fall, dass die Droschken kommen sollten, was ich allerdings nicht glaube? Seid ihr selbst auch alle da? Ihr müsst euer neun sein, ich zähle aber nur acht. Wer fehlt denn? Hätt' ich euch mir doch aufgeschrieben! Wer kann denn da fehlen? Hatten wir nicht ein Kind namens Gustel? Wo ist Gustel? Ich sehe ihn nicht. Seht doch nach, ob ihr ihn nicht mit den Schirmen und Plaids geschnürt habt! Hoffentlich liegt er nicht unten im Koffer? – So, da kommt er. In der Küche war er und hat sich einen Topf mit Blaubeermus über den Kopf gegossen. Das ist ja herrlich, das passt ja gerade für die Reise! Oder passt es nicht? Ich bin wahrhaftig im Zweifel. – Was? Ihr wollt ihn noch schwefeln? Nein, dazu ist keine Zeit mehr. Er soll nicht geschwefelt werden, er soll mitkommen wie er ist. Aber nehmt euch in Acht vor ihm, er färbt ab.

Jetzt gebe ich die Droschken auf! Nein doch! Ich will einmal gar nicht nach ihnen aussehen, ich will so tun, als wäre es mir vollkommen gleichgültig, ob sie kommen oder nicht, das lockt sie vielleicht herbei. – Nun, was macht ihr denn da? Ihr seid ja schon wieder beim Auspacken! Ach so. Hulda hat ihre Albums vergessen, die müssen noch in den großen Korb hinein, und zwar ganz unterst. Das ist ja reizend! Habt ihr auch sonst nichts vergessen? Die sämtlichen Bücher sind doch eingepackt? Wollt ihr denn nicht die Ofenvorsetzer und die Alabastervasen mitnehmen? Und wie wär's mit dem Kronleuchter und mit den Blumentischen? Um's Himmels willen! Da stehen ja die Büsten von Schiller und Goethe und die Venus von Milo! Schnell in den Korb mit ihnen!

Da sind die Droschken! Donnerwetter! Die Droschkenkutscher stehen da und unterhalten sich mit dem Milchmann über das neueste Theaterstück. Und dabei ist es die höchste Zeit! Schwerebrett, Leute! So kommt doch und tragt die Sachen hinunter! – Horch! Langsam kommt es heraufgetrappelt. Wir haben keinen Augenblick Zeit zu verlieren.

Jetzt wird aufgepackt – langsam – langsam. Jetzt fällt der Bettsack nach der einen Seite herunter, jetzt nach der anderen. – Jetzt wissen sie nicht, wo sie mit dem großen Koffer hin sollen! Jetzt bemerkt man, dass der eine Hutkasten offen ist! Jetzt fällt Hermann mit dem Esskober hin. Die Weinflasche zerbricht und der Margaux, mein einziger Trost, läuft in die Butterbrote.

Wie nobel, in zwei Droschken nach dem Bahnhof zu fahren! Eigentlich gehörte dazu ein Vorreiter oder noch besser Nachreiter, um die herunterfallenden Gepäckstücke aufzulesen.

Jetzt ist es so weit, dass ich einsteigen kann. Was vergessen ist, sei vergessen! Ich sah oben noch ein paar Sachen stehen und werde mich hüten, daran zu erinnern. Jetzt noch die drangvolle Fahrt und die Angst auf dem Bahnhof und dann, als Belohnung für alles Ausgestandene, vier Wochen hindurch kein ordentliches Bett und kein guter Bissen.

Also los jetzt!

Du aber, himmlischer Zeus, höre, was ich jetzt sage: Wenn ich noch einmal mit dieser Heerschar eine Sommerreise antrete, so wollest du nicht nur, wozu du jetzt eben dich anschickst, einen tüchtigen Platzregen auf meinen Bettsack herunterschicken, sondern mit dem kräftigsten aller deiner Blitze mich und mein ganzes Haus in Grund und Boden schmettern.

Das hochherrschaftliche Haus

Von Georg Herrmann

(Aus dem Roman »Kubinke«. Verlag Egon Fleischel & Co., Berlin 1910)

… Ja, es war jetzt wirklich ein hochherrschaftliches Haus, wie es so in der Sonne lag, gelbgrün wie Kurellasches Brustpulver. Unvermittelt und plötzlich, – wie Badekästen an Vogelbauern – hingen die Glasverschläge der Wintergärten an der Fassade. Und über dem gequetschten Portal saß mit dem Kopfe gegen eine Fensterbrüstung eine kaum bekleidete Dame mit einem Merkurstab und tauschte mit einem leichtgeschürzten Jüngling, der einen Amboss liebkoste, verheißungsvolle Blicke aus. Die Balkons quollen rund und schwer wie Bierbäuche aus der Front und hatten vergoldete Gitter, dünn wie Spatzenbeine und unruhig wie Regenwürmer, die immer zwischen je zwei kleinen Stuckbären mit Wappenschildern hin- und herliefen. Aber nicht genug der Schmuckfreude, umspannten oben unter dem Dach, unter dem Giebel, noch den runden Rachen eines Bodenfensters zwei Seejungfrauen, die ihre Fischschwänze ineinanderkringelten und »ihrem Berufe getreu« eine Lorbeergirlande mit flatternden Enden gemeinsam in erhobenen Armen hielten. Es war eben ein hochherrschaftliches Haus! Es hatte keinen Torweg, sondern ein Vestibül mit einer Marmorbank, hart und kalt wie das Herz eines Wucherers. Und es hatte da einen Kamin mit einer Bronzefigur aus Zinkguss. Auf einem Felsblock, der mit Efeu umrankt und mit gelben, elektrischen Leitungsdrähten umwickelt war, stand eine schöne Person in edler Nacktheit, stolz wie eine Tochter Capris und hielt in jeder Hand ein grünes Glasgefäß, aus dem nur manchmal zu feierlichen Gelegenheiten ein magisches Licht strömte. Ja, es war ein hochherrschaftliches Haus mit roten Läufern auf der Treppe und mit goldenen Tapeten an den Wänden und mit farbigen Flurfenstern, grün und rosa, wie Pistazien- und Himbeereis. Und zum Überfluss kullerte noch hinter Drahtgittern ein Fahrstuhl und brachte jeden dorthin, wohin er gerade wollte, wenn er nicht eben seine Mucken hatte und steckenblieb. Es hätte gar nicht draußen am Torweg zu stehen brauchen »nur für Herrschaften«, man hätte es auch so gemerkt. Die Dienstmädchen und die Boten, die Hausdiener und die Handwerker, die mussten natürlich durch den Nebeneingang gehen. Ja – wie gesagt – es war eben ein hochherrschaftliches Haus.

Und das Gartenhaus war genauso schön wie das Vorderhaus. Da gab's Schilder mit »Nebeneingang I« und »Nebeneingang II«, mit »nur für Herrschaften« und »Bitte Füße reinigen«, gerade wie vorn. Da gab es auf dem engen, quadratischen Hof ein Miniatur-Labyrinth voll Inseln, Beeten und weißen Fliesenwegen in höchst raffinierter Einteilung. Kleine, vergilbte Tannenbäumchen und zerschlissene Thujakegel scharten sich im dunklen Boden um schwarze Säulenstümpfe, auf denen Büsten von Dante, Luther und dem Apoll von Belvedere schwermütig dahinträumten, vielleicht weil keiner von ihnen zu dem Besitzer des Hauses in irgendwelchen persönlichen Beziehungen stand. Und es gab im Gartenhaus dieselben Himbeer- und Pistazieneisfenster und die gleichen Goldtapeten; während bei den beiden Nebenaufgängen nur die schmalen Treppen wie die Korkenzieher von Stockwerk zu Stockwerk sich wanden, – kaum erhellt von den kleinen, quadratischen Luken, die sich Fenster nannten. Und der Fahrstuhl blieb ebenso stecken, wenn er seine Launen hatte; und die Heizung schnurgelte ebenso unter den Fenstern; und das Warmwasser war ebenso lau und verschlagen wie im Vorderhaus; nur dass alles so ein bisschen schäbiger, so ein bisschen kleiner, geringer, kümmerlicher war als im Vorderhaus. Aber endlich kann doch kein Mensch für 1500 Mk. eben das verlangen wie für 3000 Mk.; und ein kleiner Unterschied muss sein, ... sonst möchten ja gleich alle ins Gartenhaus ziehen! Ja – vorn hatten die Wohnungen also eine Diele und hinten nur einen Flur. Und vorn hatten sie Zimmer zum Essen; Säle für Gesellschaften; und Hundelöcher zum Schlafen; während die hinten keine Räume für Gesellschaften hatten und auch in Hundelöchern aßen. Ja, es war eben ein wirklich hochherrschaftliches Haus von oben bis unten, vom Keller bis zum Dach!

Und die Häuser ringsherum, rechts und links, gerade über und schräg drüben, waren alle genau ebenso vornehm und hochherrschaftlich. Da war keins, das nicht einen Giebel gehabt hätte, keins ohne Erker und ohne spitzige Türmchen und Dachreiter. Etwelche waren ganz aus roten Ziegelsteinen aufgeführt wie nordische Kirchen; und andere daneben schienen wieder nur aus Orgelpfeifen zusammengebunden zu sein. Und die Eckhäuser bekrönten stolze, hohe, vielseitig gerundete Kuppeln, Riesentintenfässer mit reichlichem Gold. Oder riesige Fußbälle lagen da plötzlich auf dem Dach, die scheinbar von dem letzten Match der Lapithen und Zentauren, in dem die Lapithen 6:1 obsiegten, dort zurückgeblieben waren. So vornehm und hochherrschaftlich war die Straße ...

Ernst Stern

Berliner Weinpaläste
»Kellner, ein Schinkenbrötchen.«

»Lustige Leier«

Von Louis Herrmann

(Aus dem gleichnamigen Buch. Verlag A. Hofmann & Co., Berlin)

Das Gänseklein

Marie in Dienst zu Puhlmanns ging
Für Küche und für Zimmer;
Sie war nicht sauber und nicht flink
Und wurde täglich dümmer.

Frau Puhlmann hat drum oft gezankt,
Marie blieb dumm indessen;
Nur was die Küche anbelangt,
Da konnt' sie alles essen. –

Einst ist Frau Puhlmann mit der Magd
Zum Gänsemarkt gewandelt;
Nachdem sie hier und dort gefragt,
Hat sie 'ne Gans erhandelt.

Sie schaut die dämliche Marie
Und sprach nicht, doch sie dacht' es:
»Die Gans ist ein geschlachtet Vieh,
Marie ein ungeschlachtes.«

Dem Omnibus (Frau Puhlmann kann's!)
Winkt sie, dass sie sich spute,
Nach Haus zu kommen mit der Gans
Und mit Marie, der Pute.

Zunächst Frau Puhlmann kocht darauf
Das Gänseklein, das frische,

Und spricht erschöpft: »Nun tu es auf,
Marie, und bring's zu Tische!«

Marie tut auf und trägt hinein
Das Resultat vom Kochen;
Frau Puhlmann speist das Gänseklein,
Herr Puhlmann lutscht die Knochen.

Mit einem Mal Herr Puhlmann spricht:
»Das Mädchen macht Gemogel,
Sie unterschlug mein Leibgericht,
Die Füße von dem Vogel!«

Sofort, dass er den leckren Schmaus,
Den er so liebt, genieße,
Ruft seine Frau zur Küch' hinaus:
»Bring von der Gans die Füße!«

Marie blieb lang, – dann sprach sie scheu,
Als würde man sie spießen:
»Madame, ich finde bloß noch zwei
Von den vier Gänsefüßen.«

Herr Puhlmann aber sprach zu ihr:
»Das stimmt schon, meiner Treue,
Denn hätt' die Gans der Pfoten vier,
Hättst du doch nicht bloß zweie.«

Prophete rechts, Prophete links

Dass das Theater als obszön
Nicht gilt in frommen Kreisen,
Das kann die Stadt Berlin durch den
Gendarmenmarkt beweisen.
Dort sieht man von zwei Kirchen rings
Flankiert die Schauspielhütte:

Prophete rechts, Prophete links,
Das Weltkind in der Mitte.

Dass er sich durchs Semester helf,
Sitzt fleißig er beim Biere:
Statt vier Glas Spaten bis um zwölf
Trinkt zwölf er bis um viere.
Zum Frühstück harrt dann seines Winks
Der Rollmops, wie es Sitte;
Der Affe rechts, der Kater links,
Der Studio in der Mitte.

Zum Wollmarkt ein Agrarier kam
Von seines Gutes Scholle;
Von dem Ballett Notiz er nahm
Weit mehr als von der Wolle.
Zum Ball der Amorsäle ging's:
Bald saß nach dortger Sitte
Ein Weltkind rechts, ein Weltkind links,
Das Geldkind in der Mitte.

Zwar liebten unsre Väter froh
Beim Wein 'nen Witz zu machen,
Doch kamen sie durchaus nicht so
Von Weinen erst zum Lachen.
Wer zwang Berlin sich glatterdings
Vor Lachen auszuschütten?
Die Wegner rechts und Reusche links
Und Helmerding inmitten.

Geschieht's mal, dass durch einen Wicht
Dein häuslich Glück gestört ist,
Dann schieß trotzdem mit dem dich nicht,
Der kein'n Schuss Pulver wert ist –
Sein Blut zu nehmen, nimmer lechz',
Nein, da ist geben Sitte:

'Ne Ohrfeig links, 'ne Ohrfeig rechts,
Den Rausschmiss durch die Mitte.

Gern zu Gehör noch möchte ich
Ein köstlich Verslein bringen,
Jedoch des Zensors roter Strich
Verbietet's es zu singen.
Entschließ ich dennoch mich und sing's,
Dann nimmt – so sehr ich bitte –
Ein Schutzmann rechts, ein Schutzmann links,
Den Sänger in die Mitte.

G. Brandt (A. d. Kladderadatsch)
(Dem Kaiser ist vom Arzt das Holzhacken als Bewegungskur verordnet worden.)
»Halt doch mal stille, Willem, et is Mittag, ick bringe Essen!«

Der wankelmütige Meyer

Von Alfred Streit

(Aus dem Berliner Pfingstidyll »Irma Stippekohl«, Hesperus-Verlag GmbH.,
Berlin SW 68)

Irma Stippekohl hat zwei Bewerber, den von der Mutter begünstigten,
etwas lebenslustigen Junggesellen Meyer und den dem Vater erwünsch-
ten Witwer Schulze. Zu Pfingsten wollen sie beide bei Ritzhaupt in
Schildhorn mit Familie Stippekohl zusammentreffen. Warum schließ-
lich Schulze als Sieger und Verlobter aus dem Wettstreit hervorgeht und
Meyer ausscheidet, verraten die nachstehend mitgeteilten Proben:
Manchmal hört der wandernde Mann in den Alpen ein Pfeifen.
Scharf und schneidend und kurz durchhallt es den felsigen Kessel.
Lauschend verweilt er und siehe, da kriecht hervor aus dem Baue
Zögernd ein Murmeltier und reibt mit den Pfoten die Augen,
Springt ein wenig nach vorn und springt dann wieder zurücke,
Möchte die Welt besehn, doch scheint ihm die Sache verdächtig.
Also kam aus dem vierten Stocke Meyer gekrochen.
Meyer wohnt aus Prinzip im vierten Stocke, da konnt' ihn
Niemand stören im langen Mittagsschlaf auf dem Sofa,
Rasselnde Nähmaschinen nicht und trampelnde Kinder.
Meyer stand an der Straße und blinzelt hinauf in die Sonne,
War rasiert und sauber und prangte im festlichen Schlipse.
Zögernd ging er ein Stück, dann kam er wieder zurücke,
Legte die Hand auf die Klinke, als wollt er wieder nach oben,
Sah dann wieder mit sinnendem Auge die fröhlichen Waller,
Väter und Mütter und Kinder und kam zu keinem Entschlusse.
Schmerzlich großer Konflikt! Dilemma mit spießender Gabel!
Frein oder Nichtfrein? lautet die quälende Frage für Meyer.
Jetzo ging er mit zweifelnden Schritten zur Ecke der Straße,
Ach, dort lag das verruchte Lokal, wo die schwammige Emma
Schnäpse ausschenkt und Weiße, auch Bockbier im lieblichen
Lenze.
»Frisches Kulmbacher heute.« So lockte am Fenster der Zettel.
Hinter den Scheiben stand mit Lächeln die schwammige Emma,

Gleich der Spinne im Netz beim Anblick des nahenden Opfers.
Aber Meyer wählte die Vorsicht als besseres Teil sich,
Schielte mit einem Auge zwar hin, doch stahl sich vorüber.
Stand nun lange versunken und grübelt wie Hamlet der Däne.
Dachte ans Zimmer droben mit seinen verstaubten Gardinen,
An Frau Schlafke, die mürrische Wirtin, den wässrigen Kaffee,
Den sie mit brummigem Gruß ihm jeden Morgen kredenzte,
Dachte der kärglichen Suppe, der leichenfarbigen Soße,
Auch des Bratens, des zähen, der halbgekochten Kartoffeln,
Dachte rheumatischer Schmerzen, im letzten Winter erduldet,
(Einsam lag er im Zimmer und niemand kam, ihn zu trösten)
Dachte zerrissener Hemden und Strümpfe und fehlender Knöpfe,
– All der Pfeil' und Schleudern des Junggesellengeschickes, –
Gähnend und öde und grau erschienen verflossene Jahre,
Gähnend und öde und grau erschien dem Blicke die Zukunft.
Hastig strömten vorüber die Scharen der fröhlichen Waller,
Väter und Mütter und Kinder und Liebespaare zum Bahnhof.
Plötzlich reckte sich Meyer empor mit kühnem Entschlusse,
Ging erst zögernd voran und wurde geschoben und schwamm
  bald
Wie ein treibendes Floß dahin im wallenden Strome.

– – –

Doch wo blieb er, der Held, der auszog männlich entschlossen?
Hat ihn mitten im Lauf das tückische Rheuma befallen?
Fiel er in sinnender Hast dem mordenden Auto zum Opfer,
Als er die Straße gequert, nur seines Zieles gedenkend?
Hat ihn ein guter Freund verschleppt in eine Destille?
Fiel er ins Netz von Intrigen, die sein Rivale gesponnen?
Nichts von allem! – Er fiel – doch nicht durch fremdes Verschulden.
In der eigenen Brust aufflammte der düstere Unstern.
Aus dem Charakter heraus gebar sich Meyers Verhängnis.
Echteste Tragik waltet und adelt die Dichtung zum Kunstwerk.

Als ein energischer Mann bestieg in Berlin er die Stadtbahn,
Mutig harrte er aus im glutgeschwängerten Abteil,

Fest entschlossen zu frei'n. – Es floss in rieselnden Strömen
Über die Stirne der Schweiß. – Nie hatt' er Gleiches erduldet.
Plötzlich war's als träf' ihn glühend ein Pfeil in die Kehle.
Ach, er kannte das Zeichen: Es war das Erwachen des Durstes,
Der wie der Pudel des Faust zum mächtigen Ungetüm aufschwoll.
In dem Maße er wuchs, einschrumpfte der löbliche Vorsatz,
Und es zwängte ins Joch den Verstand die erwachende Feigheit,
Dass er Gründe ihr lieh, das schimpfliche Tun zu beschönigen.

Als er dem Wagen entstieg und wandelte unter den Kiefern
Und die Menge erblickt, die Väter und Mütter und Kinder,
Tiefen Denkens befliss er sich da und murmelt verdrossen:
»Gibt es ein kläglicher Bild, als einen Familienvater,
Wenn er mit Weib und Kind schwerfällig belastet daherzieht?
Innerlich flucht der Ärmste und lächelt nach außen zufrieden,
Schämt sich bitter der Dummheit, mit der er einst auf den Leim
    ging.
Schaudernd sieht er die Jugendgeliebte verwandelt zum Fett-
    kloß,
Das ihm überall folgt, als wär' es der eigene Schatten,
Ihn mit Kindern beschenkt, kaum weiß er, wie er dazu kommt –
Rauft sich verzweifelnd das Haar, wann wieder drohet der
    Segen,
Möchte am liebsten entfliehen in eine entlegene Wüste; –
Doch der Ärmste vermag nicht, die ehernen Fesseln zu sprengen,
Und so tappt er denn weiter und trägt verdrossen die Bürde,
Plagt und müht sich für andre, und so verliert er das Leben,
Weil den Strauchelnden einst auf einen Moment der Verstand
    floh.
Heil dem glücklichen Manne, der einsam wandert durchs Leben,
Der zwar den Köder beroch, doch sich vor dem Schnappen in
    Acht nahm;
Denn ihm zeigte ein gütig Geschick den verborgenen Haken.
»Was ich verdiene, ist mein. Mit niemand brauch' ich zu teilen.
Wäre ein Esel fürwahr, wenn ich es anders erstrebte.
Meyer bin ich und bleib ich. Hole der Teufel die Irma!«

Viel noch dacht er dergleichen; doch sträubt sich die wackere
  Feder,
Mehr zu verkünden der Welt von solch verruchter Gesinnung.
Es genüge zu wissen, dass Meyer mit eiligen Schritten,
Sieghaft lächelnd und schamlos, wieder zum Bahnsteig empor-
  klimmt,
Wieder dampft nach Berlin als einziger Fahrgast im Zuge
Und mit lechzender Kehle aufsucht die Stätte im Sturmschritt,
Wo seit Jahren die schwammige Emma mit wappelnder Grazie
Schnäpse ausschenkt und Weiße, auch Bockbier im lieblichen
  Lenze.
Und dort sitzt er und trinkt und wird er in Ewigkeit sitzen,
Bis ihn aus Stumpfsinn und Jammer erlöst ein gütiger Schlag-
  fluss ...

Hans Baluschek, Meyer und Emma

Die Zigarre

Von Paul Schüler

(»So siehst du aus!« Erlebte Geschichten. Verlag der Lustigen Blätter, Dr. Eysler & Co., Berlin)

Ort der Handlung: Ein Omnibus auf der Strecke Potsdamer Platz-Spittelmarkt. Er ist voll. Der Schaffner lässt die Klappe herunter, auf der das Wort »Besetzt« steht. Auf einer Bank sitzen zwei Herren. Es ist eine jener Bänke, die für zwei bestimmt sind, aber nur für einen reichen. Die Herren sitzen teils neben-, teils aufeinander. Der eine ist dick, der andere ist dünn. Der Dicke hat eine brennende Zigarre in der Hand, deren Rauch dem Dünnen beständig in die Nase steigt. Er sieht seinen Nachbar von der Seite an, schlägt mit der Hand nach dem Rauch, räuspert sich, pustet. Es hilft nichts. Der Dicke reagiert nicht. Die Zigarre brennt weiter. Wir befinden uns an der Wilhelmstraße, der Dünne nimmt einen Anlauf zum Reden. Schließlich sagt er: »Hier darf nicht geraucht werden.«

Der Dicke: »Ich rauche ja gar nicht.«

Der Dünne: »Sie nicht; aber Ihre Zigarre. An der Potsdamer Brücke sind Sie eingestiegen. Seitdem raucht die.«

Der Dicke: »Dafür kann ich nichts.«

Der Dünne: »Ob Sie dafür können, ist gleichgültig, ich kriege den ganzen Rauch ins Gesicht, das brauche ich mir nicht gefallen zu lassen.«

Der Dicke schweigt. Die Fahrgäste werden aufmerksam. Neben mir sitzt eine Frau mit ihrem Marktkorb. Sie beugt sich nach vorn, um besser zu hören. Der Korb ruht auf meinen Knien. Schräg gegenüber sitzt ein Herr, der Zeitung liest. Er lässt die Zeitung sinken und wartet auf die Entwicklung der Dinge. Die brennende Frage: darf die Zigarre rauchen oder nicht, beschäftigt alle Gemüter. Wir halten an der Friedrichstraße. Der Dünne ist quittegelb geworden. Er muss etwas an der Leber haben. Er räuspert sich, nimmt einen neuen Anlauf und sagt: »Gehen Sie doch hinaus, wenn Sie rauchen wollen.«

Der Dicke: »Gehen Sie doch hinaus.«

Der Dünne: »Das brauche ich nicht. Ich rauche ja nicht.«

Der Dicke: »Ich auch nicht.«

Der Dünne: »Aber Sie verpesten andauernd die Luft mit Ihrer Dreipfennigzigarre.«

Der Dicke: »Geben Sie mir eine bessere. Sie scheinen ja ein feiner Mann zu sein. Wenn ich so fein wäre wie Sie, dann würde ich überhaupt nicht Omnibus fahren.«

Die Fahrgäste freuen sich. Die Frau an meiner Seite gerät in eine schütternde Bewegung, was zur Folge hat, dass der Korb auf meinem Knie einen Tanz vollführt. Der Mann mit der Zeitung lächelt. Die Zigarre brennt weiter. Wir halten an der Markgrafenstraße. Der Dünne wird immer unruhiger. Auf seinem Gesicht stellen sich Zuckungen ein. Er bereitet sich zu einem entscheidenden Schlage vor. Am Dönhoffplatz ist er so weit: »Wenn Sie jetzt nicht endlich aufhören, mich zu belästigen, dann rufe ich den Schaffner.«

Der Dicke: »Rufen Sie nur!«

Der Dünne: »Schaffner!« Ein junger Mann erscheint mit grüner Mütze und lächelndem Gesicht. »Schaffner! Sagen Sie dem Herrn, er möchte draußen rauchen!«

Der Schaffner versteht nicht. Der Dünne schreit: »Sie sollen dem Herrn das Rauchen untersagen!«

Der Dicke: »Ich rauche ja gar nicht. Die Zigarre raucht von allein!«

Der Dünne: »Das darf sie nicht. Sie haben dafür zu sorgen, dass sie ausgeht.«

Der Dicke: »Das habe ich n i c h t !«

Der Dünne: »Jawohl haben Sie das!«

Beide blicken erwartungsvoll auf den Schaffner. Der junge Mann, dessen Aufgabe für gewöhnlich ist, Zettel vom Block zu reißen und gegen Nickelmünzen umzutauschen, sieht sich auf einmal mit der ganzen Würde einer Gerichtsperson bekleidet. Der ganze Wagen hängt an seinem Munde. Wie wird er entscheiden? Wird er sie brennen lassen? Wird er sie n i c h t brennen lassen? Das ist hier die Frage.

Man ist bereit, sich seinem Spruche zu beugen, wie man sich den Entscheidungen des Reichsgerichts zu beugen bereit ist. Der Mann mit der Mütze sieht auf die zierlichen Arabesken, die sich dem Glimmstengel entwinden, lächelt und schweigt.

»Das wäre ja noch schöner«, ruft der Dünne, »wenn man sich so eine Stänkerei hier gefallen lassen müsste.«

»Wer stänkert hier denn?«, versetzte der Dicke. »Ich stänkere nicht, S i e stänkern.«

Der Mann mit der Zeitung lacht. Die Frau an meiner Seite wackelt wie Gelatine. Ihr Marktkorb hüpft wie ein Gummiball auf mir herum. Der ganze Wagen freut sich über den Dicken. Ob er recht hat, das steht dahin. Aber er befindet sich im Besitz der allgemeinen Sympathien. Und jetzt schickt sich der Schaffner in der Tat an, etwas zu sagen. Die Spannung ist aufs Äußerste gestiegen. Und er öffnet den Mund und ruft: »Am Spittelmarcht! Alles aussteigen!«

Der Dicke lacht, der Dünne platzt. Die Zigarre brennt weiter.

F. Koch-Gotha

Weltstädtische Sehenswürdigkeit
»Au, Mensch, da is een' der Hut ins Wassa jeflogen!«

Die Versetzung

Von Heinrich Seidel

(Gesammelte Werke. J. G. Cotta'sche Buchhandlung Nachf. Stuttgart)

Herr Oberlehrer Doktor Theophil Rungholt stand mit seiner langen Pfeife in einem ziemlichen »Hecht« an seinem Stehpult und stutzte das schandbare Latein seiner Quartaner zurecht, da ward ihm eine Dame gemeldet, die ihn zu sprechen wünsche.

»Gewiß wieder eine Mutter«, murmelte er, teils mit Ingrimm, teils mit Resignation, schlachtete mit bluttriefender Feder noch schnell einige besonders fette Böcke und wandte sich dann mit einem Ausdruck strenger, erwartungsvoller Erhabenheit der Tür zu. Er glich in diesem Augenblick mit seinem lockig gesträubten Haare, den hochgezogenen Augenbrauen und dem etwas verwilderten Vollbarte ganz dem »Herrscher im Donnergewölk« Zeus, und die lange Pfeife trug er in der Hand wie einen Blitz, der bereit war, jeden Augenblick auf das Haupt eines unglücklichen Widersachers niederzufahren.

Nun öffnete sich die Tür und herein kam unter ziemlichem Schnaufen eine sehr wohlbeleibte Dame in mittleren Jahren, die, ohne eine Aufforderung abzuwarten, auf den nächsten Stuhl sank und sich mit dem Muff Kühlung zufächelte. Dabei stieß sie in kurzen Absätzen heraus: »Verzeihen Sie, Herr Doktor ... mein Herz ..., mein Asthma ..., drei Treppen ... wir wohnen parterre ... und dann die Aufregung!«

»Womit kann ich dienen?«, fragte der Oberlehrer sehr kühl, indem er in seiner ablehnenden Position verharrte. »Ich bin eine Mutter«, sagte die Frau mit Nachdruck, »ich bin die unglückliche Mutter von dem Emil Schnäpel, der in Ihre Klasse geht. Ich habe gehört, er soll nicht versetzt werden. Das schneidet tief in mein Herz, noch dazu, wo sonst schon so viel Elend im Hause ist. Mein Mann ist Zahnarzt und hat zu tun, aber der Rheumatismus!

Er verdient sein Brot mit Schmerzen. Und dann ich mit meinem Asthma, wo ich dann oft gar keine Luft kriegen kann.«

Herr Doktor Rungholt hatte die Empfindung, dass diese allerdings traurigen Umstände sehr wenig zur Sache gehörten und da die Frau eine Pause machte, um nach Luft zu schnappen, fügte er ein: »Ja, das ist ja alles recht schön, aber –«

F. Jüttner. Die kalte Mamsell

Die Frau fuhr zusammen, als würde sie von einem Dolchstich getroffen und rief: »Schön? Schön – sagen Sie, Herr Doktor? Schrecklich ist es! Wenn Sie einmal mitanhören könnten, wie wir nachts auf unserem Schmerzenslager liegen und wimmern, mein Mann, weil er das Reißen hat und ich, weil ich keine Luft kriegen kann, da würden Sie das nicht sagen. Denken Sie sich nur, die ganze Welt ist voll Luft, nur für mich ist keine da. Und dazu die Sorge für das Kind. O Herr Doktor, wie können Sie da ›schön‹ sagen!«

Der Oberlehrer wand sich ein wenig und sagte dann: »Geehrte Frau, ich wollte nur sagen: Das ist alles recht gut, aber –« »Gut? Aber Herr Doktor, wie kann das gut sein? Das sind jammervolle Schicksale, das sind Leiden, die einen zur Verzweiflung bringen können. Wie kann das gut sein?«

Rungholt wurde ungeduldig. »Darf ich noch einmal fragen«, sagte er, »womit ich dienen kann? Meine Zeit ist beschränkt.«

Die Frau aber fuhr unbeirrt fort: »Mein Mann ist ein energischer Mann, er ist ein talentvoller Mann. Wie oft habe ich schon zu ihm gesagt: ›Karl, ich muss dich bewundern! Wenn du auch das Reißen hast, du leistest doch mehr als andere!‹ Wenn Sie vielleicht mal 'n

215

Gebiss brauchen oder Ihre Frau Gemahlin? Prima sage ich Ihnen. Und außerdem hat er ja das Zahnpulver erfunden, wo wir so gut mit verdienen. Und wie muss es nun kommen? Mein Mann ist doch Zahnarzt und Herr Kuhlhase uns gegenüber bloß Zahnkünstler. Aber August Kuhlhase, der mit unserm Sohn in eine Klasse geht, der soll versetzt werden und unser Emil nicht. Wo bleibt da die Gerechtigkeit?«

Der Oberlehrer war nicht ohne Sinn für Humor und allmählich kam ihm diese Sache doch ziemlich lustig vor. Er lächelte ein wenig und sagte dann: »Geehrte Frau, wenn Ihr Mann auch das Zahnpulver erfunden hat und in seinem Berufe Tüchtiges leistet, so muss man doch von Ihrem Sohne sagen, dass er ein sehr mäßiger Schüler ist, August Kuhlhase dagegen einer der besten in der Klasse. Ich glaube nicht, dass wir Ihren Sohn versetzen können. So viel ich weiß, leistet er nur im Turnen Besonderes.«

»Ja, Turnen«, sagte die Frau und ein Freudenschimmer geht über ihr Gesicht, da sie doch ein Lob hörte, »das hat er von meinem Bruder. Sehn Sie, als der in dem Alter von meinem Emil war, da ging er mehr auf den Händen 'rum als auf den Füßen und den großen Totensprung machte er, dass einem das Herz stillstand und die Luft wegblieb. Er wollte ja damals auch so eine Spezialität werden, wie in den Reichshallen und im Wintergarten auftreten, aber da ist Gott sei Dank nichts von geworden. Jetzt hat er ja die schöne Destillation in der Neuen Grünstraße, wo er so gut mit verdient und Hausbesitzer ist er ja auch schon. Und was mein Emil ist, da haben Sie noch vergessen: Geografie. In der Geografie weiß er Bescheid. Zum Beispiel von Afrika, wo ja nun unsere Kolonien sind, von Kamerun und Klein- ... Na, Sie wissen ja, was ich meine ... Wie kann man bloß anständigen Ländern und wenn da auch nur Schwarze wohnen, solche Namen geben.«

Rungholt lachte laut auf.

»Sie lachen, Herr Doktor? Das ist ein gutes Zeichen. Ich wusste es ja gleich, als ich Sie sah, Sie würden nicht so sein. Nicht wahr, Sie werden eine von Kummer und Elend geplagte Familie nicht noch tiefer niederdrücken. Sie werden meinen Emil versetzen. Denken Sie doch an Kuhlhases, die uns gerade gegenüber wohnen, und der Mann ist noch dazu Konkurrent. Ich könnte nie wieder aus dem Fenster gucken, wenn Emil sitzen bleibt.«

216

»Ich kann Ihnen wenig Hoffnung machen, aber einen Rat kann ich Ihnen geben. Schicken Sie Ihren Sohn auf die Realschule, auf dem Gymnasium wird er schwerlich weiterkommen.«

Da schoss Frau Schnäpel auf von ihrem Stuhl und gab ihrer runden kugeligen Gestalt alle Würde, die sie auftreiben konnte. »Herr Doktor«, rief sie, »das sagen Sie mir? Wo mein Mann doch Zahnarzt ist und studiert hat und wir zu den gebildeten Ständen gehören. Herr Doktor, Sie mögen ein sehr gelehrter Mann sein, aber wenn Sie auch noch so viel Vokabeln wissen und alle unregelmäßigen Verba, die meinem Emil so sauer werden, vor- und rückwärts können und wenn Sie auch Lateinisch und Griechisch und Hebräisch und meinetwegen auch Chinesisch gelernt haben, eins fehlt Ihnen doch, Herr Doktor, – ein Herz haben Sie nicht!«

Und damit rauschte sie plötzlich zur Tür·hinaus.

– – –

Als die Zeit der Versetzung herangekommen war, geschah das Unerwartete, dass Emil Schnäpel als der letzte gerade noch mit durchrutschte und zur unbeschreiblichen Freude seiner Mutter und zur nicht geringeren seines Vaters als ein wohlbestallter Tertianer nach Hause kam. Bei der sorgfältigen Abwägung seiner Fähigkeiten hatte sich das Zünglein um »ne lütte Idee von ‚n Gedanken von ‚n Papierdickte«, wie die Maschinenbauer in Mecklenburg sagen, auf die gute Seite gestellt, was er aber weniger seinen wissenschaftlichen Verdiensten als dem Umstande zu verdanken hatte, dass er unter den vielen rauen Schafen in seiner Klasse noch das glatteste gewesen war.

Am nächsten Tage schon ließ sich bei Herrn Oberlehrer Rungholt eine Dame melden und herein trat zwar atemlos, aber strahlend wie ein nach Westen gelegenes Haus bei Sonnenuntergang, Frau Schnäpel. »O, Herr Doktor!«, rief sie, »ich habe Sie verkannt. Ich nehme alles zurück. Sie sind ein guter Mann, Sie sind ein edler Mann!«

Rungholt wehrte alles ab und meinte, wenn es allein nach ihm gegangen wäre, so würde Emil Schnäpel gewiss heute nochkein Senior und Häuptling der Quarta sein.

»Das sagen Sie nur so in Ihrer edlen Bescheidenheit!«, rief sie und dabei machte sie mit einem kleinen Päckchen, das sie zwischen beiden Händen trug, einige vergebliche Vorstöße, die nicht gelangen, weil der Doktor seine beiden Hände krampfhaft auf dem Rücken gefaltet hielt. In diesem Augenblick bemerkte sie durch die halbgeöffnete Tür des Nebenzimmers die Frau des Doktors, die dort mit dem zweijährigen Kinde beschäftigt war. Diese sehen und zu ihr hineinstürzen, war das Werk eines Augenblicks, wie denn überhaupt Frau Schnäpel sich trotz ihrer rundlichen Fülle nicht allein eines lebhaften Gemüts, sondern auch einer merkwürdigen Beweglichkeit erfreute.

»O, nun weiß ich«, rief sie, »wem ich all mein Glück zu verdanken habe. Diese schönen Augen, diese Züge voll Sanftmut und Güte sagen mir alles. Sie sind eine Mutter, Sie können einem Mutterherzen nachfühlen. O, nehmen Sie dies hier als ein Zeichen meiner ewigen, unendlichen Dankbarkeit!«

Damit drückte sie der jungen Frau das Päckchen in die Hand und war verschwunden, ehe das überraschte Paar nur recht zur Besinnung gekommen war. Sie standen beide und sahen sich recht verblüfft an.

»Ich habe eine schreckliche Angst«, sagte die Frau Doktorin endlich, »dass Geld drin ist.«

»Das schick' ich natürlich sofort zurück!«, rief der Doktor, »und schreibe einen furchtbar groben Brief dabei! – Hanebüchen!«, fügte er mit grimmigem Nachdruck hinzu.

Zaghaft und langsam wickelte die junge Frau das Paketchen aus. Als sie endlich den Inhalt in der Hand hielt, brachen beide Gatten zugleich in ein unauslöschliches Gelächter aus, denn was ihren Augen sich zeigte, war eine Schachtel von Karl Schnäpels weltberühmtem Zahnpulver.

Der Ball der Berliner Presse

Von Julius Stettenheim

Aus »Wippchens sämtliche Berichte«. Hermann Paetel Verlag GmbH.,
Berlin-Wilmersdorf

Bernau, d. 29. Januar 1899.

Wie in jedem Jahr, nachdem es eben in den Zahn der Zeit verschwunden und dem neuen das gemacht hat, was bei der herrschen-
den Bauwut immer teurer wird: Platz, habe ich auch in diesem Jahr
des laufenden Anni currentis und zwar am gestrigen Abend meinem
Schreibtisch den Rücken, den ich so oft vor ihm gebeugt, gekehrt und
mich, während andere sich in Wichs warfen, in den Lack meiner Tanz-
schuhe geworfen, um einmal wieder den Tanzbecher bis zur Neige zu
leeren. Namentlich dem Kriegsberichterstatter, der das ganze Jahr hindurch in sein Arbeitszimmer hineingebannt ist, seiner Redaktion eine
Schlacht nach der anderen liefert und froh ist, wenn er einmal acht
Tage lang kein Feld der Ehre mit Leichen zu bedecken hat, ist eine solche Erholung wohl zu gönnen. Ich war also froh, als ich gestern abend,
fern vom Getümmel einer Schlacht, im Vorsaal der Philharmonie,
meinen Winterpaletot gegen eine Garderobennummer vertauschte,
meine Eintrittskarte vorzeigte und den von tausend Birnen strahlenden Ballsaal betreten hatte.

Als ich das erste Paar erblickte, glaubte ich im Paradiese zu sein.
»Adam und a Dämchen!«, rief ich unwillkürlich. Oder hinkt dieser
arme Vergleich? Das sollte mir leid tun! Denn es fällt mir ein: Das
Paradies hatte ja nur ein einziges Paar aufzuweisen und aus einem ein-
zigen Paar, einer Schlange und etwas Obst ist noch lange kein Ball her-
zustellen. Besonders aber gefiel es mir, dass ich so viele Damen sah,
von denen nicht eine einzige radelte. Schon aus diesem Grunde war
ich vor Entzücken so außer mir, dass ich nicht außerer mir sein konnte.

Der Ball hatte schon begonnen. Soweit mein Auge reichte kein
weibliches Tanzbein, das nicht geschwungen wurde. Umsonst auch
sah ich mich nach einem Sitzredakteur um. Kein Redakteur saß,
jeder tanzte. »Achtung! Dampfwalzer!«, rief ich, als ich mich gleich-

falls einem Strauß hingab, der eben vom Orchester herab in den Saal geschleudert wurde. Obschon mir das Schicksal keine Terpsichore in die Wiege gelegt hat, tanze ich doch gern. Freilich gab es eine Zeit, wo keine Polka sicher war, von mir getanzt zu werden und oft tanze ich bis in die rosenfarbenen Finger der Eos hinein. Aber auch heute noch bin ich gerne die rechte Hand einer schlanken Frauentaille und greife nach den Klängen eines munteren Galopps mit Vergnügen einer Schönen unter die Arme, wenn Not an Mann ist und dann lasse ich mir keine grauen Haare darüber wachsen, dass ich solche schon habe.

An das Paradies erinnerte mich auch wieder eine Gruppe von zwei Männern, K a i n z und Z a b e l, nur mit dem Unterschied, dass der erstere den letztgenannten nicht erschlug, obschon dieser ein Kritiker ist. Auf diese unblutige Szene machte mich W i l d e n b r u c h besonders dringend aufmerksam. »Es ist überhaupt ein Beweis für das Wachstum der Zivilisation, trotz der realistischen Literatur«, fügte er hinzu, »dass verhältnismäßig so wenig Kritiker erschlagen werden, obschon (Wildenbruch machte Front) Goethe ausdrücklich sagt: ›Schlagt ihn tot, den Hund! Es ist ein Rezensent.‹ Man sollte den Altmeister mehr achten! Ich lese die Lokalnachrichten aufmerksam, niemals finde ich, dass ein Unbekannter getötet wurde, während doch die Rezensenten meist unbekannte Leute sind. Mir unbegreiflich! Die Mörder würden doch freigesprochen werden, denn sie schlugen doch dem Kritiker das letzte Stündlein in der Notwehr, indem er nach jeder Novität keines Realisten den Dichter stückweise totschreibt.«

»Machen Sie es wie ich, Herr Kollege«, rief da der vorübertanzende M a x H a l b e. »Ich schreibe jetzt wieder ein durchgefallenes Drama, um von den Kritikern auf denselben Schild gehoben zu werden, in welchem sie immer etwas gegen Sie führen.«

Nun begrüßte ich noch andere Größen der Literatur, von denen einige noch größer waren. Als ich S p i e l h a g e n so flott tanzen sah, als habe er sich eben hingesetzt, um die ersten Kapitel der »Problematischen Naturen« zu schreiben, sagte ich zu ihm: »Mein lieber Meister, man merkt es Ihnen nicht an, dass Sie in zwanzig Jahren ins 91te gehen werden.« Seufzend erwiderte er: »Ach schmeicheln Sie mir nicht. Dies Schreiben »Gesammelter Werke« setzt sich nicht in die Kleider. Trotzdem wendet sich S t a a c k m a n n fortwährend mit der

Bitte an mich, meinen Ärmel nicht an den Nagel zu hängen, sondern einen neuen Roman aus ihm zu schütteln.« Aber da hatte der Romancier auch schon diesen Ärmel um eine Taille gelegt und schoss mit seiner Tänzerin wie nach der Scheibe durch den Saal.

Sudermann sah ihm nachdenklich nach. Er kann eben nicht anders. Immer denkt er über einen neuen Stoff nach, wie eine Modedame. Ich wünschte ihm einen guten Abend. »Sie wünschen mir zu wenig«, sagte er mit einem Ausdruck, als finge Sodoms Ende an. »Der Dramatiker braucht hundert gute Abende, weil er sonst einen – verzeihen Sie das harte Wort – Durchfall erlebt oder sagen wir: einen durch einen D'estime abgeschwächten Succès, sodass schon am zweiten Abend nur Mäuse im Theater sind, weil keine Katze hineingeht.« Aber da umringten den glücklichen Dichter schon so viele Damen, welche Autografenfächer besaßen, dass nichts mehr von ihm zu sehen war.

Gerhart Hauptmann sah sehr interviewt aus. Seit er auf seinem Pegasus die höchste Stufe des Lorbeers erklommen hat, wünscht er oft selbst seine Versunkene Glocke zu sein, denn er wird täglich durchforscht. »Neulich«, so erzählte er mir, »machte mir einer der gefürchtetsten Interviewer eine seiner Fisimatenten und verlangte von mir, ich solle ihm, da er ein Manuskript von mir haben möchte, eine Szene machen. Ich machte ihm also eine Szene, indem ich ihn hinauswarf, zu spät einsehend, dass er mich wohl missverstanden hatte.«

Kadelburg tanzte mit Blumenthal. Sie haben eben immer zusammen zu arbeiten und sind daher unzertrennlich. Als sie einmal in einem Walzer an mir vorübersausten, hörte ich Blumenthal sagen: »Wie wäre es, wenn hier die Braut des Fahnenjunkers das große Los in der Metzer Lotterie gewinnt und der Waisenknabe, der das Los gezogen hat, sich als der Sohn der Braut entpuppt?« Kadelburg antwortete in seinem energisch-liebenswürdigen Ton: »Abgelehnt. Wenn wir ein anständiges junges Mädchen, das einen Sohn hat, auf die Bühne bringen, so ist Brahm böse, dass wir das Stück nicht ihm, sondern dem Hoftheater geben und ich möchte den netten Mann nicht erzürnen.« Und beide walzten weiter arbeitend vorüber.

Da sehe ich Ludwig Fulda durch den Saal schlendern und ich folgte ihm auf den prachtvollen Versen. Fulda kann man sich nur pegasusberitten vorstellen und ich war daher sehr erfreut, ihn als Fußgänger zu treffen. Er sprach trotzdem heute, wie immer auf Bällen, in vierfüßigen Jamben und da ich nicht bei gebundener Zunge war, so wagte ich nicht ihn anzureden, nur neidisch beobachtend, wie er nach links, rechts und geradeaus Strophen ausstreute, gleichsam um damit zu reimen. Ich höre, dass Fulda nicht gerne in Prosa spricht, weil dies ihn zu sehr anstrenge.

Mit großem Vergnügen konnte ich mich hierauf einmal wieder an Adolphe L'Arronges Herz drücken. Wenn er die Tantiemen, die er täglich einnimmt, bei sich trägt, so sieht er ja etwas korpulent aus, aber seine Figur ist doch von großer Gesundheit verklärt, denn er kümmert sich wenig um das, was die Blätter nicht über ihn schreiben und das andere liest er nicht. Er ist einer der wenigen Dramatiker, die nicht genommen, sondern gegeben sein wollen und das wird er bekanntlich und als ich ihn mit den Worten: »Sie kommen mir wie gerufen!« begrüßte, sagte er: »Nun, ich komme immer wie gerufen.«

Seine Antipoden sind Hartleben und Tovote, die, als ich ihnen die Hände wie ein Frost schüttelte, ungemein unzufrieden mit allem waren. Die Damen waren ihnen nicht realistisch genug gekleidet. »Roben sind Lügen«, riefen sie mit Verachtung, »nur eine Dame mit nacktem Schwanenhals ist keine Ente.« Sie möchten, wie sie mir sagten, ein Modenblatt gründen, aus welchem die Leserinnen ersehen könnten, wie sie sich festlich zu entkleiden hätten, wenn sie einen Ball besuchen und gingen Hertzog, Gerson und Israel darüber zugrunde.

Da grüßte mich sehr herauflassend Adolph Menzel, der neue Ritter des Schwarzen Adlerordens. Es kam mir vor, als trüge er das berühmte Flötenkonzert im Knopfloch. Nicht weniger froh war ich, als ich den Schöpfer des Nationaldenkmals, Begas, entdeckte. Genau wie dieses imposante Werk stand er aber nicht frei genug da, sodass man ihn nicht gut sehen konnte, worüber sich viele Kunstfreunde sehr beklagten.

Hopfen hätte ich gerne die Hand gedrückt, aber er reichte sie gerade einer jungen Schönen und zog zugleich einen Kuss vom Leder, das deren Hand bedeckte. Der arme, geplagte Mann! Er hat einen Roman unter der Feder und muss nun Frauencharaktere studieren, statt sich mit den Damen zu seinem Vergnügen unterhalten zu können. »Ohne harte Arbeit und schwere Opfer«, rief er halb verzweifelt,

»ist selbst ein Kunstwerk nicht zu schaffen« und da war er auch schon mitten im Schuhplattler.

... Auch P h i l i p p i tanzte, als habe ihn eine Tarantel »nur auf die Schulter geküsst«. »Ich tanze nicht gut, ich bin nicht im Entferntesten mit Fanny Elßler zu vergleichen«, flüsterte er mir in einer Pause zu, »aber eben deshalb tanze ich nur mit Töchtern von Theaterrezensenten, da man ihren Vätern ja doch nicht beikommen kann. Ach diese Rache ist so süß, dass ich sie Schlagsahnenrache nennen möchte.« Und nach fünf Minuten stürzte er mit einer Tochter zu Boden, deren Vater wahrlich keine Rosen auf seinen »Dornenweg« gestreut hatte und als er sich mit seiner Tänzerin erhob, sagte er zu ihr: »Es ist doch ein schöner Abend.«

Da traf ich auch einen dramatischen Autor, den ich nicht nennen kann, weil er noch keinen Namen hat. Er klagte mir aus diesem Grunde, dass er wieder ein Stück eingereicht habe, aber niemand davon spreche. Ich war sehr überrascht und rief: »Wie? Ein Stück von Ihnen nicht bekannt? Aber Ihre Stücke werden ja regelmäßig öffentlich ausgetrommelt!«

Welch eine Fülle von Pegasusschulreitern, Hippokrenchentrinkern, Dienern von Musen und Propheten, Lyraschlägern, Weisen und Autoren, goldenen Saitenspielern, Liebesliederlichen, Epikern und -gonen, Rezensenten und -portern, alltäglichen Leitartiklern, Roman- und Novellenbadenden und anderen, die den Lesern über oder unter dem Strich ihre Lorbeeren aufbinden. Wer nennt die Namen! Ich! Und so nenne ich noch Z o b e l t i t z , W i c h e r t , H i r s c h f e l d , F r e n z e l , J u l i u s   W o l f s , R o d e n b e r g , T r o j a n , D i n c k l a g e , S t i n d e und alle die Etzeterer, weil mir der Raum fehlt, sie hier anzuführen. Ja, die sich für angeführt halten, weil sie sicher hofften, es zu werden. Sie alle gönnten sich keinen Moment einen Augenblick der Ruhe, sondern flogen, Allesniederschmetterlingen gleich, von Polka zu Walzer und fragten nicht, was die Uhr sei, die keinem Glücklichen schlägt.

Von den Vertretern der hohen Politik und des Staatsbeamtentums will ich nur sagen, dass kein Hervorragender zu Hause geblieben war. Auch alle Geheimräte waren erschienen, doch so geheim, dass man sie nicht sah. Ich bemerkte den alten Neukanzler, die Minister, die Flottenkapitäne und andere Botschafter, nur der Lippische Gesandte fehlte. Dies war der einzige Wermuttropfen auf den heißen Stein des unvergleichlichen Festes.

Erst als Helios dämmerte, entschloss ich mich, meine Garderobe zu ergreifen und die Philharmonie, dies Prachtwerk Sacerdotis, zu verlassen. Als mich dann ein Taxameter zu den Laren des Bahnhofs entführte, wünschte ich: »Oh, möchte die Presse jährlich doch 364 Bälle und nur einen Arbeitstag haben: ein Ziel, aufs Innigste in Erwägung zu ziehen!«

Wilhelm Scholz: »Bild ohne Worte«
(Bismarck und der Kladderadatsch)

Lachende Lieder

Von Richard Schmidts-Cabanis

(Aus »Lachende Lieder«. Neue Dichtungen von N. S.-C. Berlin 1902. Voll
& Pickardt Verlagsbuchhandlung)

Sonett gegen den Vaterlands-Verrat

Aus Geheimrat Jettes Selbstschriften-Album

»Wo sind die Ziehjarr'n hin, hier aus die Kiste?!«,
Fragt heit der »Olle« mit so'n falschen Blick,
Wodrauf ick einfach schiddle mit's Jenick
Und sage nongschalank: »Det ick nich wißte!« –

Nu schnauzt »sie« los: »Hier fehlt ja ooch det Stick
Von die geschmoorten beeden Kälberbriste,
Der Streißelkuchen und die halbe Siste!«
»Wat jeht det mir an?«, jeb' ick sanft zurück.

Det ick die Ziehjarr'n for den Tränksoldaten
Still ausgefiehrt, und det der Jrenadier
Den Kuchen jestern schluckte un den Braten,

Det bleibt ein ewiges Retsel ihm un ihr –
Denn wie'n besoffener Pudel schäm' ick mir: –
Een Milletheer-Jeheimnis zu verraten!

Lehmanns Wüstengroll

(Aus dem poetischen Reisetagebuch eines Berliner Kolonialtouristen)

»Afrika –
Hipp hurra;
Immer hin! 's himmlisch da!

225

Jar nischt kennt,
Wer des nich sah!«
So schrie allens fern und nah!
Ich voll Wut
Denke: Jut,
Wissen musst du, wie det dut;
Nehme Rejenschirm un Hut,
Un mit meinen Freind Fritz Krause
Komm' ick nach 'ne kleene Pause
an, det nachmittags um vier;
Stürze mir in's Pläsier,
Geh' mir um und finde hier …
Jott ist groß!
Jlaubt man's bloß?!
Nich die kleinste Spur is los!
Vorne ein paar drockne Halme,
In de Mitte eine Palme
Un ein Sandfleck hinten – siehste
Wie de bist: det nennt sich »Wüste«! –
Jejend: sonst nich von Bedeutung;
Und die Städte … Keene Zeitung,
Nich mal Jas- und Wasserleitung!
Straßenpflaster –
's reine Laster:
Dabei Männer, Kinder, Weiber
Kaum 'nen Fetzen auf die Leiber;
Manchmal bloß mit Talg beschmiert,
Dess man beinah sich scheniert –
Dumm un faul,
Und denn immer's jroße Maul! –
Nirjendswo een Droschkenjaul
An die Ecke, meiner Seele!
Lieber Jott, un die Kameele,
Wo man dadrauf reiten muss:
Der antikste Omnibus
Is dajejen Hochjenuss! – –

Und was außerdem for Bestien
So den Menschen hier beläst'gen,
Wo, wenn ein Malhör geschehn,
Nie kein Schutzmann is zu sehn!
Der Schkorpion
Jrinst voll Hohn:
»Alter Sohn,
Dir hab' ick beim Wickel schon!«
Oder dito
Ein Moskito
Kriecht mir in den Stiebel cito!
Ohne einen Jrund, der triftig,
Sind die Fliejen hier jleich jiftig!
Ob ick Müller oder Neumann
Heiße, is ejal den Kaimann –
Er frisst flott an mir sich sat,
Weil er keenen Maulkorb hat!
Tijer jeglichen Jeschlechts
Happsen nach mir links und rechts;
Vorne packt mir 'ne Hyäne
Mit de Zähne
In de Beene;
Hinten an de Kaktuswand –
Ooch scharmant! –
Drängelt mir ein Elefant
Oder tritt mir in den Sand;
Wütend wie ein doller Truthahn
Dreibt mir hier ein Orang-Utan –
Klatsch, den Hut an;
Während da 'ne Löwenjruppe
Mir vertilgt als Wochensuppe! –
Auch an einem schönen Dage
Ohne Frage
Kommt man manchmal in die Lage,
Dass ein Antropopophage,
Wenn er uns von weiten sieht,

Kriegt App'tit,
Un kaum weiß man, wie's jeschieht,
Lässt er uns als delikaten
Vesperhappen knusprig braten –
So vielleicht mit Zwiebeln dran,
Die ick nich mal riechen kann;
Un kriegt er denn nach 's Suppee
Magenweh,
Achherjeh,
Schimpft er hinterdrein noch jar,
Dass an mir nicht recht was war,
Mäkelt mir: ick schmekte jraulich
Un erklärt mir unverdaulich! – –
Un zuletzt, jerechte Jötter!
Hier det afrikan'sche Wetter,
Det macht nu den Kohl nich fetter!
In'n Dezember: mehr wie'n vollen
Monat rejent's wie mit Mollen,
Und in'n Februar – reen verrückt! –
Is 'ne Hitze, det man stickt
Stoobig is es immer, jrade
Wie in Temploh zur Parade! –
Dabei kann ick nich entdecken,
Was sie mit des Kongobecken
Bloß bezwecken,
Wo von solchen Mordsjestanke
Selbst bei Rieselfeld und Panke
Kein Jedanke!
Lieber will ich, Jott soll strafen!
An den braven Humboldthafen
In Berlin im Freien schlafen,
Als hier bloß 'ne einz'je Nacht,
Wo des holde Becken lacht,
Wo der Büffel sich drein sielt,
Un was nie wird ausgespült! –
Überhaupt is nicht hier rein,

Mensch un Tiere, Jroß un Klein:
Alles ein
Ries'ges Schwein –
Un des will ein Erdteil sein?!
Donner, nein!
Machen soll meintswejen Krause,
Dem ick zu Jefallen meist
Bloß nach dieses Nest jereist,
Wat er will: ick fahr zu Hause!

W. A. Wellner

Ein Ostpreuße kommt aus seinen heimatlichen Fluren zum ersten Male nach Berlin. Auf dem Bahnhof Friedrichstraße steigt er aus. Als er dort die Treppe heruntergeht, sagt er erstaunt: »Herrjeses, herrjeeses, Berlin l i j t ja im K e l l e r !«

»Det is mein Groß-Berlin!«

Heitere Verse von Alexander Moszkowski

(Aus »Freibad der Musen« und »Meine verstimmte Flöte«. Verlag der Luftigen Blätter, Dr. Eysler & Co., Berlin)

Die Pumpvirtuosen

Kommt ein armer Wicht gelaufen,
Will sich einen Kittel kaufen,
Einen ordinären Kittel,
Doch es reichen nicht die Mittel,
Wird er sich umsonst bemühen,
Traurig muss er weiterziehen,
E i n e n K i t t e l, das ist dämlich,
Muss man b a r b e z a h l e n nämlich.

Aber Fräcke, Seidenhüte
Und Korsetts von erster Güte,
Unterröcke, Ballkostüme,
Matinées fürs ganz Intime,
Wenn sich's in die Tausend summt,
K r i e g t m a n i n B e r l i n g e p u m p t.

Wer das Geh'n nicht kann verknusen,
Und benützt den Omnibusen,
Zahlt fünf Pfennig oder zehne,
Und es wird ihm, notabene,
Ob er weint und lamentiert,
Nicht ein Pfennig kreditiert.

Aber allerfeinste Wagen,
Welche wie der Deibel jagen,
à la Daumont und mit Federn

Und patenten Gummirädern,
Oder Autos mit Benzin,
Kriegt gepumpt man in Berlin.

Eine Schrippe, einen Wecken
In das, Hungermaul zu stecken,
Oder einen Schwarzbrothappen
Muss man immer bar berappen.

Aber fünfzig Prachtgedecke
Für verwöhnteste Geschmäcke,
Mit Sterlets und mit Lampreten
Und getrüffelten Pasteten,
Mit der Fülle des Konfektes
Und mit so viel Flaschen Sektes,
Dass nachher der Schädel brummt,
Kriegt man in Berlin gepumpt.

Dieses zu der Wahrheit Steuer,
Und man kann's zusammenfassen:
Ach, wie ist das Darben teuer,
Und wie billig ist das Prassen!

F. Jüttner

Vata füllt die Liste aus!

Hurra Berlin!

Wo die Panke mit Gestanke
Sich durchs enge Bette wälzt,
Wo der Blaue nach der Haue
Siegreich durch die Straßen stelzt,
Wo der Preiße trinkt de Weiße
Mit 'ne kleene Strippe zu,

Wo die Blonde zur Rotonde
Dir bestellt zum Rendezvous,
Wo die Waden uff Prom'naden
Jeder Kennerblick begafft,
Wo die schönsten Kavalkaden
Uns die Polizei verschafft,
Wo die Spatzen, wenn se atzen,
Nutzlos kratzen im Benzin,
Wo nischt los is, wenn kein Moos is,
Sehste wol, det is Berlin!

Wo mit Ratter und Jeknatter
Fauchend schiebt der Autobus,
Wo Destillen uns enthüllen
Nutrimentum Spiritus,
Wo det Eisen zwischen Gleisen
In de Mutter Erde dringt,
Det man purzelt und entwurzelt
In den Unterjrund versinkt,
Wo die Wanda und Amanda
In der Kneipe animiert,
Bis der Dusel keenen Fusel
Von Bewusstsein mehr verspürt,
Wo die Dame aus Reklame
Kocht für Arme Suppenjrün,
Und die Kleider pumpt beim Schneider,
Sehste wol, det is Berlin!

Wo die stramme
Spreewaldamme
Tändelt in der bunten Kluft,
Wo die Segel über Tegel
Lenkbar jondeln in der Luft,
Wo die Gilden Ringe bilden,
Wo in jeglicher Gestalt
Alle Leite streiken heite,

Ausjenommen Staatsanwalt,
Wo der Himmel voller Kümmel
hängt und voller Sekt und Bier,
Wo die Menscher den Messenscher
Schicken zu dem Kavalier,
Wo die Misses mang de Biffes
Mit dem Cookschen Wagen ziehn, –
Mitmensch, wiss es, ja det is es,
Ja, det is mein Groß-Berlin!

Berliner Elektrische

Es wird gebimmelt, es wird geschellt,
Es wird gebremst, dass der Wagen hält,
Es wird gestoppt und es wird was gedreht,
Es tut sich was mit der Elektrizität;
Der Schaffner geht rein und alsdann geht er raus,
Er hat was zu tun, er schaltet was aus,
Er ist beschäftigt ganz ungemein,
Er schaltet was aus und er schaltet was ein;
Er polkt und bastelt an einer Feder,
Er schiebt einen Schlagbaum gegen die Räder,
Er hält aus irgendeinem Motiv
Den Baum erst gerade und dann wieder schief.
Es wird eine Sache untergeschoben,
Es wird was gezogen von unten nach oben,
Es wird noch irgendwas vorbereitet,
Die Stange wird wieder nach oben geleitet;
Es wird gelocht und es wird kupiert,
Es wird was gerissen und was kontrolliert,
Es wird was ins Dienstbuch hineinnotiert,
Es wird am Kontakt was in Ordnung gebracht,
Es werden die Lampen angemacht,
Es wird wo gedrückt, dass die Birne entflammt,
Dann gehen die Lampen aus allesamt,
Es wird ein kleiner Defekt aufgefunden,

Dann brennen sie wieder dreizehn Sekunden,
Es wird gekurbelt und es wird gestuckert,
Es wird gehakt, bis der Wagen schuckert,
Es wird was gekoppelt und rangewimmelt,
Es wird erst hinten, dann vorne gebimmelt,
Der Schaffner steigt runter und rauf die Stufen,
Es wird in den Wagen hineingerufen;
Es wird geknipst und Fahrgeld erhoben,
Die Stange will noch nicht sitzen da oben,
Es wird noch einmal was zurecht geschoben,
Es wird was probiert und wird was gerückt,
Es wird was geschraubt und wird was gedrückt,
Es wird was gemacht, um Strom zu sparen,
Und manchmal wird auch sogar g e f a h r e n !

Berliner Monstre-Bälle

O Riesengenuss! O Hochgefühl!
Hier hab ich was, wenn ich berappe
Ein italienisches Volksgewühl
Und ganz Venedig aus Pappe!

Am nächsten Abend umfängt mich schon
Eine neue famose Atrappe,
Da bin ich umgeben von Alpen-Ozon:
Die ganze Zentralschweiz aus Pappe!

Der dritte Abend: ich weiß einen Saal,
Da.geh' ich als reisiger Knappe;
Und rings an den Wänden im ganzen Lokal
Das Mittelalter aus Pappe!

Der vierte Abend: das wird eine Nacht,
Nach der ich schon lange jappe;
Ich hab' mich mit einem Turban bedacht:
Ganz Konstantinopel aus Pappe!

235

Der fünfte Abend wird exzellent,
Da ich mich als Hindu verkappe;
Das wird exotisch, das ist patent,
Und: ganz Kalkutta aus Pappe!

Den sechsten Abend schreib' ich apart
In meine Erinnerungsmappe,
Das ist ein Ball von japanischer Art:
Ganz Yokohama aus Pappe!

Am siebenten Abend geht's vornehm her
Frisch Geld in die Tasche, die schlappe;
Da geh ich als Spieler und Bonviveur:
Ganz Monte-Carlo aus Pappe!

Am achten Abend bin ich schon froh,
Wenn ich nicht zusammenklappe;
Ich tanze als flotter Eskimo:
Der ganze Nordpol aus Pappe!

Am dreißigsten Abend hab ich geschrien:
Nu aber ein Ende! Ich schnappe! –
So eine Ballsaison in Berlin,
Wahrhaftig, die ist nicht von Pappe!

Was fangen wir mit Berlin an?

Wozu in die Ferne schweifen?
Sieh das Gute liegt so nah!
Einmal wirst du's doch begreifen
Und dann rufst du Heureka!
Nimmst Papier, nen großen Fetzen,
Sei es Bütten, sei's Velin,
Wirfst darauf die Pläne setzen,
Schwapp, da hast du Groß-Berlin.
Störend ist in unserm Alter, –

Oder siehst du dieses nicht? –
Dieser Bahnhof, der Anhalter,
Denn er raubt uns Luft und Licht;
Nimm den Bahnhof, Stein und Eisen,
Dessen Lage nicht gefällt,
Schmeiß' ihn raus mit allen Gleisen,
Bis er nach Südende fällt!

Dann die Oper! Kein Gewinsel!
Denn das Alte stört uns bloß
Schmeiß sie auf die Pfaueninsel,
Dorten steht sie ganz famos;
Lang genug gestanden hat se,
Schleunig wird sie rausgepufft,
Plötzlich auf dem Opernplatze
Hast du, Bürger, Licht und Luft.
Altberliner, die stupiden,
Wundern sich mit einem Mal:
Eine Straße – Norden-Süden –
Legst du mit dem Lineal;
Unten bohrt sie sich bis Meißen,
Stirbt der Fuchs, so gilt der Balg,
Oben ohne abzureißen,
Geht sie bis nach Pasewalk.

Was wir mit der Spree beginnen?
Schütten wir sie einfach zu!
Denn die Ostsee zu gewinnen,
Dieses wird der größte Clou;
Alles feste Land dazwischen
Wird vertieft und durchgelocht,
Bis die Meereswogen zischen,
Wo man heut noch Kaffee kocht.

Nur nicht mit dem Gelde geizen,
Wo es Licht gilt und Ozon,

Auf Milliarden zwölf bis dreizehn
Kommt's nicht an, die find't man schon.
Der Berliner, notabene,
Zahlt ja gerne, was er kann,
Mache du nur deine Pläne,
Fertig ist die Laube dann!

H. Zille

Hof-Sommer
»Mutter, een Schmetterling!«

Berliner Bilder

Von Fritz Engel

(Dem »Ulk« entnommen)

Berliner Sommergarten

In einem Garten blühen
Viel tausend Blumen wohl.
(Sind Blumen vom Patzenhofer
Und duften nach Alkohol.)

Da kannst du beseligt atmen
Den würzigen Hauch der Natur.
(Es steht auf dem Speisezettel
Limburger und Ramadour.)

Da kannst du mit der Liebsten
Hinwandeln lusterfüllt.
(Bis in den engen Gängen
Der Kellner »Vorsicht!« brüllt.)

Und freu' dich der strahlenden Sonne,
Der lebenspendenden, da!
(Doch willst du sitzen im Schatten,
Spann' auf den Entoutcas!)

Der Einsam'

Einsam, einsam will ich streifen
Und befreit vom Großstadtqualm,
Wo die scheuen Gemsen pfeifen,
Wo die Hirten sich nicht seifen
Auf der grünen Alm.
Und ich bin hinausgegangen,

Wo die weißen Wolken zieh'n –
Oben hat mich schon empfangen
Mit der Frau und sieben Rangen
Lehmann aus Berlin.

Ich muss fort! Nur rasch von hinnen!
Kinder, lasst mich doch allein!
Meinen übermüden Sinnen
Gilt nur eines: sich zu spinnen
In die Stille ein.
Und ich eil' zum Seegestade:
Sei gegrüßt, du blanker See,
Und ich rüste mich zum Bade –
Ach, da schwimmt der Meyer grade,
Hansaplatz, NW.

Meyern treff' ich gern bei Siechen,
Aber hier auf keinen Fall,
Nein, ich kann den Kerl nicht riechen,
In die Erde will ich kriechen –
Auf nach Reichenhall!
Und ins salz'ge Bergwerk fahr' ich
Durch den finstern Stollen durch,
Wer sitzt vor mir? Das ist haarig!
Frau Direktor Cohn gewahr' ich
Aus Charlottenburch.

Nein, das kann ich nicht verwinden
Und ich will nach Hause flieh'n,
Heißt es doch, dass unter'n Linden
Ist um diese Zeit zu finden
Niemand aus Berlin.
Und ich fahr' mit dem Gepäcke
Nach der Wohnung herzensfroh –
Steht der Müller an der Ecke

240

Und brüllt laut, dass ich erschrecke:
»Heute abend Zoo!«

Berlin – mein Paradies!

Von Rudolf Presber

(»Aus dem Lande der Liebe«. Verlag Dr. Eysler & Co., Berlin)

Saison!

Das ist ein seltsam' Blütentreiben,
Das aus dem glatten Glase taucht,
Der Winter hat es an die Scheiben
Mit eis'gem Atem angehaucht.
Die Zeit der Rosen ist gewesen!
Es naht das Glitzerreich des Schnees,
Die Zeit des Salms, der Mayonnaisen,
Der Trüffeln und der Rehfilets.
Wie schwarze Schwalben wohl im Maien
Die Luft durchsegeln rasch und leis',
So schwirren jetzt – die Lohnlakaien
Herum mit dem Fürst-Pückler-Eis.
Und in das Necken des, was liebt sich,
Und in der andern stumme Qual
Raunts: »Chateau Margot Fünfundsiebzig«
Und: »Achtundsechz'ger Rauenthal.«

Und männiglich in weißen Schlipsen
Ist man der hohen Freuden voll,
Man spricht von Sudermann und Ibsen,
Und dass es morgen frieren soll.
Von Konnexionen spricht der Streber
Und nur von sich der Renommist,
Der Fresser lobt: dass Gänseleber

Kalt mit Gelee am besten ist.
Und ist verlassen der gedeckte
Tisch, wird ein Walzer durchgetobt;
Na, hoffentlich mit dem Effekte,
Dass irgendwer sich drin verlobt!
Ich will nicht sagen, es bezwecken
Die kleinen Mädchen das vom Haus;
Doch ahnungsvolle Mütter recken
Lorgnongeschmückte Köpfe aus.

Die klügeren Männer sind geflüchtet
Vertrauensvoll zum ersten Stock,
Wo Ehren-Mikosch sich verdichtet
Aus weißen Wölkchen einer »Bock«.
Man nippt an Cognac und Chartreusen
Und aus den Ecken meckert's matt …
Der böse Bann ist nicht zu lösen,
Dass morgen jeder Kopfweh hat.
O wär' ich doch ein Storch! Im Frieden
Des Niltals ging ich auf und ab;
Es grüßten fern die Pyramiden
Mit Cheops' heilgem Riesengrab.'
Am Tage sonnt' ich mich; die Nächte
Durchschlief ich brav und wohlgesinnt,
Und meinem Freunde Meyer brächte
Ich klappernd jedes Jahr ein Kind!

Kommerzienrats sind in der Loge …
Kommerzienrats sind in der Loge,
Wie freitags stets um sieben Uhr.
Vorn auf der Bühne lauscht der Doge
Der Desdemona Liebesschwur.
Sie liebt den wilden Mohrenknaben,
Was ihr der Rat nicht übel nimmt;
Die letzten Kursberichte haben
Ihn vorm Theater mild gestimmt.

Die Tochter seufzt mit müder Miene:
»Ich kann das Mädchen nicht verstehn.
Ich habe jüngst auf andrer Bühne
Als Romeo den Kainz gesehn.
Ach, das war die von Gott geschürte,
Die Leidenschaft zur Glut entfacht.
Wie mich das packte, wie mich's rührte –
Ich hab' geweint die halbe Nacht!«

Der Vater legt den Operngucker
Bedächtig lächelnd aus der Hand:
»Mein liebes Kind, ich bin kein Mucker,
Doch über alles – der Verstand!
Behüt', dass man die Kunst verachtet;
Doch, ganz entkleidet des Gedichts,
Der Romeo als Mensch betrachtet,
Er ist doch nichts, er hat doch nichts!

Er lebt wie auf dem Feld die Lilie,
Hat nicht Geschäft noch Stand dabei;
Und die Montecchi als Familie
Sind auch nicht völlig einwandfrei …
Wenn Shakespeare nicht in Versen schriebe,
Wie man uns Märchen gern erzählt,
Es wär' zum Lachen mit der Liebe,
Der jede rechte Basis fehlt.

Ein Schwiegersohn, der Mohrenhorden
Entstammt, ist auch kein Wunderglück.
Na, lieber Gott, er hat doch Orden,
Ist General der Republik.
Gut, er ist schwarz, doch wohlgestaltet.
Und schließlich glaub: *tout comme chez nous.*
Wenn er nur Zypern klug verwaltet,
Dukaten decken alles zu.

Glaub' deinem welterfahrnen Vater:
Es steckt nichts hinter dem Gestöhn.
Die Romeos sind fürs Theater,
Und auf der Bühne – alles schön!
Man freut sich, wenn sie Gunst erworben
Und keck ein hübsches Kind verführt;
Man weint, wenn sie an Gift gestorben –
Denn dafür ist man abonniert.

Man nimmt als Abonnent und Leser
Mit Dank die hübschen Verse hin.
Doch ein verbannter Veroneser
Als Schwiegersohn in Westberlin?
Ne Hochzeit in Lorenzos Klause –
Und so 'ne Ehe per Balkon –
Nee, bleib mir damit bloß zu Hause,
Das wär' für mich kein Schwiegersohn!

Ich geb' ja zu, wenn einer schriebe,
Wie Tante Hartert Menschen paart,
Es fehlt in solchem Stück von Liebe
So manche hübsche Redensart.
Doch davon, was da weltvergessen
Die Raserei der Dichter spricht,
Davon baut man kein Mittagessen
Und Equipagen vollends nicht!

Sieh dort den Leutnant von den Garden –
Was? Steht ihm gut das bunte Kleid?
Nick zu, er scheint darauf zu warten,
Sein Wappen stammt aus Kreuzzugszeit.
Den, Kindchen, werd' ich dir besorgen,
Der hat getobt und ausgeschnauft –
Ich hab' der »Tante« heute Morgen
All' seine Wechsel abgekauft …

L. Bahr

Vertrauenerweckend

Juste

Ich fuhr herum als Sausewind
In aller Herren Ländern,
Nun lieb ich halt ein Großstadtkind,
Daran ist nichts zu ändern!
Sevilla – Capri – Rom – Paris –
Ich lache der Verluste.
Jetzt heißt Berlin mein Paradies
Und seine Eva – Juste!

Hat krauses Haar und krausen Sinn,
Ist treu – solang sie mein ist,
Und ist und bleibt Berlinerin,
Obschon … ihr Mund so klein ist.
Sie hat sich einst schon eingestellt
Mit echter Großstadttücke:
Sie kam im Stadtbahnzug zur Welt
Über der Jannowitzbrücke.

Und den Asphalt verließ sie nie,
Hat Heuduft nie gerochen,
Und sie versteht von Poesie
Soviel wie ich – vom Kochen.
»Nee, so 'n Jereimsel macht mir dumm,
Und weeßt de Nachtijall'n,
Die kenn' ick vom Panoptikum,
Die könn' mer nich jefallen …«

Doch Hasenheide – jeden Saal
Weiß sie und alle Tische;
Und Kadelburg und Blumenthal
Sind ihre Sommerfrische.
Das »Weiße Rössel« kennt sie fast,
Wie ich einst Körner kannte –

Sie hat im Lessing-Kunst-Palast
'ne Scheuerfrau zur Tante.

In ihrem Hof kennt sie sich aus
Und zählt mir auch in Reihen
Im Vorder-, Quer- und Hinterhaus
Die siebenzig Parteien;
Auch auszuforschen scheint ihr Pflicht
Das Leben der Bewohner;
Die hat 'nen Sohn »bei's Landgericht«
Und die »bei die Drajoner« ...

Als echtes Leckermäulchen weiß
Sie sich Cafés zu suchen,
Wo süßer das Vanilleeis
Und knuspriger der Kuchen.
Kein heimlich Plätzchen, das nicht schlau
Ihr feiner Spürsinn fände –
Beim letzten Haus von Friedenau
Ist ihre Welt zu Ende.

Und hat ihr Schatz ein Portemonnaie,
Dann trägt sie hohe Hüte,
Dann trinkt sie nur bei Kranzler Tee
Und fährt nur »erster Jüte«;
Doch kommt ihr Liebster jung daher,
Doch·arm wie Caro Bube,
Dann isst sie Klops und Rippespeer
In dumpfiger Weißbierstube ...

Sie liebt mich treu – doch ich vergaß
Den Jüngling zu erwähnen,
Der neulich bei Kempinski saß
Und stochert' in den Zähnen.
Ihr Äuglein blinzelte voll List,
Sie ließ die Austern stehen –

Ich fürcht', wenn nächstens »Ziehtag« ist,
Dann hab' ich sie gesehen ...

Berliner Jungen

Von Paul Warncke

(Aus dem »Kladderadatsch«)

1.

Drei hatten uns den Krieg erklärt,
Da kam auch noch der Vierte;
Sie dachten nicht, wie uns das ehrt,
Sie dachten, es genierte.

Franzose, Englischmann und Russ' –
Nun noch die Japanesen!
Na also los! Was muss, das muss!
Her mit dem Eisenbesen!

Bloß Mutter Schultzen sank der Mut,
Ihr war beinah' zum Weinen:
»Nee, Fritzeken, det jeht nich jut
Mit viere iber einen!«

Doch Fritze sprach, der Füselier:
»Na wenn schon! Sonne Kunden!
Wat schadt denn det, da machen wir
Janz eenfach Iberstunden!«

2.

Bei Longwy war's und der Tag war heiß.
Aber endlich: Jubel und Lorbeerreis:
Und einer liegt am Straßenrand
Im gelben Sand,

Schon halb im Schlaf, er kann nicht mehr.
Da kommt sein Feldwebel just daher
Und sieht – und fast erkennt er's nicht –
Blutüberströmt das junge Gesicht
Und beugt sich nieder und fasst ihn an:
»Müller! Potz Wetter! Das sitzt ja, Mann!
Backe vom Ohr bis zur Rasenspitze
Uffgerissen! Donner und Blitze!«
D e r   a b e r : »Ja, ick fiel pardauze!
Die Kugel fluschte durchs Jesicht!
Doch ham se die Berliner Schnauze
Mit een' Schuss nich kaputt jekriegt!«

Das veraltete Wort

Von Paul Warncke

Im Deutschen gibt's ein altes Wort,
Das steht in jedem Lexikon,
Ganz unbehelligt steht es dort,
Denn niemand macht Gebrauch davon,
Und liest man's doch mal, staunt man drüber.
Das alte Wort heißt: »G e g e n ü b e r«,
Und es bedeutet – denken Sie! –
Genau so viel wie *vis-à-vis*!
Das deutsche Wort klang steif und plump,
Drum nahm das fremde man auf Pump,
Und nun erfreut sich Mensch und Vieh
Am wunderschönen *vis-à-vis*.
Wie klingt's doch nett, man höre nur: »Pardong, ich geh' mal
    wiesawieh
Und komme im Momang retuhr.«
O Muttersprache, Mutterlaut,
Ach, wie so innig, wie so traut!

Nichts wüsst ich, was dir gegenüber ...
Nein, wiehsawieh! ... Ich hörte lieber!

Rieke

Von Sigmar Mehring

(Ursprünglich im »Ulk«, jetzt in der Sammlung »Rieke im Kriege«, herausgegeben von Fritz Engel, Verlag Georg Müller, München)

Rieke auf dem Mietsbüro

Von allen Seiten wird jeschrien:
‚s gibt keene Mächens in Berlin!
Bei jedet lump'je Mietskontor
Fährt jetz' de Herrschaft zehnmal vor
Un jammert! Ham Se nich ‚n Mächen?
Ach, lassen Se sich doch erweechen! –
Die jroße Pleite nehm' ick wahr.
Ick mach' mir rar!

Sag' ick, det ick zu haben bin,
Denn renn' se mir de Bude in.
Von zwölwe hör' ick det Jebrüll:
Ob ick bei sie in Stellung will?
Se stürmen vorwärts wie de Preißen,
Un jede will mir 't Buch entreißen.
Ick mustere sachteken die Schar,
Ick mach' mir rar.

Denn stell' ick mein Examen an,
Der Reihe nach: Wat is Ihr Mann?
Hat er een jroßes Pochtmannee?
Wie schteht's mit de Familijee?
Wat hat der Herr for 'ne Visage?

Ha'm Se een Lift zu de Etage,
Det ick mir's Treppensteijen spar'?
Ick mach' mir rar.

Un det beding' ick jleich mir aus:
Ick lieb' een Püllken Wein in't Haus
Un Zijaretten, die ick rooch.
Un 'ne Frisöse brauch' ick ooch.
Se denken woll, ick bin so 'n Klater?
Un denn Biljette for's Theater, Un Sonntachs ess' ick Kavijar, –
Ick mach' mir rar.

Ernst Heilemann.

Die teuren Fleischpreise

» ... Außerdem noch was?«

*»Jawohl, Herr Müller, noch'n halb Pfund feinen Aufschnitt; et soll aber jeheim
bleiben, weil de Herrschaft sonst in de Einkommensteuer rufjesetzt wird!«*

Un bei de Möbel horch' ick, ob't
Noch von de Diener wird jekloppt?
Mir macht der Lärm im Koppe dumm,
Un ick beschteh' uf't Vakuum!
Ooch 't Klingeln hab' ick uff'n Striche,
Ick winsch' een Telefong zur Kiche
Un Ruh' in meinem Budewar!
Ick mach' mir rar.

Fallt det Examen jinstig aus,
Denn kontrollier' ick erscht det Haus
Un klettre bei de Nachbarn ruff
Un nehm' det Renommee noch uff.
Denn hauch' ick samft: Ick will's probieren,
Doch müssen Sie mir jut traktieren,
Und denn: vierhundert Märker bar!
Ick mach' mir rar.

Rieke und ihre Vorgängerin

Herrgott, de Olle hat'n Spahn!
Nee, wat det heut for'n Tanz is!
Weil von det blaue Pochzellan
Uff eenmal nischt mehr janz is.
– Ick hätt's zerdrückt mit meine Klau'n?
I wo, Frau Rät'n,
Det war schon, wie ick anjetreten!
Det hat de Vorichte zerhau'n!

Und bei den Ausjuss, ach herrje!
Da hat sich wat verklommen.
De Wasserleitung is en'zwee –
Nu muss der Schlosser kommen.
– Ick hätte ieberdreht den Hahn?
I wo, Frau Rät'n,

Det war schon, wie ick anjetreten!
Det hat die Vorichte jetan.

Det Injemachte? Menschenskind,
Wo is det man jeblieben! –
Et müssten noch zwee Krausen sind?
Det find' ick iebertrieben!
– Ick hätte druff App'tit jehabt?
I wo, Frau Rät'n,
Det war schon, wie ick anjetreten!
Det hat die Vorichte jeschnappt.

De Fensterscheiben sind nich blank?
Da ham Se wahr jesprochen!
Ick hab' ja Oogen, Jott sei Dank,
Un merk' et schon seit Wochen.
– Ick hätte mir nich ranjetraut?
I wo, Frau Rät'n,
Det war schon, wie ick anjetreten!
Det hat die Vorichte versaut!

H. Zille

Berliner Rodelbahn

Frühlingsreise

Von Hans Brennert

(Aus dem Bande »Wo die königlich preußischen Veilchen blühn«. Verlag
von Eduard Bloch, Berlin. Preis M. 1.50)

Der Zug pfiff durch die Lombardei
An blühenden Mandelbaumgärten vorbei,
Mit Blüten besteckt war jedes Reis,
Jung grünte auf den Äckern der Mais,
Und von Mitternacht glänzten die Alpengipfel
Und hin und wieder ein Seenzipfel,
Und es war im Märzen und die Brenta
War hochgeschwollen und gelb wie Polenta.
Und es girrte von deutschen Pärchen im Zuge,
Die waren auf dem Hochzeitsfluge – –
Denn wer heiratet, muss ja in heutiger Ära
(– Wie sehr man auch darüber läst're –)
Zur Erholung noch immer gleich an die Riviera –!
Ich jedenfalls stieg um nach Mestre,
Und als der Abend mit goldenen Runen
Das Meer bestreute, trug uns der Damm
Hinüber zu der Stadt der Lagunen,
Die schwarz im goldenen Abend schwamm ...
Und es kam die Nacht und der Ostertag,
Da Venedig in gleißendem Lichte lag,
Da die prunkenden Dächer goldig glühten
Und die bunten Paläste flammten und blühten.
Und aus allen Winkeln und allen Enden
Krochen die Bettler auf Füßen und Händen.
Und mit flammendem Haar und mit Messebüchern
Unter den grauen Schultertüchern
Zwischen Piazzetta und Prokuratien
Wandelten junge Veneterinnen
– Teilweise sogar wohl nur Nähterinnen –
Mit kleinen Füßen und schlank wie die Grazien,

W.A. Wellner.

In der Siegesallee

»Du, wat sind denn die?«
»Markgrafen.«
»Wat stellt denn der hier vor?«
»Na, det siehste doch, – det Been stellt er vor!«

Und man war wieder einmal wie ausgetauscht,
Wie ein Maifalter lichtberauscht,
Und lief über Brücken und lief in die Irre,
Gondelte durch der Kanäle Gewirre,

Lief in die Kirchen und wieder zur Riva,
Und sah der Wellenköpfe Schnee
Auf der Adria vom Lidocafé,
Und hörte abends die römische Diva – – –
Um mitternachts wie eine gehetzte Katze
Wieder zu landen am Markusplatze,
Um sich zwischen besetzten Boulevardstühlen
Noch ein wenig als Ostermensch zu fühlen.
Da saß ich und starrte auf die Säulen
Des Markusdomes und darüber glimmte
Der Ostermond – schön war es zum Heulen –
Und war mir doch, als ob etwas nicht stimmte.
Ringsum beim Zigeunergeigenspiel
Saß man eislöffelnd und schwatzte viel –
Schöne Frauen, brillantenbehangen,
Auch ein paar Deutsche mit Schmiss auf den Wangen,
Sie sprachen die Sprache der Spreeathener,
Und während ich noch saß und grübelte,
Sagte einer, indem er den Haby zwiebelte,
»Venedig – janz nett – – Berlin is scheener … «
Da hob ich verblüfft die Schwermutsnase
Empor zum Monde vom Wermutsglase
Und fragte mich: »Sollte der Mann vielleicht recht haben
Und ichdie Osterfahrt zwecklos geblecht haben?
Was hilft mir die laue, venetische Nacht
Und der Adriamond, der so golden lacht?
Es macht ja doch nur heimwehkrank.
Hier fehlt mir ja alles! Was gäbe man jetzt
Für eine Nase Benzingestank –
Wie habe ich das stets unterschätzt!
Kratzt ihr Zigeuner auch Costa und Tosti,
Ich wollte, ich säße jetzt bei Josty
Und schlürfte zum Pilsener mit Verlaub
Einen Mund voll Asphaltstaub.
Sähe das Potsdamer-Platz-Kuddelmuddel
Und das emsige Untergrundbahn-Gebuddel,

Hörte das sänftigliche Geflöte
Der Hohen-Polizei-Trompete,

Hans Baluchek

Berlin im Kriege
Das Urteil des Paris

Oder führe im vollgestopften Coupé
Gen Tegel oder zur Oberspree,

Könnte Hausknechte sehen in Kellnerschürzen,
Die mit dem Daumen die Suppe würzen!
Oder im Osterabendrote
Auf der Havel die Skuller und Segelboote –
Oder Greise, Kinder, Männer und Frauen
Im Knäuel sich vor dem Kientopp stauen …
Und diese leuchtenden Abendblicke
Die Linden hinab und von jeder Brücke,
Und bald bricht sie auf, die holdeste Traumblüte:
Der Obstweinmond der Werderschen Baumblüte.
Das ist alles so wenig. Es ist nicht erklärlich,
Und doch zu Ostern unentbehrlich!
Selbst in Venedig. Recht hat jener:
»Venedig – janz nett – – Berlin is scheener …«
So sprach ich … Und doch, wenn der Lenzsaft schwillt
In den Bäumen und Lenzhauch ins Fenster quillt
Von Süden her – vom Adriameer –
Dann wird die Seele sehnsuchtsschwer.
So sind wir … Wir reisen hundert Meilen,
Dem blauen Frühling entgegenzueilen.
Und sind wir mitten im besten Spaße,
Dann sehnen wir heim uns nach Berlin,
Nach Töfftöffgestank und der Tiergartenstraße,
Wo die königlich preußischen Veilchen blüh'n …

Zossener Frühling

Aus »Landsturm«, Kriegsgesänge von H a n s B r e n n e r t. Verlag Aug.
Scherl GmbH, Berlin

»So nahm ein Bataillon des 4. Garde-Regiments zu Fuß allein 14 Offiziere (darunter
einen Oberst) 4500 Mann gefangen ...«
Bericht der Obersten Heereslcitung am 12. Mai 1915.

Es kommt was mit der Eisenbahn
Wohl aus der Polackei
Vom schönen, grünen Strand des San
Im wunderschönen Mai:
So schwer, dass fast die Achse brennt –
Juhu, Heil, Hurra, Gruß
Dem vierten Garderegiment
Aus Moabit zu Fuß!

Die Russen wollten übern San,
Ein Oberst auch dabei,
Viertausend und fünfhundert Mann –
Da schrien sie: »Eiweih!
Da kommt ein Batalljon gerennt:
Sie hauen uns zu Mus –
Das vierte Garderegiment
Aus Moabit zu Fuß!«

Viertausend und fünfhundert Mann
Fing sich im schönen Mai
Das Gardebatalljon vom San,
Zwölf Offiziers dabei,
Kanönchen, neuestes Patent!
Heil, Hurra und Juhus
Dem vierten Garderegiment
Aus Moabit zu Fuß!

Es kommt was mit der Eisenbahn
Im wunderschönen Mai:
Viertausend und fünfhundert Mann –
Ein Brief ist auch dabei:
»Wo schon die andre Horde pennt:
Für Zossen – besten Gruß!
Das vierte Garderegiment
Aus Moabit zu Fuß! ...«

Maruschka Braut gelibbtes!

Von Gustav Hochstetter

(Brief aus »Debberitz«)

(Aus Gustav Hochſtetter's Buch »Maruschka Braut gelibbtes«. Mit Zeich-
nungen von Walter Trier, gebunden 1 M. Verlag der Lustigen Blätter, Dr.
Eysler & Co., Berlin)

Maruschka Braut gelibbtes!

Ist sich großes Glick, dass iche so gutt kann daitsch. Sonst iche nix
dirfte schreiben an dir, weil iche bin in daitsches Gefangene-Lager, und
weil daitsches Aufsicht nur losst abgehn Briefe, was sind geschribben in
tadelloses Daitsch. Geh zu Popen mit das Brief, Pope soll dir ibersetzen
in russisch, damit du verstehst. Denn du leider ja nix kannst daitsch, weil
du bist blöddes einpfältiges Russenmagd, Maruschka Braut gelibbtes.
Särr komisch ist in Daitschland, soll dir Pope ibersetzen. Zuerst wir
sind gezogen choch zu Ross durch Derfer daitsches, dann durch Städte
daitsches. War särr komisch. JederDaitsches chat in sein Chaus Drehorgel, was aber nix ist zum Drehn. Drehorgel ist sich schwarz angestri-
chen mit weißes Gebiss und cheißt sich Klawirr. Und wann Daitsches
will Musik, dreht nix, sundern chaut mit die Chänd auf das Gebiss vun
die Drehorgel.
Särr komisch in Daitschland. Wann Daitscher chot Chunger, fresst
sich nix mit die Chand, sundern nimmt in rechte Chand kleines Säbbel,
in linke großes Baißzange. Und wann Daitscher sauft,

Berlin bei Nacht

Der Oberbefehlshaber in den Marken, Generaloberst von Kessel, hat
für Berlin ein Uhr Nachtruhe befohlen.

Bis nachts um eins geht's ohne Ruh' –

Dann deckt der »Kessel« alles zu.
W. Krain (Aus dem Kladderadatsch)

    gießt erst chin, gießt dann cher, wail ist zu d u m m für zu saufen
aus Flasche.

Wann russisches Mann nimmt Abschid vun russisches Weib, Mann verpriegelt Weib seiniges mit Knute seiniges. Su zartfilend ist sich russisches Mann. Wann aber daitsches Mann nimmt Abschid vun daitsches Weib, b e i ß t ihr in den Mund. Daitsches Mann ist sich särr grausam, werrd iche auch versuchen nechstesmal, wann iche nem Abschid vun dir, Maruschka Braut gelibbtes.

Pforleifig ist sich sär wenig Aussicht fir zu nemmen Abschid bei dir. Sitze ich sich in Chauptstadt von Daitschland als Gefangenes. Chauptstadt von Daitschland cheißt sich D e b b e r i t z. Kannstu saggen dem Pope, dass Pope sich chat geirrt. Chauptstadt cheißt nix Berlin, ist sich Abberglaube, chat mir gefangenes französisches Kamerad selbst gesaggt. Debberitz ist sich Chauptstadt von Preißen. Pope soll weitersaggen, damit wann wider Genral zieht gegen Preiß, soll nix marschieren aufzu B e r l i n, sundern aufzu D e b b e r i t z.

Lebbe wohl, Maruschka Braut gelibbtes. Pope soll dir beibringen ein bizchen schreibben, damit du chineintreten kannzt in Kurrespundenz mit iche. Und gib das gute Caesar, das brave Chundevieh, fimundzwanzig Schlägge mit das große Stuck, damit Chundevieh mich nix vermisst. Auch du sei innig gegrüzzt vun dein treies

Iwan, Kosak gefangenes.

Prostskrripstum: Fressen ist sich särr gut.

Also sprach der Junggeselle

Von Gustav Hochstetter

(Aus Gustav Hochstetters Buch »Hundert Frauen«. Leipzig, Dr. S.
Rabinowiz)

Jüngling in den reifern Jahren,
Überleg dir's hundertmal!
Willst du dir die Ruh' bewahren,
Triff mit Vorsicht deine Wahl!

Nimmst du eine allzu Schlanke,
Wünschst du später, sie wär rund;
Peinlich ist schon der Gedanke!
Kauf dir lieber einen Hund!

Mag der Einfall auch nicht neu sein,
Eins stimmt sicher und genau;
Dieser Hund, der wird dir treu sein –
Weißt du das bei deiner Frau?

Mag dir eine Reise passen,
Kannst daheim du den Wauwau
Beim Portier in Pflege lassen –
Kannst du das mit deiner Frau?

Eine Mitgift – das gesteh' ich –
Hat es nicht, solch Hundevieh.
Aber einen Vorteil seh' ich:
Du verspekulierst sie nie!

So ein Hund weint keine Träne,
Niemals braucht er Aspirin,
Hat des Abends nie Migräne
Und hat nie »nichts anzuziehn«.

Ihm genügt ein Schlackwurstscheibchen,
Nie bestellt er Kaviar,
Und er schenkt (falls er kein Weibchen)
Niemals dir ein Zwillingspaar.

So im Sommer wie im Winter
Ist der Hund stets stubenrein,
Nimm mal an, du hättest Kinder,
Würden die das immer sein?

Schulgeld brauchst du nicht zu zahlen,
– Diese Last fällt gleichfalls aus –
Und ein Hund bringt auch niemalen
Schlechte Zeugnisse nach Haus.

Drum – willst du zur Brautschau fahren –
Überleg dir's noch einmal!
Stets die Ruhe zu bewahren
Bleibt das höchste Ideal.

Ist beim Walzer oder Ländler
Halb dir schon das Herz entflammt –
Eile, Freund, zum Hundehändler,
Aber nicht zum Standesamt!

Magst du ihn mal nicht mehr leiden,
Dann verkaufst du den Wauwau,
Bloß verkaufen, nicht erst »scheiden« –
Mach das mal mit deiner Frau!

Die schlemmende Flunder

Von Gustav Hochstetter

Was ich bewunder'
– Sagte die alte Flunder –
Das sind die deutschen Unterseeboote.
Die haben bei mir eine gute Note.
Die schießen den feindlichen Frachtdampfer an,
Damit man sich unten auf dem Grund
Ab und zu mal was leisten kann,
Was gut ist und billig und gesund.

Vorgestern – sagte die alte Flunder –
Schickten sie mir einen Dampfer herunter,
Der war mit einer delikaten
Fracht von lauter Z u c k e r beladen.
In eine Kiste nach der andern,
Sah ich das Meerwasser glucksend wandern;
Das laugt aus dem bretternen Zuckerhaus
Allmählich den lieblichen Zucker aus.
Und ich – ich alter Genießer und Prasser –
Schwamm schmatzend in lauter Zuckerwasser.

Und gestern – sagte die alte Flunder –
Schickten sie wieder 'nen Dampfer herunter,
Einen mit lauter Z i t r o n e n als Fracht.
Da hab' ich mir aber eins gelacht.
Wasser, Zucker und Zitrone,
Die Mischung ist nicht ohne:
Ich schlemme und schwimme und bade
In lauter Limonade.

Und heute? Also was ist denn heute?
Schickt ihr nichts 'runter heute, ihr Leute?

Richtig – da geht es schon oben »Bum, bum!«
Was sinkt da? Ein Schiff voll Arak und Rum.
Auf jedem zerplatzten Fasse steht:
»Jamaica – Prima Oualität«.
Wasser, Zucker, Zitrone und Rum ...
Mit meinen Flossen rühre ich's um
Und schwimme – das war schon lange mein Wunsch –
Vergnügt in einem gediegenen P u n s c h !

So was macht munter,
 – Sagte die alte Flunder –
Die freundlichen Spender sind höchlich zu loben.
Ich trinke aufs Wohl der Deutschen dort oben,
Die so vorzüglich schießen können
Und auch uns Flundern was Gutes gönnen.
Für heute bin ich satt. Und morgen?
Für morgen werden die Deutschen sorgen!

Wenn Menzel heute lebte
(M. Johnson im Kladderadatsch)

Besuch bei Hindenburg in Kurland: »Stört Sie nicht der Stacheldraht,
Exzellenz von Menzel?«
»Quatsch, ich zeichne ja gerade den Stacheldraht.«

Bei der dicken Berta: »Bitte, Exzellenz, auf einen Augenblick herauszu-
treten. Es soll wieder geschossen werden.«

*

Unsere Bilder

Die in den Text eingefügten Bilder aus älterer Zeit (von A. Menzel,
Schadow, Hosemann, Krüger, Dörbeck u.a.) stammen teils aus Privat-
besitz, teils sind sie, und zwar in überwiegender Mehrzahl, mit freundlicher Erlaubnis von Herrn Professor Pniower nach Vorlagen aus dem
Besitz des Märkischen Museums zu Berlin vervielfältigt oder
mit Genehmigung von Herrn Verlagsbuchhändler R. Hofmann den
betreffenden Jahrgängen des »Kladderadatsch« entnommen.
Die Abbildungen aus neuerer Zeit entstammen verschiedenen Witz-
blättern (»Lustige Blätter«, »Kladderadatsch« usw.) oder den betreffenden Sammelwerken zeitgenössischer Künstler und sind mit der
Erlaubnis der betreffenden Zeichner selbst bzw. der in Betracht kom-
menden Verleger wiedergegeben.

Literaturnachweis

über die hauptsächlichsten Quellenwerke und diejenigen Bücher, die mit freundlicher Erlaubnis der Verfasser und Verleger benutzt werden durften.

K. B e t a. Physiologie Berlins. Berlin 1846. Verlag von A. Weinholds (in Heften mit Federzeichnungen von W. Scholz).

Ludwig B ö r n e s Berliner Briefe 1828. Ausgabe von Ludwig Geiger, Berlin 1905. F. Fontane & Co.

Berlin, wie es ist. Ein Gemälde des Lebens dieser Residenzstadt und ihrer Bewohner, dargestellt in genauer Verbindung mit Geschichte und Topographie. Berlin bei Natorff & Co. 1831.

Albert B o r r ö e. » ... Weil noch das Lämpchen glüht.« Herausgegeben von Arthur Winter. Verlag »Neues Leben« bei Wilhelm Borngräber.

Hans B r e n n e r t. »Wo die Königl. Preußischen Veilchen blühn.« Verlag Eduard Bloch & Co., Berlin C.

Hans B r e n n e r t. Landsturm. Kriegsgesänge. Druck und Verlag von August Scherl GmbH» Berlin.

B r i e f e a u s B e r l i n, geschrieben im Jahre 1832. Hanau, Verlag von Fr. König.

Ernst D r o n k e. Berlin. Frankfurt a. M., Literarische Anstalt. 1846.

Gustav D u l l o. Berliner Plalate des Jahres 1848. Zürich 1893. Verlagsmagazin C. J. Schabelitz.

Georg E b e r s. Die Geschichte meines Lebens. Vom Kind bis zum Manne. Deutsche Verlagsanstalt Stuttgart, Leipzig, Berlin, Wien.

Felix E b e r t y. Jugenderinnerungen eines alten Berliners, Verlag von Wilhelm Hertz. Berlin 1878.

Hanns F e c h n e r. Spreehanns. Eine Jugendgeschichte aus dem vorigen Jahrhundert. Berlin, F. Fontane & Co.

Theodor F o n t a n e. Von Zwanzig bis Dreißig. Berlin W. F. Fontane & Co. 1898.

Theodor F o n t a n e. Gedichte. Verlag der J. G. Cotta'schen Verlags-buchhandlung Stuttgart.

Ludwig G e i g e r. Berlin 1688–1844. Geschichte des geistigen Lebens der preußischen Hauptstadt. Berlin. Verlag von Gebr. Paetel. 1895.

F. W. G u b i t z. Erlebnisse. Nach Erinnerungen und Aufzeichnun-gen. Berlin in der Vereinsbuchhandlung 1869.

Karl G u t z k o w. Lebenserinnerungen. Erster Teil. Leipzig, Max Hesse's Verlag.

Heinrich H e i n e. Sämmtliche Werke. Vierter Band. Hamburg, Hoffmann & Kampe 1884.

Sebastian H e n s e l. Die Familie Mendelssohn (1729–1847) nach Briefen und Tagebüchern. Berlin, B. Behr's Buchhandlung (E. Bock) 1879.

Georg H e r m a n n. Kubinke. Roman. Egon Fleischel & Co. Berlin 1910.

Louis H e r r m a n n. Lustige Leier. Berlin 1909. A. Hofmann & Co.

Gustav Hochstetten Maruschka Braut gelibbtes. Verlag der »Lusti-gen Blätter« (Dr. Eysler & Co.).

Gustav H o c h s t e t t e r. Hundert Frauen. Leipzig. Verlag Dr. S. Rabinowicz.

Prinz Kraft zu H o h e n l o h e - I n g e l f i n g e n. Aus meinem Leben. Aufzeichnungen des Prinzen Kraft zu Hohenlohe-Ingelfingen. Ernst Siegfried Mittler & Sohn, Berlin. Erster Band 1897, zweiter Band 1905, dritter Band 1908.

Karl von H o l t e i. Der Berliner Droschkenkutscher. Vgl. »Theater« von K. v. H. Breslau, Verlag von August Schulz 1845.

David K a l i s c h. Berliner Leierkasten. Couplets. Berlin 1858. Ver-lag von E. Behrendt. K l a d d e r a d a t s c h. Verschiedene Jahrgänge. Verlag A. Hofmann & Co.

D e r K l a d d e r a d a t f c h u n d s e i n e L e u t e. Ein Kulturbild. Berlin. Verlag A. Hofmann & Co. 1898.

Gottfried K e l l e r. Gesammelte Gedichte. Zweiter Band. J. G. Cot-ta'sche Buchhandlung Nachf. Stuttgart.

Ernst K o s s a k. Berliner Silhouetten. Verlag Otto Janke 1859.

Ernst K o s s a k. Berlin und die Berliner. Humoresken, Skizzen und Charakteristiken. Berlin. A. Hofmann & Co. 1851.

Max K r e t z e r. Ausgewählte Werke. Verlag Oestergaard, Berlin.

Victor L a v e r r e n z. Berliner Originale. Typen aus dem Berliner Volksleben. (Zweite Sammlung, erste bis dritte Auflage.) Berlin, Verlag von Hermann Eichblatt 1900.

Alexander M e y e r. Aus guter alter Zeit. Berliner Bilder und Erinnerungen. 1909. Deutsche Verlagsanstalt Stuttgart und Leipzig.

Alexander M o s z k o w s k i. Das Freibad der Musen. Sprudelnde Verse. Verlag der »Lustigen Blätter« (Dr. Eysler & Co.) 1912.

Alexander M o s z l o w s k i. Meine verstimmte Flöte. Verlag der »Lustigen Blätter« (Dr. Eysler & Co.).

Gustav P a r t h e y. Jugenderinnerungen. Herausgegeben von Ernst Friedel. Privatdruck mit Zustimmung der Familie Parthey. Berlin 1907. Ernst Frensdorff.

Felix P h i l i p p i. Alt-Berlin. Erinnerungen aus der Jugendzeit. Ernst Siegfried Mittler & Sohn. Berlin 1913.

Felix P h i l i p p i. Alt-Berlin. Neue Folge 1915.

Ludwig P i e t s c h. Wie ich Schriftsteller geworden bin. Erinnerungen aus den fünfziger Jahren. Berlin, F. Fontane & Co. 1898.

Rudolf P r e s b e r. Aus dem Lande der Liebe. Verlag von Dr. Eysler & Co., Berlin.

Wilhelm R a a b e. Der Hungerpastor und »Villa Schönow«. Verlag Otto Janke, übernommen in die neue Gesamtausgabe der Verlagsanstalt für Literatur und Kunst. Hermann Klemm AG., Berlin-Grunewald.

Max R i n g. Berliner Leben. Kulturstudien und Sittenbilder. Leipzig und Berlin. 1882.

Max R i n g. Erinnerungen. Berlin 1898. »Concordia« Deutsche Verlagsanstalt.

Ludwig R o b e r t. Gedichte. Mannheim, Verlag von Heinrich Hoff 1838.

Julius R o d e n b e r g. Bilder aus dem Berliner Leben. Dritte wohlfeile Ausgabe, erster bis dritter Band. Berlin, Gebr. Paetel 1891.

Adolf v o n S c h a d e n. Berlins Licht- und Schattenseiten, nach einem mehrjährigen Aufenthalt an Ort und Stelle skizziert. Dessau, Verlag bei C. Schlitter 1822.

Eduard S c h m i d t - W e i ß e n f e l s. Die Stadt der Intelligenz.

Geschichten aus Berlins Vor- und Nachmärz. Berlin 1865. Verlag von Oswald Seehagen.

Paul S c h ü l e r. So siehst du aus! Erlebte Geschichten. Berlin, Verlag der »Luftigen Blätter« Dr. Eysler & Co.).

Heinrich S e i d e l. Gesammelte Werke. J. G. Cotta'sche Buchhandlung Nachf., Stuttgart.

Robert S p r i n g e r. Berlins Straßen, Kneipen und Klubs im Jahre 1848. Berlin 1858 bei Friedrich Gerhardt.

Julius S t e t t e n h e i m. Wippchens sämtliche Berichte. Hermann Paetel Verlag, GmbH, Berlin-Wilmersdorf.

Ferdinand v o n S t r a n t z. Ernste und heitere Theatererzählungen. Verlag Eli Spiro. Berlin W. 30. 1909.

Alfred S t r e i t. Irma Stippekohl. Berliner Pfingstidyll. Berlin SW. 68. Hesperus-Verlag GmbH.

Johannes T r o j a n. Das Wustrower Königsschießen und andere Geschichten. J. G. Cotta'sche Buchhandlung Nachf., Stuttgart.

U l k. Verschiedene Jahrgänge.

V e r t r a u t e   B r i e f e über Preußens Hauptstadt. Stuttgart, F. A. Brodhag'sche Buchhandlung 1841.

Julius v o n   V o ß. Der Strahlower Fischzug. Volksstück mit Gesang in zwei Handlungen. Berlin 1822 bei Heinrich Philipp Petri.

Dugo W a u e r. Humoristische Rückblicke auf Berlins »gute alte« Zeit von 1834–1864. Selbstverlag, Berlin 1908.